集人文社科之思　刊专业学术之声

集 刊 名：中国经济学

主管单位：中国社会科学院

主办单位：中国社会科学院数量经济与技术经济研究所

JOURNAL OF CHINA ECONOMICS

2024年第1辑（总第9辑）

集刊序列号：PIJ-2022-449

中国集刊网：www.jikan.com.cn / 中国经济学

集刊投约稿平台：www.iedol.cn

创刊时间：2022年1月

封面题字：郭沫若书法集字

社会科学文献出版社"CNI名录集刊"及"优秀集刊"（2023）

社会科学文献出版社"优秀新创集刊"（2022）

中国人文社会科学学术集刊AMI综合评价期刊报告（2022）"入库"期刊

中國經濟學

JOURNAL OF CHINA ECONOMICS

2024 年第 1 辑（总第 9 辑）

中国社会科学院　主管

中国社会科学院数量经济与技术经济研究所　主办

社会科学文献出版社

SOCIAL SCIENCES ACADEMIC PRESS (CHINA)

中国经济学

Journal of China Economics

2024 年第 1 辑（总第 9 辑）

2024 年 3 月出版

地缘政治和贸易冲突双重视角下全球价值链重构新动向研究

宏　结　钟晓欢*

摘　要： 本文深入剖析地缘政治、贸易冲突与全球价值链（GVC）重构的内在关联，在地缘政治和贸易冲突的双重视角下考察GVC重构的底层逻辑与演化方向，得出以下结论。首先，制度性冲突已深度嵌入GVC，诸边联合博弈左右GVC重构进程和方向，GVC重构经由投入产出关联放大贸易冲突和大国博弈的负面影响。其次，利益分配失衡加剧GVC选择性"脱钩""制造业回流"推动贸易和投资规则重组、贸易动力模式进入新旧转换通道成为GVC重构的驱动因素，促使GVC开始重构，而地缘政治风险和国家安全目标、技术性贸易摩擦常态化、公平贸易与价值观贸易盛行则成为GVC加速重构的催化剂。未来，主动需求协同被动应对推动GVC重构愈加泛化、全球价值链非市场变化凸显主权化趋向、自主创新成为GVC攀升的主要驱动因素。最后，中国应贯彻落实创新立国战略，通过超大国内市场规模加快推动本土核心技术创新，坚持以市场吸引"逆向创新"，加强价值链、产业链、供应链的安全保障体系顶层设计，利用好进出口两面市场，与主流国家加强交流。本文扩展了从外部动力视角探究GVC重构的研究内涵，对贸易高质量发展和破解"低端锁定"困境具有政策启示。

关键词： 全球价值链　大国博弈　贸易冲突　"低端锁定"

---

*　宏结，教授，中国政法大学商学院，电子邮箱：hongjie4746@sina.com；钟晓欢（通讯作者），博士研究生，北京师范大学经济与工商管理学院，电子邮箱：1786069047@qq.com。本文获得国家社会科学基金（12BJL06）的资助。感谢匿名审稿专家的宝贵意见，文责自负。

1

一　引言

伴随着全球生产分工网络日益深化，国际分工模式渐趋演变成以"产业内分工"为主导的全球价值链（Global Value Chains，GVC）分工模式（Baldwin等，2010）[①]。世界贸易组织（2019）估计，超过 2/3 的世界贸易源于GVC交易的贡献。生产效率提高的同时，风险敞口扩大。当今世界正在经历百年未有之大变局。国际金融危机后贸易保护主义抬头，贸易冲突愈演愈烈，加之疫情全球大流行的冲击，逆全球化思潮暗流涌动，GVC加速进入重构通道。在此背景下，以制造业为代表的产业竞争优势亟待重塑，呈现出新的演进趋势。

要素禀赋、市场规模、地理位置、制度环境等是GVC扩张初期最主要的驱动力，但随着GVC分工模式的成熟，其不平衡、不平等的发展实质逐渐显现，加之世界政治经济不确定性上升，原本高度依存、行之有效的GVC运行受阻，大国博弈、贸易冲突等外部性因素对GVC的影响更具紧迫性和全局性，由此成为GVC重构的主要推动力量。反之，GVC重构的方向和趋势又会进一步影响国际竞争格局，关乎大国之间力量对比和世界贸易格局。地缘政治冲突持续加码，价值观贸易日渐盛行，中美贸易冲突激化双边互信赤字矛盾，极大地压缩了GVC重构中两国少有的共识和合作空间（徐奇渊，2021），其示范效应和连锁反应更为甚之。与此同时，在GVC分工体系之下中间品贸易占比提高，贸易冲突经由投入产出关联产生了不同于传统贸易模式的累积和放大效应（樊海潮和张丽娜，2018）。对GVC参与者而言，GVC重构被地缘政治和贸易冲突赋予了负面内涵与悲观预期。未来的供应链更加强调韧性与安全，地缘政治和贸易冲突是威胁供应链安全

[①] 参考《全球价值链发展报告（2017）》和刘志彪（2019）等研究，全球价值链、全球供应链、全球产业链等术语在本文的研究框架下具有一致性，可视为同一概念在不同语境和场合下的灵活使用。从产业的技术经济联系的维度考虑，全球企业间的联系可以等同于全球产业链；从全球价值分配和控制的维度考虑，全球产业链可以等同于全球价值链；从产业链中的上下游企业关系的维度考虑，全球产业链可以等同于全球供应链。

的重要因素。

2019年11月5日，第二届中国国际进口博览会召开，习近平主席指出，"坚决反对保护主义、单边主义，不断削减贸易壁垒，推动全球价值链、供应链更加完善"。遏制地缘政治风险，缓和贸易冲突成为发展GVC的重要条件。这既是"促进我国产业迈向GVC中高端，培育若干世界级先进制造业集群"的必然要求和应有之义，也是构建"以国内大循环为主体、国内国际双循环相互促进"新发展格局的重要内容和发展方向。党的二十大报告指出，"世界之变、时代之变、历史之变正以前所未有的方式展开"，理解和把握地缘政治与贸易冲突下GVC的全新变化，是着力提升产业链供应链安全的前提。

GVC重构诉求为世界经济发展增添了显著的不确定性。百年大变局下疫情助长民粹主义情绪，大国博弈愈演愈烈，贸易冲突此起彼伏，其如何与GVC重构相互交织、叠加共振？又将如何改变GVC重构的底层逻辑和运行方向？中国该如何顺应新形势下GVC变动和重塑趋势，及时采取有效措施，鼓励企业在GVC分工体系中实现地位跃升？这些是需要研究者迫切回答和解决的重大现实问题、理论问题。

二 文献综述与概念界定

从20世纪中期到2008年国际金融危机前夕，GVC逐渐成为全球主导性贸易和生产模式（刘志彪，2019），GVC相关研究迅速升温，接连取得突破性进展。但自2008年以来，地缘政治紧张局势升温、贸易冲突加剧，GVC协作现状受到冲击和挑战，GVC重构趋势愈发显著。后疫情时代，GVC重构正在加速成为国际贸易的新特征。

目前对于GVC的研究相对成熟，而对GVC重构的研究仍不充分（毛蕴诗，2017），关于GVC重构的定义与内涵，目前学术界尚未达成共识。早期部分研究认为GVC重构是链主国家[①]及GVC参与者在GVC活动中进行大

---

① 通常指位于GVC高端环节，把握着GVC治理权与动议权，在一定程度上决定GVC延伸方向和配置权重的国家。

范围的创新革命或对全链程进行重新配置，表现为价值链分工在横向和纵向上的"伸"与"缩"及网络节点位移（Milberg和Winkler，2010）。事实上，导致GVC重构的因素主要有两个方面，一是内生因素，包括要素禀赋结构的变化、技术研发与进步、产业革命等；二是外部因素，如世界经济环境和全球政治形势变化等（戴翔，2020）。但是现有关于GVC重构的概念界定却未体现出外部因素的驱动。因此，GVC重构是内部变革与外部环境综合作用下的全球生产再配置、国际分工再调整的过程。可见，倘若撇开大国博弈和贸易冲突的背景，GVC重构本身的内涵及其影响更具中性意义。具体来说，GVC的形成是一个自然的过程，是跨国公司全球逐利行为和国际分工优化的产物。随着发展和演化，其不平衡不充分的本质逐渐暴露，催生全球基础经济活动与利益分配格局再配置的需求。GVC重构最主要的特征之一是加入了国家主观能动性和强制性介入，远非市场自发演化的结果。2008年国际金融危机以来，GVC重构趋势显现，疫情叠加中美贸易争端等综合性因素已经成为全球生产空间阻隔的加速器（倪红福，2020）。

随着国际分工格局与贸易模式的深刻变革，关于GVC重构的动力研究，主要从以下几个方面展开，一是碎片化国际生产格局之下，要素禀赋改变致使全球垂直分工变动（谭人友等，2015；何宇等，2020）；二是世界范围内的技术革命从形式到内容重塑GVC；三是处于GVC中低端参与国的GVC攀升加速GVC重构（戴翔和宋婕，2019；卢潇潇和梁颖，2020）。总结相关文献发现，以往学界对GVC重构的研究更多以价值链内部为视角展开，主要涉及内生因素对GVC地位以及竞争优势位移的影响（Baldwin和Venables，2010；Koopman等，2014；苏庆义和高凌云，2015；吕越等，2019）。中美贸易争端意味着在全球价值链中紧密相连的"两强"面临"脱钩"风险。随着疫情全球大流行，GVC断裂，国际生产体系呈现碎片化发展趋势，为GVC重构创造了前所未有的机遇（倪红福，2020），促使外部性影响因素更具全局性和紧迫性。因此，后疫情时代的GVC重构研究应更加着眼于外部环境的变化，本文则聚焦地缘政治与贸易冲突对GVC重构的影响。

GVC 重构本质是国际分工，而国际分工的外在表现是贸易，因此关于地缘政治和贸易冲突如何影响贸易分工与贸易格局的研究为本文提供了深厚的研究基础。近年来，中美之间的大国竞争及贸易"脱钩"风险成为研究热点，已有文献更多的是关注其对于中美贸易及国际经贸体系的影响（竺彩华和刘让群，2021）。中美两国之间的大国竞争博弈成为影响亚太自贸区建设的关键力量，大国竞争博弈陷阱则是亚太自贸区建设的主要障碍（保建云和李俊良，2022）。贸易争端是大国发展竞争与政治权力博弈的产物，会在全球范围内激化国家之间的贸易利益矛盾，加剧国际贸易体系中的利益分配矛盾和不公平性，冲击全球贸易。随着数字技术的广泛发展，部分研究开始以大国博弈视角分析全球数字贸易发展及其规则构建。事实上，大国竞争不仅影响国际贸易发展，而且影响贸易的地理空间分布。从宏观层面看，地缘政治风险通过不确定性影响区域贸易合作（张威等，2022）；从微观层面看，面对地缘政治风险，跨国公司倾向于寻找更为安全可靠的贸易伙伴和供应商，从而可能引发贸易分工的调整。部分研究观察到 GVC 与国家政治关系之间的关联，聚焦GVC 中的结构性权力、国家对外政策趋向及国际格局演变（余南平等，2023），由于结构性权力的外溢效应，数字贸易规则博弈呈现与地缘政治竞争相结合的趋势，推动国际经贸问题政治化（余南平和栾心蔚，2023）。俄乌冲突爆发之后，关于地缘政治对国际能源贸易影响的研究再次掀起热潮。

关于"外部冲击如何影响GVC"，现有文献的主要发现是：毛蕴诗（2017）认为经济衰退、金融危机、竞争加剧和贸易摩擦等作为影响跨国公司外部环境的重要因素，一定程度上会加速企业转型变革，进而推动GVC 重构。谭人友等（2016）通过实证检验发现，国际竞争格局的演变与GVC 重构之间存在密切联系。余振等（2018）则指出GVC 重构对中国所遭遇的贸易摩擦有"催化剂效应"和"润滑剂效应"。东艳和马盈盈（2020）利用局部均衡的假设抽取方法，对疫情冲击、中美贸易摩擦对亚太价值链重构的经济效应进行量化，认为中长期亚太价值链将呈现简单化和国内化的发展趋势。郑建明等（2020）分析得出，中美贸易博弈改变了GVC 发展趋势，中美价值链冲突影响 GVC 高端走向，贸易摩擦增强价值链环境的不确定性，以上因素是中国在 GVC 重构中所面临的主要挑战。上述研究是对外部环境对 GVC 结构性变化的重要作用的有益思考，但是并未系统地揭示 GVC 重构与大国博弈、贸易冲突之间的内在关联，关于地缘政治影响全球价值链重构的直接证据有所不足，这给本文提供一定的研究空间。

本文的边际贡献在于：系统剖析 GVC 重构、大国博弈、贸易冲突之间的内在关联，从大国博弈和贸易冲突双重维度进一步解读 GVC 重构动力，并对其长期发展方向与特点做出前瞻性预判。对 GVC 开始和加速重构动力的区分与辨析，有助于明晰新形势下对 GVC 重构的再认识，一定程度上扩展了从外部动力视角研究 GVC 重构的内涵；同时丰富了有关地缘政治和贸易冲突的经济后果的研究，启示国家的战略决策及国际关系维护应该兼顾对上下游经济体及 GVC 节点位置变动的影响，对后疫情时代中国把握 GVC 重构机遇、应对潜在风险挑战、破解"低端锁定"困境等具有参考价值。

本文其余部分内容如下：第三部分厘清 GVC 重构与贸易冲突、大国博弈三者之间的耦合机制；第四部分在地缘政治和贸易冲突视角下探究 GVC 加速重构的动力；第五部分对地缘政治和贸易冲突背景下 GVC 重构的新方向做出研判；第六部分结合全文主要结论提出中国的应对思路。

三 全球价值链重构与贸易冲突、大国博弈的耦合机制

（一）贸易冲突和地缘政治成为全球价值链布局的反作用力

近 30 年来，经济全球化发展的基本趋势表现为 GVC 的深化演变。GVC 不断扩张得益于以下几点：跨境运输和通信成本降低，全球技术落差持续扩大，多边贸易规则和体系不断完善导致贸易和投资壁垒减弱。上述驱动因素及其作用机理从长期来看仍然能够成立，基于分工深化、比较优势的 GVC 扩张依旧会持续。但与此同时，必须注意到，贸易保护

主义抬头与大国冲突加剧、疫情全球肆虐等多种因素叠加，使以往具有正向动力的拉动GVC扩张的因素表现出更为复杂的作用方式和效果，部分要素的跨境流动在合作时代以经济利益为导向，但在竞争时代则初现政治驱动属性，在特定条件下甚至可能演变成GVC扩张的反作用力。具体来说，在GVC分工体系之下，国家间的战略竞争焦点从传统的最终产品转向GVC的技术高点和关键节点，GVC中的贸易政策和经贸规则成为大国竞争与博弈的新工具，由此引发的贸易冲突具有常态化、复杂化、全局性的特征。例如，美国为实现大国博弈战略目标，试图凭借对GVC关键节点的把控和中心枢纽位置优势，持续构建符合自身利益的GVC分工体系，这将导致全球经济分化为"二元结构"，即在向下游持续输出低技术含量产品、输入低价原材料和制成品的同时，封锁管制上游高端核心技术溢出，遏制战略竞争对手发展，既享受GVC分工带来的经济红利又实现将后发国家"低端锁定"的目的。这种"双层构造"战略势必引发他国的贸易抵制与政治反对，进而重塑未来地缘政治经济版图，合力推动GVC的解构和重构。

（二）制度性贸易冲突深度嵌入全球价值链结构性重塑过程

根据价值链分工理论，不同环节的增加值收益存在非均衡性。处于创新研发环节的价值链上游链主国家往往从价值链分工中获取的附加值最大，处于加工组装环节的下游经济体则获益最少（程大中，2015），由此产生了GVC不同地位参与者对于国际分工格局的不满和附加值利益的争夺，这种争夺发展到一定程度时，逐渐演化为贸易摩擦与冲突，并从以下两方面得以强化：一方面，美欧等链主国家为垄断GVC增加值，企图利用价值链议价权制定体现自身意志的贸易规则和作出排他性制度安排，如美国—欧盟贸易和技术委员会（TTC）、印太经济框架（IPEF）等。另一方面，以中国为代表的以"低端嵌入"方式参与GVC分工的经济体，随着在GVC中地位的跃迁和经贸规则制定话语权的提升，触及链主核心利益的可能性增加，改变了此前贸易互补格局。2011年"光伏"双反案标志着中美之间贸易竞争性增强，由建设性战略合作伙伴演变为"战略竞争对手"，中美企业间的竞争和对抗日渐频繁（吕越等，2019）。根据全球贸易预警平台数据，2009

年之后，全球贸易保护性措施新增数量持续上涨，出口管制、外商直接投资审查、出口许可证限制等措施层出不穷，2021年各国政府制定的贸易保护性措施更是达到贸易自由化措施的6倍之多。贸易冲突成为地缘政治风险的外化形式与大国博弈的重要手段，并深度嵌入GVC，凸显出制度性摩擦的特征，极大动摇了GVC的原有布局基础，破坏了全球化时代贸易与投资自由化成果。因此，将GVC重构与贸易冲突、大国博弈相结合，建立全方位分析框架具有重要的理论和现实意义。

（三）诸边联合博弈左右全球价值链重构进程与方向

主权国家政治的内顾与世界统一市场之间天然利益的背离在一定程度上割裂了全球范围内产业分工底层逻辑的合理性，决定了地缘政治将持续动摇基于国际产业分工而产生的GVC的稳定性，但大国同时以GVC分工利益为依据动态调整国际关系，进而产生GVC布局结构性变化的后果。特朗普政府时期，美国对华贸易政策由"接触"调整为"规锁"，中美关系遭遇断崖式恶化，"修昔底德陷阱"的逻辑支撑致使中美博弈成为未来一段时间的常态。拜登上台之后，在延续前任政府在瓦森纳安排等多边机制下诉求管制物品的同时，逐步建立并主导各种民主联盟和科技联盟，并在联盟内部推动盟友在对华高科技产业的态度上与美国保持一致。美国将多边行动常态化，作为与中国竞争的重要武器，在美西方之间以意识形态、市场经济为抓手筑起"小院高墙"，企图构建将中国排除在外的区域价值链、联盟价值链。未来美日欧多边联合与中国之间博弈将是影响GVC重构方向的重要变量。美国出台"经济繁荣网络"计划，宣称将与澳大利亚、新西兰、日本和韩国等联盟国家重组GVC，旨在减少对中国关键产品或战略产品的依赖。与此同时，后疫情时代大国长期竞争和博弈的不确定性及诱发风险，一定程度上决定着GVC重构的进程。

（四）全球价值链重构经由投入产出关联放大贸易冲突影响

GVC分工体系下，中间产品多次跨境流转，最终产品的生产客观上将各环节参与主体进行复杂链式相连。发展中国家与传统工业化国家通过国外直接投资、全球采购浪潮形成重叠复杂的商业网络。一方面，一经济体的贸易限制措施在对目标国进出口活动造成冲击的同时，不可避免地会通过贸易、投资、消费等渠道影响他国经济发展。例如，在GVC的分工模式之下，中美贸易争端也将波及中国重要的贸易伙伴如东盟、韩国、日本及澳大利亚等经济体，进而严重冲击现有的GVC布局。韩国现代经济研究院的估算显示，倘若中国向美国出口下降10%，韩国对中国的出口将同向减少19.9%。另一方面，部分价值链参与主体所推动的GVC重构，一定程度上会基于投入产出关联影响上中下游参与主体。尽管这种影响可能存在一定的时滞效应，并且由于所处价值链环节的差异，参与主体所受影响具有非均衡性。地缘政治联动贸易冲突的影响范围远超直接关联的产业，针对任何经济体的贸易保护或限制措施均会沿着价值链上下游扩散至更广泛的贸易主体，对所有贸易伙伴产生不同程度的影响，并通过GVC的各个衔接环节产生累积和放大效应，直接结果便是GVC在双边乃至多边的重构。

四　地缘政治和贸易冲突视角下全球价值链重构的动力

（一）全球价值链重构发轫之始的动力

1. 利益分配失衡加剧全球价值链选择性"脱钩"

封闭经济下，企业利润最大化活动促使就业、投资、消费在主权国家内部循环。GVC成为目前国际分工的主要形式，进一步割裂了企业和国家利益的良性衔接，企业利润作为资本和技术输出国家的经济增加值，但是所伴生的就业、投资、消费隐形经济收益被生产网络增值地获取。即在当前GVC的分工体系中，跨国公司逐利行为并未同步实现母国经济和战略收益的最大化，甚至因此激化国家之间的贸易争端，中美贸易争端就是这一现实的产物。同时，以跨国企业为主导的全球化利益分配不均，部分要素拥有者并未切实分享到GVC分工的利益，收入不平等问题日益激化，为"逆全球化"创造了民意和政治基础，具体表现为全球贸易保护主义愈演愈烈，尤其是美国以"美国优先"为政策出发点，重构全球多边贸易规则，摒弃多边贸易协议，"退群"事件频发，高举"公平贸易"大旗，在全球范围内加征惩罚性关税，先后挑起与中国、墨西哥、印度、欧盟等经济体的贸易争端，不仅加剧了全球局势的紧张程度，也进一步催化了GVC的"脱钩"与重构。

2. "制造业回流"推动贸易和投资规则重组

跨国公司在全球范围内寻找"成本洼地"的活动引发全球生产的纵向一体化，GVC得以构建，发达国家传统产业和投资大规模移出，同时也带来了产业空心化问题。2008年国际金融危机之后，各国经济均未实现完全出清，产能过剩导致世界经济总量增速放缓，投资增速放缓尤为显著，同时全球市场需求极度萎靡，国际生产要素流动和贸易跨国流通作为全球化的重要引擎，拉动作用开始减弱。因此，主要发达经济体纷纷动用产业政策，开启"制造业回流"重振本国实体经济，引导鼓励跨国公司回归本土。与此同时，将生产线贴近消费市场有利于根据需求变化及时调整战略，增加供给弹性，权衡之下，经济利益大于回迁成本的跨国公司开启回归本土计划，全球范围内的贸易和投资规则重组，由此导致全球经济的"本土化""碎片化"发展，传统GVC分工模式产生割裂，全球生产缺口持续扩大，全球化对世界经济增长的拉动作用不断减弱，GVC开始重构。

3. 全球贸易动力模式进入新旧转化通道

通过比较不同时间段GVC参与度变化率，发现2008~2018年全球主要经济体GVC参与度均呈现明显下滑趋势。这是全球贸易动力模式进行新旧转换的深刻体现。一方面，跨国公司贸易动力从寻找"成本洼地"转向占据"需求高地"，全球需求的地理格局变化重塑GVC延伸模式。随着消费者对"品质"和"创新"的要求提高，企业不再仅仅追求成本优势，而是更加注重及时对弹性需求做出反应，地理空间上贴近最终市场的区位优势愈加凸显，加快跨国公司的生产决策从寻求效率的投资转向寻求市场的投资。另一方面，劳动套利导向的全球贸易投资逐渐向知识、资本套利转变。最具活力地区和行业的生产分散化逐渐成熟，劳动套利导向的贸易拉动式增长的成功模式面临潜在阻力；"机器换人"①应用至制造业生产中的现象越

---

① "机器换人"是指以现代化、自动化的装备提升传统产业，推动技术红利替代人口红利，成为新的产业优化升级和经济持续增长的动力之源。

来越普遍，全球范围内劳动力要素配置和流动的动力减弱，GVC尤其是劳动密集型价值链向下游延伸的必要性降低，GVC呈现缩短的态势。数字技术发展进一步削弱廉价劳动力成本在公司营收中的贡献，强化了知识溢出环境、前沿集成技术的重要性，推动离岸外包向本土生产和近岸外包转变，价值链本土化、区域化属性增强。

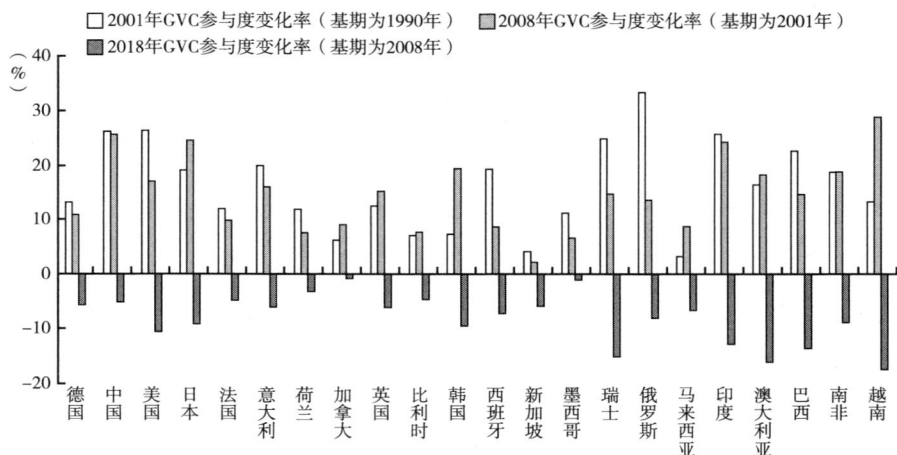

图1 不同时间段全球主要经济体GVC参与度变化率比较

注：各经济体的排序依据2019年出口贸易额，按降序排列。经济体GVC参与度变化率=（本时间段内GVC平均参与度−上一时间段内GVC平均参与度）/上一时间段内GVC平均参与度×100%。

数据来源：笔者依据UNCTAD-Eora Global Value Chain Database数据计算所得。

（二）全球价值链加速重构的新动力

1.效率优先让位，地缘政治风险和国家安全成为跨国公司海外布局优先项

GVC体系下的高度分工不可避免扩大了风险敞口，加之全球整体不确定性上升，保障本国基础产业运行和关键资源的生产供给愈发受到重视。从国家层面来看，全球公共卫生危机使得各国客观意识到，过分依赖外部供应难以抵御GVC断链风险，有损国家安全和经济主权。构建完整闭合的国内供应链、加强对上下游环节的控制成为未来的战略重点。在大国博弈和国家安全泛化诉求的指引之下，效率优先作为GVC分工的首要目标逐渐让位，安全、稳定、可靠、遏制竞争对手成为链主产业与贸易政策的优先

选项。着手结构性、策略性拆解原有GVC环节，将推动GVC从全球网络嵌入式向松散、碎片链接式演进，构建并加入区域价值链成为多数国家的折中策略。目前已有部分经济体制定了限制本国跨国公司境外经营范围或为海外企业报销回迁费用的政策，以保证国内关键产业链供应安全，GVC版图加速重塑。从企业层面来看，后疫情时代，跨国公司对GVC布局的考量逐渐从"成本与效率优先"向"效率与安全并重"转变（宏结和钟晓欢，2020），东道国产品供应的相对稳定和面对外部冲击所展现出的韧性愈发成为跨国公司海外布局的重要考量因素之一，直接影响GVC中下游参与经济体，能否继续分享GVC分工的红利，客观上使得GVC进入加速重构的通道。

2.技术民族主义迅速壮大，技术型贸易摩擦呈现常态化特征

大国博弈实质上是对于技术制高点的争夺（王玉柱，2020），在GVC成为国际贸易的主要特征的时代，则直接表现为对关键技术供应链的争夺。对竞争对手的政策规锁和贸易冲突在GVC分工体系下共同显性化为链主国家技术民族主义[①]，即企图通过技术断供和管控形成新的全球性技术闭环，并在数字规则话语权争夺和摩尔定律的加持下呈现极化趋势。疫情使以美国为首的链主国家深刻意识到在GVC中对于中国的严重依赖，加之中国企业近年来在GVC上不断攀升的现实，技术民族主义潮流在全球范围内迅速兴起。目前，强化技术投资与并购审查、发起以技术转让为重点的贸易调查、强化单边技术出口管制、推动构建技术出口管制的多边体系皆是技术民族主义渗透GVC分工的表现（余南平和戢仕铭，2021）。美国作为"链主"国家，凭借对GVC的动议权和控制权，高举所谓"知识产权保护"大旗，遏制中国高新技术产业的发展，旨在关闭中国通过GVC获取外向技术溢出的"干中学"通道。美国发动"301"调查，对中国输美5000多亿元商品加征四轮惩罚性关税、出台《出口管制改革法案》加强对新兴和基础技术的出口管制、动用《国际紧急经济权力法》对包括华为在内的

---

① 技术民族主义的核心内涵在于秉持技术是国家安全和发展的基本条件的原则，强调核心科技必须由民族企业所垄断和掌握，以此实现打压、围堵他国高新技术产业的战略目的，强化自身在GVC分工体系之下的竞争优势。

中国高科技公司进行技术封锁、在《无尽前沿法案》中6次提及中国，把中国视为当前全球科技角力中最主要的对手、发布《关键技术和新兴技术国家战略》，宣布美国将继续加强技术管控、强化结盟遏制。中美半导体与芯片之争已经成为两国在高科技领域斗争和大国竞争的缩影。在过去30年所形成的GVC具有高度分工、上下协作的特征，可以在不同国家和地区寻找竞争优势单元来达到最优的效率和生产力，实现关键的可持续价值创造。然而技术民族主义的抬头与盛行，一方面使得GVC上下游参与主体的不对称性和发展的不平衡性加剧；另一方面，资本和技术密集型的贸易摩擦和冲突将会展现出常态化、复杂化的特征，GVC延伸和升级的难度加大。

3.从近岸转向友岸外包，公平贸易与价值观贸易日渐盛行

GVC的广泛发展得益于各国对自由贸易理念的认同与践行。而大国博弈与贸易冲突的交织致使自由贸易屡屡受挫，以美国为首的链主国家高举公平贸易与价值观贸易的大旗，组建特定问题联盟，奉行"在岸生产"和"友岸外包"策略，重建自主、可控的全球供应链网络，推动GVC加速重构。2017年，特朗普政府宣称中国对美国的贸易存在不公平现象，授权贸易代表审查中国的技术转让、知识产权和技术创新等高精尖领域，并于2018年对中国500亿美元的进口产品征收惩罚性关税。拜登政府强化奥巴马时期以"非市场经济地位"为抓手，推进"政策规锁"中国的战略构想，试图渗透民主价值观，以"利益政治+原则政治"为导向，通过重塑价值链分工规则，建立"价值观联盟"[①]，用武器化和政治化的非中性原则将中国锁定在GVC低端，构建平行体系将中国隔离在主流圈层之外，强行改变由市场自发力量驱动的全球产业分工布局。民主科技联盟在全球范围内推动区域贸易、联盟贸易，加固了"北北"合作模式，复杂的GVC被限定于人

① 泛指链主国家基于共同的意识形态与价值观而形成的非约束性的联盟体系。2021年7月，美国国务卿布林肯、国防部长奥斯汀、商务部长雷蒙多、国家安全顾问沙利文集体出席全球新兴技术峰会（Global Emerging Technology Summit）。在会上，他们大段谈论中美在科技领域的主导权之争和模式之争，要求美国和盟友确保科技价值观和规则一致，做出"民主国家的抉择"。

为或政治指定的地理区域内，GVC空间布局呈现碎片化趋势。俄乌冲突更是客观上强化了美国主导的价值观联盟，未来中俄关系会作为新议题，成为美国联合制裁中国的新借口。在GVC区域化特征愈发凸显的时代，美国试图通过印太经济框架抢占亚太地区数字贸易规则制定话语权，加强对华半导体技术围堵，推动构筑亚太地区排华供应链网络。同时，美国、日本、韩国和中国台湾磋商建立"芯片四方联盟"（CHIP4），对内技术闭环交流，对外技术排他性封锁。在《芯片与科学法案》和CHIP4的相互加持下，美国不仅直接封锁输出中国的半导体科技通道，同时间接限制日韩高端半导体技术外溢，进一步围堵中国通过区域大市场的多元化半导体技术引进路径。

五 地缘政治和贸易冲突背景下全球价值链重构的新方向

（一）主动需求协同被动应对推动全球价值链重构愈加泛化

GVC最初开始重构时，内在动力更多源于主动需求，即链主国家为维持GVC的议价权与利益分配地位，新兴经济体为摆脱"低端锁定"困局，实现价值链攀升，主动推进GVC的重构，其动力、原因、演化方向较为单一，外部性因素的作用力相对有限，要素禀赋、技术变革等内生性因素在一定程度上起着决定性作用。然而，全球生产一体化搭建了经济发展的"自动扶梯"，在终端市场需求和技术进步、产业转移的双向拉动下搭上外贸发展的便车。一国分工地位的"点动"必然带来GVC网络的"联动"，大国竞争和地缘政治变化在GVC网络体系下的影响并非单向的，而是一种网络化、多维度、嵌入式的辐射集合（余南平和廖盟，2023）。疫情叠加中美贸易争端等因素致使GVC加速重构后，主动需求和被动应对共同成为GVC重构的驱动因素，价值观联盟之下的其他经济体被迫卷入GVC重构趋势之中，其他国家为求继续享受GVC红利被迫选边站队。与此同时，其内在逻辑、动力因素、发展方向则更加复杂化，贸易冲突与大国博弈等外部性因素的作用被放大，尤其是加入了人权、泛安全化、海外反腐等聚焦点，并在一定程度上主导着GVC加速重构的方向和进程。

（二）全球价值链非市场变化凸显主权化趋向

GVC 分工在加强各国经贸联系的同时，也加剧全球利益分配不均衡（张彦，2020），为各 GVC 参与国的利益争夺提供动力基础，并集中表现为大国博弈和贸易冲突。与此同时，GVC 的布局和延伸成为大国竞逐的方式和依托，主权国家对 GVC 进行干预性介入和强力性重构，尤其是美国维护全球"经济霸权"的战略诉求与 GVC 结构性变革交叠渗透，以及全球在"经济自主"思维下强化经济安全与追求经济权力的方向性转变，进而偏移甚至是取代市场导向的贸易往来与投资活动，违背效率最大化与成本最小化的分工原则，造成贸易增加值和社会福祉受损。大国战略博弈与地缘政治升温引发全球供应链出现以主权化为特征的结构性变化，违背市场原则的非理性行为日渐盛行，主要表现在以下几个方面。第一，区域贸易协定作为降低关税和投资壁垒的制度安排，不仅是 GVC 区域化属性的深刻体现，而且可以广泛降低双边及多边贸易成本。但近年来"退群"事件频发，可能导致贸易协定的中断和贸易条件的变化，限制企业的市场准入和贸易机会，迫使企业重新评估供应链结构，寻找新的市场和合作伙伴，引发了全球贸易和投资环境的不确定性，使得企业需要应对不断变化的贸易政策和法规，承担更大的贸易风险。第二，一些主权国家采取了限制外资和市场准入的措施，可能导致 GVC 上下游环节的延伸受到制约，使得企业无法自由选择最优的生产地点与合作伙伴。第三，主权国家越来越注重保护关键技术和核心产业，以维护国家安全利益，可能导致在 GVC 中的一些环节出现重叠或重复投资，违背成本最小化和利润最大化原则。第四，越来越多的跨国公司开始施行"中国+1"的保守投资策略，即以增加成本、损失效率的方式对冲潜在风险，谨防供应断链风险，增加市场需求的弹性应对。GVC 趋于主权化的调整方向不仅给全球经济治理带来新问题，同时还可能损害和瓦解全球化过程中既有经济联系的基础，加剧全球经济不稳定背景下的高强度政治博弈与地缘政治冲突。

（三）自主创新成为全球价值链攀升的主要驱动因素

历史经验表明，一国单纯依靠嵌入 GVC 难以实现产业结构升级，往往会陷入"低端锁定"泥沼（刘志彪，2019），大规模、持续技术创新是打破这种桎梏的必然要件。一般来说，技术创新包括自主创新和技术溢出两种路径（张茉楠，2020），但受制于此起彼伏的贸易摩擦和日渐强化的出口管制，经由 GVC 获取技术逆向溢出和多元技术引进的难度加大。出于大国战略竞争目的，在"链主"国家跨国公司主导的国际分工体系之下，处于 GVC 上游技术研发环节的公司会将核心技术提前"解构"（诸竹君等，2020），有计划地分散和隐蔽完整技术链条，从而使得 GVC 下游国家只能参与单一环节的生产。当位于 GVC 中下游的国家试图借助逆向技术溢出以实现 GVC 攀升时，较易招致"链主"国家的策略性制裁，达到将其牢牢锁定于 GVC 低端的目的。因此，在 GVC 加速重构的背景下，自主创新成为中国等新兴经济体 GVC 攀升的主要驱动因素。然而通过自主创新以推进 GVC 攀升又可能导致与"链主"国家的 GVC 发生利益重叠，进而加剧贸易冲突（余振等，2018）。这意味着未来新兴经济体价值链位置的动态跃迁将面临更加复杂的外部环境和更大的阻力。

六　全球价值链重构下中国的政策选择

（一）贯彻落实创新立国战略，以产业升级迎接全球价值链重构

创新是助力价值链攀升、改变 GVC 利益分配格局的重要手段，也是中国应对大国博弈和地缘政治升温的制胜关键。后疫情时代，贸易动力模式的转换和技术断供与管制引发的贸易冲突推动 GVC 呈现"技术密集化"的重构趋势，叠加中国人口红利逐渐消失，自主创新成为结构性升级的题中应有之义。具体来说，应围绕产业链部署创新链，集中力量进行高端芯片、基础软件、生物医药、战略装备等关键技术的科技攻关，加快数字技术研发与应用，推动传统产业智能化、数字化转型升级，抢占数字创新领域高地。以创新链提升产业链，支持主要产业集群和中心城市加快迈向全球产业链中高端，构建世界水平创新平台和增长极。利用市场需求驱动的本土企业创新升级。一方面，通过超大国内市场规模加快推动本土核心技术创新、优化工艺流程、树立全球品牌，创造、引领、满足人们多层次、广领域的美好生活需求，实现市场需求与生产革新的良性互动循环，坚定不移

地走中国特色自主创新道路。另一方面，坚持以市场吸引"逆向创新"的策略，把握跨国公司海外布局愈发重视用户的需求，向消费市场转移价值链高端的研发设计等活动的宝贵机遇，推动海外研发中心落户，促进与本土企业合资合作，充分利用知识溢出效应，通过"集聚效应""竞争效应"倒逼本土企业加大创新力度，从而向价值链中高端攀升。

（二）加快形成价值链、产业链、供应链的安全保障体系

对价值链的稳定控制是发达经济体长期占据GVC高端地位的原因之一，关键在于其完善的供应链安全体系的保障。2012年，美国率先制定《全球供应链安全的国家战略》，并每年出台《国家供应链竞争力报告》。未来，大国博弈、贸易冲突为GVC参与和布局增添诸多不确定性因素，安全目标成为跨国公司海外布局的优先选项。因此，有必要在国家总体安全观思想的指导之下，将价值链、产业链、供应链安全纳入国家经济安全范畴，加强价值链、产业链、供应链的安全保障体系顶层设计。首先，厘清中美之间竞争属性大于合作属性的产品和GVC上地位接近或重叠的关键环节，警惕美方以此为据发起贸易争端和采取措施制裁相关企业的风险。其次，及时监测具有战略意义的关键要素供应链安全，尤其是有"卡脖子"风险的环节，如高附加值化学药品、特种化学制剂、半导体材料、集成电路，以及严重依赖外国进口的石油、天然气和金属矿产资源。最后，多元化供应链来源，减少对单一国家或地区的依赖，建立自主可控弹性供应链，增强企业的供应链风险管理能力，建立健全供应商评估和选择机制，提高供应链的可靠性和稳定性。

（三）坚持高水平对外开放，充分联动全球价值链与区域价值链

地缘政治升温，贸易冲突频发，全球化遭遇强大逆流，并不意味着GVC分工就此走下历史舞台，各国重回封闭经济时代，经济全球化的历史潮流不可逆转，生产专业化和贸易多边化的底层逻辑依旧成立，我们应更多地从区域局部大循环来理解这种现象。因此，一方面，中国应坚持对外开放，加强多边合作。在技术民族主义、价值观贸易日渐盛行的背景下，中国应积极拓展与欧盟的合作空间，建立常态化的对话机制，广泛增进合作共识，有效抗衡与应对美国对华出口管制。利用好进出口两面市场和超大市场砝码，与主流国家加强交流，增强风险防控能力。坚持奉行积极扩大进口战略，特别是扩大东亚邻国进口规模，广泛提升吸引性经济权力，增强中国超大市场对跨国公司的黏性，一定程度上对冲与缓解美国拉拢亚太盟友与建立亚洲排华供应链的企图，强化中国在东亚供应链中的地位。另一方面，中国参与国际循环的模式应朝着"以国内需求带动国际贸易"与"以国内生产为主轴构建区域产业循环"等方向调整，推进以GVC为重点的区域经贸以及投资协定，对标高标准国际经贸规则，推进中日韩自贸协定、中欧双边投资协定、区域全面经济伙伴关系协定、全面与进步跨太平洋伙伴关系协定。继续推动共建"一带一路"高质量发展，利用经济互补红利，建立紧密稳固的区域经济循环体系。

参考文献

[1] 保建云、李俊良，2022，《亚太自贸区建设中的大国竞争、博弈陷阱与中国的政策选择》，《国际经贸探索》第7期。

[2] 程大中，2015，《中国参与全球价值链分工的程度及演变趋势——基于跨国投入—产出分析》，《经济研究》第9期。

[3] 戴翔，2020，《新冠肺炎疫情下全球价值链重构的中国机遇及对策》，《经济纵横》第6期。

[4] 戴翔、宋婕，2019，《"一带一路"有助于中国重构全球价值链吗》，《世界经济研究》第11期。

[5] 东艳、马盈盈，2020，《疫情冲击、中美贸易摩擦与亚太价值链重构——基于假设抽取法的分析》，《华南师范大学学报（社会科学版）》第4期。

[6] 樊海潮、张丽娜，2018，《中间品贸易与中美贸易摩擦的福利效应：基于理论与量化分析的研究》，《中国工业经济》第9期。

[7] 何宇、张建华、陈珍珍，2020，《贸易冲突与合作：基于全球价值链的解释》，《中国工业经济》第3期。

[8] 宏结、钟晓欢，2020，《新冠疫情叠加中美贸易争端背景下全球价值链新动向研究》，《国际贸易》第9期。

[9] 林桂军、何武，2015，《中国装备制造业在全球价值链的地位及升级趋势》，《国际

贸易问题》第4期。

［10］刘志彪，2019，《产业链现代化的产业经济学分析》，《经济学家》第12期。

［11］卢潇潇、梁颖，2020，《"一带一路"基础设施建设与全球价值链重构》，《中国经济问题》第1期。

［12］吕越、马嘉林、田琳，2019，《中美贸易摩擦对全球价值链重构的影响及中国方案》，《国际贸易》第8期。

［13］毛蕴诗，2017，《重构全球价值链——中国企业升级理论与实践》，清华大学出版社。

［14］倪红福，2020，《全球价值链中的累积关税成本率及结构：理论与实证》，《经济研究》第10期。

［15］邵朝对、李坤望、苏丹妮，2018，《国内价值链与区域经济周期协同：来自中国的经验证据》，《经济研究》第3期。

［16］世界贸易组织，2019，《全球价值链发展报告2019》，https：//www.wto.org/english/res_e/booksp_e/gvc_dev_report_2019_e.pdf。

［17］苏丹妮、盛斌、邵朝对、陈帅，2020，《全球价值链、本地化产业集聚与企业生产率的互动效应》，《经济研究》第3期。

［18］苏庆义、高凌云，2015，《全球价值链分工位置及其演进规律》，《统计研究》第12期。

［19］谭人友、葛顺奇、刘晨，2016，《全球价值链重构与国际竞争格局——基于40个经济体35个行业面板数据的检验》，《世界经济研究》第5期。

［20］王玉柱，2020，《发展阶段、技术民族主义与全球化格局调整——兼论大国政治驱动的新区域主义》，《世界经济与政治》第11期。

［21］徐奇渊，2021，《全球产业链重塑与中国的选择》，《金融论坛》第8期。

［22］余南平、戚仕铭，2021，《技术民族主义对全球价值链的影响分析——以全球半导体产业为例》，《国际展望》第1期。

［23］余南平、廖盟，2023，《全球价值链重构中的国家产业政策——以美国产业政策变化为分析视角》，《美国研究》第2期。

［24］余南平、栾心蔚，2023，《结构性权力视角下的大国数字贸易规则博弈》，《国际展望》第3期。

［25］余振、周冰惠、谢旭斌、王梓楠，2018，《参与全球价值链重构与中美贸易摩擦》，《中国工业经济》第7期。

［26］张茉楠，2020，《博弈——全球价值链变革下的中国机遇与挑战》，浙江大学出版社。

［27］张威、李丹、卫平东，2022，《地缘风险、不确定性与深化RCEP贸易合作的中国

策略》，《国际贸易》第 7 期。

[28] 张彦，2020，《RCEP 区域价值链重构与中国的政策选择——以"一带一路"建设
为基础》，《亚太经济》第 5 期。

[29] 郑建明、杨策、王万军，2020，《我国在全球价值链重构中面临的挑战和机遇——
基于中美贸易摩擦视角》，《国际贸易》第 9 期。

[30] 诸竹君、黄先海、王毅，2020，《外资进入与中国式创新双低困境破解》，《经济研
究》第 5 期。

[31] 竺彩华、刘让群，2021，《中美博弈对国际经贸规则体系重构的影响》，《太平洋学
报》第 4 期。

[32] Baldwin R., Venables A. J. 2010. "Relocating the Value Chain: Off-shoring and
Agglomeration in the Global Economy." NBER Working Paper, 16611.

[33] Henry F., Abraham L. N. 2019. "Weaponized Interde pendence: How Global Economic
Networks Shape State Coercion." *International Security*, (1):42-79.

[34] Koopman R., Wang Z., Wei S.J. 2014. "Tracing Value-added and Double Counting in
Gross Exports."*The American Economic Review*, (12):459-494.

[35] Michael P. 1988. *Competitive Advantage*. Beijing: China Financial and Economic
Publishing House, Inc.

[36] Milberg W., Winkler D.E. 2010.*Trade Crisis and Recovery:Re-structuring of Global Value
Chains*.New York ：Social Science Electronic Publishing, Inc.

（责任编辑：许雪晨）

房地产融资限制政策对实体经济的外溢效应

——基于公司融资需求与信用利差的研究

任　颋　程玉伟　张骞文[*]

摘要： 本文基于2011~2020年数据研究了在房地产融资限制政策下非房地产企业融资需求与信用利差变化情况及其影响机制。实证结果表明，房地产融资限制政策扩大了投资者对非房地产行业债券的投资规模，相比低融资需求企业，投向高融资需求企业的资金规模更大，企业获得融资后信用资质改善更明显，信用利差缩小程度更大；房地产融资限制政策有显著的异质性作用，高评级企业、所处金融环境更好及投资者偏爱行业的高融资需求企业的信用利差缩小程度更大，但"非优势"企业的债券利差也显著缩小，政策具有普惠影响。因此，应重视房地产融资限制政策对非房地产企业融资的溢出影响，引导资金更有针对性地投资于"非优势"企业，充分利用房地产融资限制政策的溢出效应，提升经济长期发展潜力。

关键词： 房地产政策　融资需求　信用利差

一　引言

房地产行业作为中国的支柱产业之一，是影响经济运行的重要因素。一

---

*　任颋，副教授，博士生导师，北京大学汇丰商学院，电子邮箱：renting@phbs.pku.edu.cn；程玉伟（通讯作者），副研究员，经济学博士，北京大学汇丰商学院，电子邮箱：yieh@qq.com；张骞文，金融学硕士，北京大学汇丰商学院，电子邮箱：claire131996@163.com。感谢匿名审稿专家的宝贵意见，文责自负。

方面，个人住房贷款的快速增长影响了消费对经济增长的拉动作用。根据中国人民银行的金融统计数据，2020年我国居民部门杠杆率达到了72.5%。过去十多年，房价的上涨使居民购房和租房成本增加，房产投资偏好在一定程度上制约了消费水平（万晓莉等，2017）。另一方面，房地产企业大量的融资对其他行业的融资形成"挤出效应"。2020年末，我国6家国有大型商业银行的房地产贷款占比36.18%，而这仅仅是银行信贷资金，考虑到非银金融以及其他各类融资，房地产吸纳的资金规模将会更大，无疑降低了其他行业的融资规模，余泳泽和李启航（2019）认为房地产投资对实体经济资金存在"挤出效应"和"资源错配效应"。在双循环新发展格局下，构建畅通的国内大循环首先要扩大内需，防止房地产行业对居民消费和实体经济形成过大的"挤出效应"，从而推动金融、房地产同实体经济均衡发展。

为进一步落实房地产长效机制，实施好房地产金融审慎管理制度，中国人民银行、中国银行保险监督管理委员会及国家部委发布了一系列针对房地产融资的调控政策。2019年5月17日，中国银行保险监督管理委员会发布《关于开展"巩固治乱象成果　促进合规建设"工作的通知》（银保监发〔2019〕23号），明确要求商业银行、信托、租赁等金融机构不得违规进行房地产融资。2019年7月12日，国家发展和改革委员会办公室发布《关于对房地产企业发行外债申请备案登记有关要求的通知》（发改办外资〔2019〕778号），要求房企发行外债只能用于置换未来一年内到期的中长期境外债务。多家银行于2019年8月29日收到窗口指导，自即日起收紧房地产开发贷额度，原则上开发贷控制在2019年3月底的水平。2019年7月30日中共中央政治局召开会议，首次明确提出"不将房地产作为短期刺激经济的手段"。2020年8月20日，住房和城乡建设部、中国人民银行在北京召开重点房地产企业座谈会，会上形成了重点房企资金监测和融资管理的三档规则：房企剔除预收款后的资产负债率不得大于70%、房企的净负债率不得大于100%、房企的"现金短债比"小于1，即"三道红线"。"三道红线"是房企层面建立长效机制的重要举措。2020年底，中国人民银行、中国银行保险监督管理委员会发布《关于建立银行业金融机构房地产贷款集中度管理制度的通知》，建立了银行业金融机构房地产贷款集中度管理制度。在"730"会议提出

"不将房地产作为短期刺激经济的手段"之后，房企融资环境持续低位运行。2019年房地产开发贷余额同比增速从上一年的22.6%下降至10.1%，房地产信用债余额占信用债存量规模的比重从2.12%下降至1.90%。

房地产融资限制政策是推动金融供给侧结构性改革的重大举措，通过优化信贷资源分配，推动金融、房地产同实体经济均衡发展。国家限制房地产融资的目的主要有两个方面：一是限制房企融资进而限制其拿地，避免推高地价和房价；二是解决非金融企业部门杠杆率过高的问题，降低企业经营风险。以往研究表明，房地产行业快速扩张吸引了许多非房地产企业进入房地产行业（荣昭和王文春，2014），导致制造业部门资源配置效率显著下降，对制造业投资产生"挤出效应"（罗知和张川川，2015）。然而，房地产行业在我国的特殊性决定了政策传导效应的复杂性，关于房地产融资限制政策是否对实体经济存在外溢效应仍缺少较为直接的研究证据。2019年以来的本轮房地产融资限制政策则为检验房地产融资限制政策和实体经济产业融资之间的关系提供了一个"准自然实验"。债券信用利差变化体现了企业违约风险的变化，是投资人对债券定价的重要考虑因素，由于债券二级市场投资者众多，定价相对而言更为合理，债券利差能够体现发行主体的风险情况。基于此，本文考虑房地产融资限制政策影响下，非房地产行业企业二级市场信用利差变动情况，研究当房地产行业融资受到限制时，流入其他行业的资金是否会增加，并考察宏观层面的融资政策所导致的资金流动如何在不同类型的企业之间进行分配，为进一步理解政策的传导效应提供参考。

本文主要贡献和创新点如下：第一，本文研究了政策对非房地产行业融资成本的影响，并对企业按照信用评级、金融环境等进行分类，探究政策效应，发现房地产融资限制降低了非房地产企业的融资成本，但所处金融环境好的企业及信用资质好的企业融资成本下降更显著，体现了债券市场投资者的投资偏好。第二，本文结合房地产融资限制这一政策进一步研究了"融资需求与信用利差的关系"，为债券信用利差的研究提供了新的思考。第三，在处理组的设置上，用融资需求的高低作为处理组的设置依据，以融资需求为虚拟变量建立由处理组与控制组构建的双重差分模型。

本文接下来的结构安排如下：第二部分为理论分析与研究假设，设立研究假设检验房地产融资限制政策对企业债券信用利差的影响机制，并进一步分析了政策的异质性影响；第三部分为研究设计，主要介绍了变量选取、数据来源、数据清洗方法及回归模型设计；第四部分为实证结果分析，对回归结果进行分析与解释；第五部分为结论与建议。

二 理论分析与研究假设

投资者对公司未来杠杆水平的预期会对信用利差产生重要影响，此影响远大于同期杠杆水平的影响（Collin 等，2001）。杠杆预期形成理论包括权衡理论、信用评级理论、优序理论等，其中优序理论认为债务融资成本低于权益融资成本（Lemmon 和 Zender，2010），公司在有外部融资需求时会优先选择发债。因此，可以通过分析公司融资需求推测公司预期杠杆水平（Mark 等，2012），并进一步分析公司债券信用利差的变化。从融资需求到获得融资进而改变杠杆水平，其间还需考虑外部融资环境的影响，房地产融资限制政策为"资本结构对信用利差的影响"研究提供了一个具体情境。

在我国以银行机构为主导的金融体制下，房地产行业的高收益及高周转率，使得商业银行倾向于将有限的信贷资金投向房地产相关行业，形成了房地产行业和银行业的利益绑定，挤占了其他行业的信贷资源（余泳泽和张少辉，2017；周华东等，2022）。Chen 等（2015）基于中国 369 个城市数据，发现房地产价格快速增长会对投资效率产生弱化效应，导致非房地产行业融资约束趋紧，加剧资源错配。房地产融资限制政策下，部分资金需要寻找新的投资领域，即非房地产行业。

债券市场上，资金规模的扩大提升了债券流动性，债券信用利差随之降低（Chen 等，2007；赵静和方兆本，2011）。在融资条件允许的情形下，由于信用债的收益率较高，投资者会选择配置信用债，或者借入低成本短期资金，买入并持有更高收益率的债券，通过借短投长来赚取期限利差，进行套利交易。因此，市场流动性充裕将拉动信用债需求，使得信用债收益率下行幅度超过利率债，信用利差缩小；反之亦然。市场流动性的变化对企业融资影响明显，因此房地产融资限制政策会影响不同市场主体的融资成本。资金从房地产行业流向其他行业，增加了非房地产行业的融资性现金流入，市场将对不同行业的信用债予以重新定价。

房地产融资限制政策对非房地产行业的直接影响表现为更多的资金流入非房地产行业，当高融资需求企业的融资需求得到满足时，公司经营、内控将更佳，信用资质可能明显改善，从而信用利差缩小。从市场流动性溢价的角度，对非房地产行业企业来说，市场流动性增强，信用利差总体就会降低。相比低融资需求企业，当政策变化时，高融资需求企业有更强的动机持有更多的现金（陈德球等，2016），更多的资金会流向高融资需求企业，故高融资需求企业信用利差缩小得更明显（卢太平和张东旭，2014）。从信用风险溢价的角度看，投资者对公司未来杠杆水平的预期会对信用利差产生重要影响，甚至远大于对同期融资需求水平的影响（Collin等，2001），当更多的资金进入非房地产行业时，投资者认为高融资需求企业的融资需求将得到满足，从而形成更高的杠杆水平预期，即信用利差走阔（Flannery等，2012）。

作为国家重要产业之一，房地产业的发展将带动上下游产业的增长，存在行业和空间的溢出效应（梅冬州等，2018；李伦一和张翔，2019）。同时房地产兼具投资品和耐用消费品属性，房地产业的发展将会影响居民的消费和投资（戴国强和张建华，2009），因此房地产融资限制政策会扩大其他行业债券的信用利差，降低企业融资规模。但在中国信用债市场，由于刚性兑付预期等因素的存在，信用利差对信用风险并不敏感，主要体现为市场流动性溢价，而非信用风险溢价（纪志宏和曹媛媛，2017），因此房地产融资限制政策更多的是从流动性溢价角度影响企业融资成本。根据上述分析，本文提出如下假设。

假设1：在房地产融资限制政策的影响下，有较高融资需求非房地产企业信用利差降幅更大。

假设1a：房地产融资限制政策促使有较高融资需求非房地产企业获得更多的融资。

假设1b：房地产融资限制政策使得有较高融资需求非房地产企业的预

期杠杆水平更高。

在对政策冲击的反应上，企业的个体微观特征不同，导致其业务运营、财务规划等发生不同的变化，因此政策可能存在异质性作用。

信用评级越高则融资成本越低，且债项评级的影响大于主体评级，评级近期调升、评级机构声誉较差、国企及上市公司等因素都会削弱此影响（王雄元和张春强，2013）。较高的信用评级是较好信用资质的信号（Kisgen，2009），当更多资金流入非房地产行业企业时，投资者会优先选择信用资质更好的主体，因此会有更多的资金流入高评级企业，故高评级非房地产企业信用利差缩小幅度更大。

当更多资金流入非房地产行业企业时，上市公司信息披露质量更高，投资者降低了对其信用资质的担忧（Amir等，2010），因而会有更多的资金流入上市公司，故上市企业债券信用利差缩小幅度更大（方红星等，2013）。

不良贷款率的高低在很大程度上反映了金融环境的好坏，所在省份商业银行不良贷款率越低（金融环境较好），表示银行越了解当地企业的账户信息和公司状况（江伟和李斌，2006），企业债券会吸引更多的资金关注。因此，在其他条件不变的情况下，金融环境越好的地区的公司信用利差会越小（江伟和曾业勤，2013）。根据上述分析，本文提出如下假设。

假设2：房地产融资限制政策使得非房地产行业中有较高融资需求的高评级企业、上市公司、金融环境良好地区的企业债券信用利差缩小幅度更大。

三　研究设计

（一）变量设计

1.处理组与控制组

在处理组的设置上，一方面，融资环境变化对高融资需求企业的财务和经营状况影响更大，进而对信用利差的影响更大（卢太平和张东旭，2014）；另一方面，本文是研究政策影响下"资本结构对信用利差的影响"。

综合以上两点，本文将融资需求的高低作为处理组的设置依据，但这种方式可能存在内生性问题，不同融资需求的公司的其他性质就有所不同，导致融资规模、信用利差不同，为了验证是否存在这种情况，后文采用PSM方法进行稳健性检验。

本文的设置标准为，对每只债券的发行人在每个日期计算融资需求，即fin_ne=（当期支付的现金股利+当期投资性现金流净流出+当期营业资本变动值–当期现金流净流入）/当期期末总资产（见表1）。若2019年债券发行人的融资需求高于发行人所属行业（Wind大类行业）当期融资需求的均值，则该债券属于处理组（变量取1），否则属于控制组（变量取0）（高宏旭和甘露，2021）。

2.被解释变量

根据以往的研究，信用利差（cre_sp）常被用来描述公司的债务融资成本，本文信用利差的计算方法是债券当期到期收益率减去当期同期限国债收益率。本文使用年度数据，即区间内每年12月31日的到期收益率（Elton等，2001），特定期限的国债收益率基于0年、1个月、2个月、3个月、6个月、9个月、1年、2年、3年、4年、5年、6年、7年、8年、9年、10年、15年、20年、30年、40年、50年国债的到期收益率通过三次样条插值法处理得到。为了检验政策对企业获得融资情况的影响，将因变量替换为债券发行人当期融资性现金流流入（fin_cf）（见表1）。

3.事件时间窗口

2019年7月30日，中共中央政治局会议首次明确提出"不将房地产作为短期刺激经济的手段"，此后中国银行保险监督管理委员会连续出台多项举措收紧房地产企业融资，这是我国第一次明确推出房地产融资限制政策，加之本文使用年度数据（选取每年年末作为时点），因此将2011~2018年作为事件发生前的时间区间，$post$=0；2019~2020年作为事件发生后的时间区间，$post$=1。

4.控制变量

（1）债券层面

①剩余期限（$duration$），样本债券的到期期限单位为年。债券到期期限

越长，债券流动性越差，利率水平越高，故到期期限很可能和信用利差呈正相关（Houweling 等，2005）。②存续金额（*amount*），样本债券的存量金额，单位为亿元。规模较大的债券通常流动性越好，利差水平越低（Chen 等，2007），故存量规模很可能和信用利差呈负相关。

（2）公司层面

①债券信用评级（*cre_rat*），若债券评级为 AAA，则取值 18；AA+取值 17，随着评级逐渐降低，取值按此等级变化降低。公司信用评级越高，融资成本越低（王雄元和张春强，2013），故债券信用评级很可能和信用利差呈负相关。②产权性质（*ownership*），若发行人是央企，则取值 4；若发行人是地方国企，则取值 3；若发行人是公众企业或集体企业，则取值 2；若发行人是民营企业或其他，则取值 1。国有企业由于拥有政府的隐性担保，违约风险相对更低，公司信用债利差更低，故信用评级很可能和股权性质呈负相关。③公司预期杠杆水平，公司基于发债成本和收益会确定最优化的杠杆水平，然后会逐渐向这个最优水平靠拢（Mark 等，2012），考虑使用总资产息税前利润率（*EBIT/TA*）、累计折旧金额/总资产（*DEP/TA*）、总资产（ln*TA*）、资产负债率（*leverage*）等指标。

（3）市场层面

参考以往关于信用利差的研究（Collin 等，2001），本文使用 10 年国债到期收益率（*treasury*10）、债券期限利差（*slop*）、3 年中票 AAA 当期到期收益率与 AA+当期到期收益率（*CRPRE*）、上证指数收益率（*return*）、上证指数波动率（*VIX*）。

5.调节变量

是否高评级（*high_rat*）。投资者会优先选择投资信用资质更好的主体，故信用利差缩小幅度更大。为了验证政策对不同评级公司的影响，引入此变量。若债券发行人评级为 AAA，取值 1；否则，取值 0。

是否上市（*listed*）。上市公司信息披露质量更高，会降低投资者对其信用资质的担忧，故上市企业信用利差缩小幅度更大。为了验证政策对上市公司的影响，引入此变量。若债券发行人为上市公司，取值 1；否则，取值0。

地区金融环境（*NPLle*）。如果所在省份商业银行不良贷款率较低（金融环境较好），企业债券会得到更多的投资，故金融环境较好省份的公司信用利差缩小幅度会更大。为了验证政策对不同地区的企业影响，引入此变量。若债券发行人所在省份2015~2018年平均商业银行不良率高于全国中位数，取值1；否则，取值0。

表1　变量说明

变量	符号	说明
信用利差	*cre_sp*	债券的中债估值减去当期同期限国债收益率，特定剩余期限的国债收益率经三次样条插值法处理得到
时间窗口	*post*	若在2019年7月后，取值1；若在2019年7月之前，取值0
融资需求	*fin_ne*	（当期支付的现金股利+当期投资性现金流净流出+当期营业资本变动值−当期现金流净流入）/当期期末总资产
是否高融资需求	*fin_ne_le*	若债券发行人当期的融资需求大于发行人所在行业当期融资需求的均值，取值1；否则，取值0
融资性现金流流入	*fin_cf*	现金流量表中融资性现金流流入科目，取对数
剩余期限	*duration*	债券剩余期限
存续金额	*amount*	债券存续金额，单位为亿元
产权性质	*ownership*	"4"是央企，"3"是地方国企，"2"是公众企业或集体企业，"1"是民营企业或其他
债券信用评级	*cre_rat*	若债券评级为AAA，则取值18；AA+取值17；随着评级逐渐降低，取值按此等级变化降低
总资产息税前利润率	*EBIT/TA*	债券发行人息税前利润/总资产
总资产	ln*TA*	ln（总资产）
累计折旧金额/总资产	*DEP/TA*	—
资产负债率	*leverage*	总负债/总资产
10年国债到期收益率	*treasury*10	10年国债到期收益率
债券期限利差	*slop*	10年国债到期收益率−2年国债到期收益率
上证指数收益率	*return*	上证A股指数计算的年度收益率
上证指数波动率	*VIX*	上证A股指数年化收益率
3年中票AAA当期到期收益率与AA+当期到期收益率	*CRPRE*	3年中票AAA当期到期收益率与AA+当期到期收益率

续表

变量	符号	说明
是否高评级	*high_rat*	若债券发行人评级为 AAA，则取值 1；否则，取值 0
是否上市	*listed*	若债券发行人为上市公司，则取值 1；否则，取值 0
行业	*industry*	若发行人属于材料行业，则 material 取值 1；若发行人属于电信服务行业，则 telecom 取值 1；若发行人属于建筑行业，则 architecture 取值 1；若发行人属于工业行业，则 industry 取值 1；若发行人属于公用事业行业，则 public 取值 1；若发行人属于消费行业，则 consumption 取值 1；若发行人属于能源行业，则 energy 取值 1；若发行人属于信息技术行业，则 information 取值 1；若发行人属于医药行业，则 medical 取值 1
地区金融环境	*NPLle*	若债券发行人所在省份商业银行不良贷款率低于全国中位数，取值 1；否则，取值 0

（二）数据来源

本文数据均来源于 Wind 数据库，并对数据做以下处理。

第一步，将 2011 年 1 月 1 日至 2020 年 12 月 31 日国内企业发行的标准债券作为观测样本，组成 2011~2020 年的年度面板数据集。

第二步，政策发布时间为 2019 年 7 月，模型是为了比较 2019 年前后的数据变化，故剔除 2019 年后发行或者 2019 年末前到期的债券。

第三步，如果债券存续期没有布满整个观测区间，则利用前一年/后一年的数据补齐数据集，但剔除存续区间全部在 2019 年之前或 2019 年之后的债券。

第四步，剔除金融行业，同时进行 1% 截尾处理。

（三）实证模型

结合研究目标与数据特点，本文使用双重差分模型进行回归，虚拟变量 *post* 和判断高融资需求的虚拟变量 *fin_ne_le* 的交叉项作为主要解释项，另加入债券（*bondchar*）、公司（*firmchar*）、市场（*marketchar*）三个方面的控制变量，μ_i 是行业固定效应，μ_t 是年份固定效应。

为检验假设 1：在房地产融资限制政策的影响下，有较高融资需求非房地产企业信用利差降幅更大，方程如下：

$$cre\_sp_{it} = \beta_0 + \beta_1 post_t \times fin\_ne\_le_{it} + \beta_2 post_t + \beta_3 fin\_ne\_le_{it} + \alpha bondchar_{it}$$
$$+ \gamma firmchar_{it} + \delta marketchar_t + \mu_i + \mu_t + \varepsilon_{it}$$

$$(1)$$

为检验假设1a：房地产融资限制政策促使有较高融资需求非房地产企业获得更多的融资，方程如下：

$$fin\_cf_{it} = \beta_0 + \beta_1 post_t \times fin\_ne\_le_{it} + \beta_2 post_t + \beta_3 fin\_ne\_le_{it}$$
$$+ \alpha bondchar_{it} + \gamma firmchar_{it} + \delta marketchar_t + \mu_i + \mu_t + \varepsilon_{it}$$

$$(2)$$

为检验假设1b：房地产融资限制政策使得有较高融资需求非房地产企业的预期杠杆水平更高，将因变量变为下一期的杠杆水平，方程如下：

$$leverage_{it+1} = \beta_0 + \beta_1 post_t \times fin\_ne\_le_{it} + \beta_2 post_t + \beta_3 fin\_ne\_le_{it}$$
$$+ \alpha bondchar_{it} + \gamma firmchar_{it} + \delta marketchar_t + \mu_i + \mu_t + \varepsilon_{it}$$

$$(3)$$

完成对主要假设的验证与机制分析后，下文将进一步开展政策的异质性影响研究。

一是引入是否高评级（$high\_rat$）作为虚拟变量，将政策出台前后、是否属于高融资需求和是否属于高评级企业三者的交叉项作为主要解释项。

二是引入是否上市（$listed$）作为虚拟变量，将政策出台前后、是否属于高融资需求和是否属于上市公司三者的交叉项作为主要解释项。

三是引入地区金融环境（$NPLle$）作为虚拟变量，将政策出台前后、是否属于高融资需求、是否位于金融环境良好区域的交叉项作为主要解释项。

（四）描述性统计

变量的描述性统计如表2所示，其中被解释变量均值为2.068，标准差为0.936。变量是否高融资需求（fin_ne_le）的均值为0.498，即有50%的样本2019年末的融资需求高于同期同行业融资需求均值，故被纳入实验组。部分变量的标准差较大，说明样本在公司特征、债券特征上差异较大。

表 2　数据描述性统计

变量	均值	标准差	最小值	最大值
信用利差	2.068	0.936	−0.891	4.996
时间窗口	0.200	0.400	0.000	1.000
是否高融资需求	0.498	0.500	0.000	1.000
融资性现金流流入	4.245	1.941	−8.112	9.485
债券信用评级	16.919	0.988	1.000	18.000
剩余期限	4.557	2.470	0.170	29.858
存续金额	12.960	18.479	0.000	260.000
总资产息税前利润率	2.720	2.797	−33.903	87.825
总资产	5.854	2.115	−2.236	11.642
资产负债率	0.033	0.085	−0.243	1.203
产权性质	3.079	0.525	1.000	4.000
资产负债率	56.540	16.218	0.001	149.846
10 年国债到期收益率	3.439	0.477	2.821	4.552
债券期限利差	0.406	0.168	0.095	0.658
上证指数收益率	0.059	0.230	−0.269	0.609
上证指数波动率	14.582	7.211	5.837	31.009
评级利差	0.383	0.155	0.120	0.640

四　实证结果分析

（一）平行趋势检验

本文采用双重差分（DID）模型，而该模型的前提假设是在受到房地产融资限制政策冲击前，处理组和控制组的时间趋势是相同的，因此需要进行平行趋势检验。根据 Angrist 等（2008）的方法，将模型的交叉项 $post \times fin\_ne\_le$ 更换为处理组变量与各年的哑变量的交叉项 $fin\_ne\_le \times year$。

平行趋势检验的结果如图 1 所示，在政策出台的前 6 年时间交互项的系数在 95% 的置信水平下没有显著差别，政策出台的当年即 2019 年末即产生了明显的作用，且 2020 年末政策效果更明显。

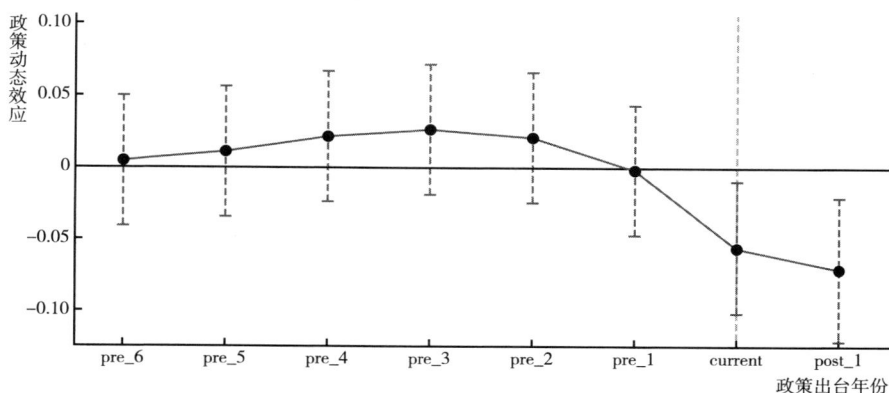

图1　平行趋势检验结果

（二）房地产融资限制政策、融资需求与信用利差

式（1）的具体回归结果如表3所示。列（1）、（2）是对事件发生前时间段进行的回归，列（3）~（5）是对2011~2020年数据进行的回归。列（2）、（4）相对列（1）、（3）加入了固定效应，以进一步确保模型的稳健性。列（5）是剔除 *fin_ne_le* 和交叉项后的回归，以观测政策出台后非房地产行业整体信用利差的变化。为了提高回归结果的可读性，本文所有回归结果仅报告了主要变量和回归项。

列（1）、（2）的回归结果表明融资需求的变量 *fin_ne* 系数显著为正，与前人对资本结构与信用利差关系的研究结论基本一致。我们分析的重点是 *post×fin_ne_le* 项的系数，其反映的是政策影响下不同融资需求的非房地产企业信用利差的变化幅度有何不同。列（3）、（4）回归的结果中 *post×fin_ne_le* 项的系数均出现了负向的显著性，表明在房地产融资限制政策出台后，高融资需求非房地产企业信用利差缩小幅度更大。高融资需求会导致企业杠杆水平进一步提升，进而使得信用利差扩大，故系数为正，但从有融资需求到获得融资，其间还需要考虑外部融资环境的影响。列（5）的回归结果表明，政策冲击之后非房地产行业整体的信用利差降幅较大。从实际数据来看，政策冲击之后样本债券利差均明显缩小，但非高融资需求企业债券利差从2.265下降至2.060，高融资需求企业债券利差从2.342下降至1.661，下降幅度更大。除上述回归外，本文还使用事件研究法分析高融资需求企业信用利差变化情况，将2019年前后债券信用利差进行t检验，结果显示事件窗口期信用利差平均下降0.438，t值为−45.488，信用利差显著下降。

表3　房地产融资限制政策、融资需求与信用利差回归结果

变量	(1) cre_sp	(2) cre_sp	(3) cre_sp	(4) cre_sp	(5) cre_sp
fin_ne	0.143*** (9.079)	0.166*** (10.593)			
post×fin_ne_le			−0.055** (−3.246)	−0.051** (−3.084)	
post			−0.139*** (−8.720)	0.051** (2.796)	−0.152*** (−12.010)
fin_ne_le			−0.016* (−2.472)	−0.017** (−2.644)	
年份固定	否	是	否	是	是
行业固定	否	是	否	是	否

注：括号内为t值，*、**、***分别表示在10%、5%、1%水平上显著。

控制变量中，债券信用评级（cre_rat）的系数表现出负向的显著性，这印证了前文的假设，信用评级越高，投资者对债券的信用风险担忧越小，信用利差就越小。剩余期限（duration）的系数表现出正向的显著性，这验证了流动性溢价理论，债券剩余期限越长，债券到期收益率就越大（Houweling 等，2005）。存续金额（amount）的系数为负，规模较大的债券通常流动性较好，利率水平越低，信用利差越小。总资产息税前利润率（EBIT/TA）的系数为负，同样印证了信用风险溢价理论，公司的盈利能力越强，投资者对其信用风险的担忧越小，信用利差就越小。产权性质（ownership）的系数为负，表明了投资者普遍认为来自政府的隐性担保更多，债券发行人的国有属性降低了债券信用利差。

（三）房地产融资限制政策与融资性现金流流入、资产负债率

为了进一步研究政策影响机制，本文将基础回归的因变量调整为融资

性现金流流入（fin_cf）和下一期的资产负债率（$leverage_{t+1}$）。

表4是式（2）的回归结果。从信用风险溢价的角度，当更多的资金投向非房地产行业时，按照优序理论，投资者认为高融资需求企业的融资需求将会得到更好的满足，因而形成更高的杠杆水平预期，这也与列（1）、（2）的结果相符。但从市场流动性溢价理论的角度来看，对非房地产行业企业来说，市场流动性增大，信用利差总体会降低，其中更多的资金会流向高融资需求企业，故高融资需求企业信用利差可能明显降低。列（2）相对列（1）加入了固定效应，列（3）、（4）剔除fin_ne_le，以考察政策出台后非房地产行业整体融资规模的变化。$post×fin\_ne\_le$的系数显著为正，表示政策发布后高融资需求非房地产企业的融资性现金流流入大幅增长。使用事件研究法分析高融资需求企业融资性现金流流入情况，对2019年前后融资性现金流流入进行t检验，结果显示事件窗口期融资性现金流流入平均增加0.737，t值为40.237，融资性现金流流入显著增加。

表4　房地产融资限制政策与融资性现金流流入

变量	(1)	(2)	(3)	(3)
	fin_cf	fin_cf	fin_cf	fin_cf
$post×fin\_ne\_le$	0.189***	0.168***	0.331***	0.338***
	(9.853)	(8.795)	(19.982)	(20.379)
$post$	−0.106***	−0.062*	−0.165***	−0.213***
	(−5.132)	(−2.420)	(−8.409)	(−6.910)
fin_ne_le	0.150***	0.160***		
	(15.843)	(17.069)		
年份固定	否	是	否	是
行业固定	否	是	是	否

注：括号内为t值，*、**、***分别表示在10%、5%、1%水平上显著。

表5是式（3）的回归结果。列（2）相对列（1）加入了固定效应，交叉项系数显著为正，表示政策发布后高融资需求非房地产企业杠杆水平预期有所上升，市场预期高融资需求企业将会获得更多的资金，从而提高财

务杠杆。从实际来看，受到政策冲击之后，企业资产负债率有所变化，非高融资需求企业从 57.4% 下降至 56.7%，高融资需求企业从 53.2% 上升至60.9%。使用事件研究法分析高融资需求杠杆率变化，将 2019 年前后企业杠杆率变化进行 t 检验，结果显示事件窗口期企业杠杆率平均提高 4.2%，t 值为 19.520，企业杠杆率显著上升。

表5　房地产融资限制政策与资产负债率

变量	(1) $leverage_{t+1}$	(2) $leverage_{t+1}$
$post \times fin\_ne\_le$	2.897*** (8.538)	2.744*** (8.125)
$post$	−3.076*** (−6.149)	−3.969*** (−10.929)
fin_ne_le	−2.420*** (−17.649)	−2.366*** (−17.503)
年份固定	否	是
行业固定	否	是

注：括号内为 t 值，*、**、*** 分别表示在 10%、5%、1% 水平上显著。

结合回归结果，可以发现：第一，房地产融资限制确实导致更多资金流入非房地产行业，尤其是高融资需求企业；第二，投资者对这些资金流入的企业形成更高的杠杆水平预期；第三，政策发布后非房地产行业整体信用利差缩小，且高融资需求非房地产企业的信用利差缩小的更明显。结合前文的假设可以推测，一方面从市场流动性溢价的角度考虑，大量资金流入非房地产行业，尤其是高融资需求企业，拉动对这些企业的信用债需求，使得其信用利差缩小；另一方面从信用风险溢价的角度，虽然杠杆水平预期提升可能会使信用利差扩大，但当高融资需求企业的融资需求得到满足时，其经营、治理状况得到改善，有助于其信用资质的提升，从而促使信用利差缩小。总体影响机制如图 2 所示。

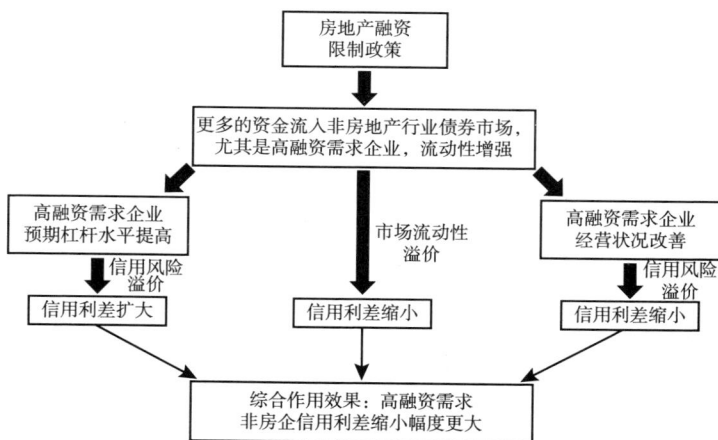

图2 基本回归结果影响机制分析

（四）房地产融资限制政策对公司债券信用利差的影响的进一步分析

1.房地产融资限制政策、公司信用评级与信用利差

本部分在基础回归中加入了 *high_rat*、*post*、*fin_ne_le* 的三重交叉项，回归结果如表6所示。*post×fin_ne_le×high_rat* 的系数显著为负，在房地产融资限制政策冲击下，高融资需求非房地产行业企业、不同评级企业的信用利差变动幅度有着显著差别，高评级企业在政策发布后的信用利差相对下降幅度更大，实证结果与研究假设保持一致。进一步对高评级企业和非高评级企业进行分类回归，结果显示政策发布后两类企业的信用利差显著降低。把因变量换成融资性现金流流入，发现非高评级企业在政策发布后融资规模有所扩大，即不同评级债券的资金配置有所调整。

表6 房地产融资限制政策、公司信用评级与信用利差

变量	(1)	(2)	(3)	(4)
	cre_sp	*cre_sp*	*cre_sp*	*cre_sp*
post×fin_ne_le×high_rat	−0.261***	−0.249***	−0.274***	−0.456***
	(−11.037)	(−10.505)	(−11.655)	(−18.667)
post×fin_ne_le	−0.050*	−0.007	−0.028	0.074**
	(−2.051)	(−0.299)	(−1.148)	(3.066)

续表

变量	(1) cre_sp	(2) cre_sp	(3) cre_sp	(4) cre_sp
post	−0.065*** (−3.848)	−0.163*** (−10.950)	0.016 (0.798)	
fin_ne_le	0.053*** (7.319)		0.048*** (6.793)	
年份固定	是	否	是	否
行业固定	是	是	是	是

关于高评级的机制分析一

变量	(1) cre_sp	(2) cre_sp	(3) cre_sp	(4) cre_sp
post×fin_ne_le	−0.152*** (−6.169)		−0.163*** (−5.834)	
post	−0.489*** (−7.612)	−0.297*** (−8.077)	0.185*** (6.760)	0.008 (0.420)
fin_ne_le	−0.005 (−0.352)		0.056*** (7.191)	
年份固定	是	否	是	否
行业固定	是	是	是	是

关于高评级的机制分析二

变量	(1) fin_cf	(2) fin_cf	(3) fin_cf	(4) fin_cf
post×fin_ne_le	−0.097*** (−3.824)		0.154*** (5.742)	
post	0.060 (0.740)	−0.150** (−2.807)	−0.185*** (−6.041)	−0.142*** (−6.753)
fin_ne_le	0.309*** (19.210)		0.142*** (14.149)	
年份固定	是	否	是	否
行业固定	是	是	是	是

注：括号内为t值，*、**、***分别表示在10%、5%、1%水平上显著。

2.房地产融资限制政策、公司是否上市与信用利差

本部分在基础回归中加入了 listed、post、fin_ne_le 的三重交叉项，回归结果如表7所示。回归结果均显示，post×fin_ne_le×listed 的系数不显著，表

明房地产融资限制政策发布后，在非房地产行业，上市与非上市高融资需求企业的信用利差变动幅度差别不显著，可能的原因是信用债发行时披露的公司信息已经足够，投资者可据此给债券进行定价，因此上市与否并不影响企业的债券定价效率。进一步对上市公司与非上市公司进行分类回归，把因变量换成融资性现金流流入，发现高融资需求上市公司融资规模的扩大程度高于低融资需求上市公司，分析背后的原因，上市与否对公司的融资能力影响显著。

表7　房地产融资限制政策、公司是否上市与信用利差

变量	(1)	(2)	(3)	(4)
	cre_sp	cre_sp	cre_sp	cre_sp
post×fin_ne_le×listed	0.026	0.043	−0.021	−0.112**
	(0.800)	(1.293)	(−0.636)	(−3.154)
post×fin_ne_le	−0.197***	−0.149***	−0.177***	−0.166***
	(−10.512)	(−8.593)	(−9.527)	(−9.128)
post	−0.073***	−0.167***	0.021	
	(−4.310)	(−11.238)	(1.054)	
fin_ne_le	0.053***		0.048***	
	(7.327)		(6.813)	
年份固定	否	否	是	是
行业固定	否	否	是	是
关于上市公司的机制分析一				
变量	(1)	(2)	(3)	(4)
	cre_sp	cre_sp	cre_sp	cre_sp
post×fin_ne_le	−0.022		−0.194***	
	(−0.414)		(−10.075)	
post	−0.160**	−0.234***	0.171***	−0.123***
	(−2.631)	(−5.889)	(8.222)	(−8.599)
fin_ne_le	0.025		0.054***	
	(1.136)		(7.263)	
年份固定	是	否	是	否
行业固定	是	是	是	是

续表

	关于上市公司的机制分析二			
变量	（1）	（2）	（3）	（4）
	fin_cf	*fin_cf*	*fin_cf*	*fin_cf*
post×fin_ne_le	0.116*		0.166***	
	(2.124)		(8.202)	
post	−0.032	0.014	−0.082**	−0.013
	(−0.420)	(0.317)	(−3.010)	(−0.726)
fin_ne_le	0.197***		0.165***	
	(7.386)		(17.322)	
年份固定	是	否	是	否
行业固定	是	是	是	是

注：括号内为t值，*、**、***分别表示在10%、5%、1%水平上显著。

3.房地产融资限制政策、公司所在地区金融环境与信用利差

在此模型中，分析的重点是 *post×fin_ne_le* 和 *post×fin_ne_le×NPLle* 的系数，回归结果如表8所示。*post×fin_ne_le×NPLle* 的系数显著为负，表明在房地产融资限制政策影响下，非房地产行业中，金融环境较好地区与较差地区高融资需求企业的信用利差变动有着显著差别，对于金融环境较好地区的高融资需求企业而言，政策发布后的信用利差缩小幅度较大，结果与假设保持一致。进一步对金融环境较好与较差地区的高融资需求企业样本进行分类回归，发现政策出台后，所有企业信用利差均有所降低。进一步将被解释变量换成融资性现金流流入时，发现政策发布后金融环境较好与较差地区的高融资需求企业融资规模均有所扩大。

表8 房地产融资限制政策、公司所在地区金融环境与信用利差

变量	（1）	（2）	（3）	（4）
	cre_sp	*cre_sp*	*cre_sp*	*cre_sp*
post×fin_ne_le×NPLle	−0.271***	−0.272***	−0.236***	−0.236***
	(−10.509)	(−10.474)	(−9.248)	(−9.255)
post×fin_ne_le	0.005	0.055*	−0.006	0.043
	(0.168)	(2.129)	(−0.242)	(1.674)
post	−0.071***	−0.166***	0.023	
	(−4.242)	(−11.146)	(1.144)	

变量	（1）	（2）	（3）	（4）
	cre_sp	cre_sp	cre_sp	cre_sp
fin_ne_le	0.053***		0.048***	
	(7.324)		(6.803)	
年份固定	否	否	是	是
行业固定	否	否	是	是
关于金融环境的机制分析一				
变量	金融环境好	金融环境好	金融环境差	金融环境差
	cre_sp	cre_sp	cre_sp	cre_sp
post×fin_ne_le	−0.169***		−0.222***	
	(−8.288)		(−6.188)	
post	−0.033	−0.217***	0.199***	0.058*
	(−1.513)	(−14.462)	(4.623)	(2.100)
fin_ne_le	0.064***	0.037***	0.016	−0.022
	(7.971)	(4.948)	(1.105)	(−1.691)
年份固定	是	否	是	否
行业固定	是	是	是	是
关于金融环境的机制分析二				
变量	金融环境好	金融环境好	金融环境差	金融环境差
	fin_cf	fin_cf	fin_cf	fin_cf
post×fin_ne_le	0.165***		0.174***	
	(7.427)		(4.687)	
post	−0.067*	0.008	−0.021	−0.090**
	(−2.293)	(0.409)	(−0.401)	(−2.611)
fin_ne_le	0.170***		0.148***	
	(16.347)		(8.188)	
年份固定	是	否	是	否
行业固定	是	是	是	是

注：括号内为t值，*、**、***分别表示在10%、5%、1%水平上显著。

（五）稳健性检验

为了避免分析结果受样本的选择、变量的设置和模型的构建等影响，本文采用两种方式进行稳健性检验：①采用倾向性分数匹配模型（PSM），避免处理组与控制组之间的差异是由样本选择造成的，增加结果的可信度；②进行安慰剂检验，将限制政策的时间提前。

1.倾向性分数匹配模型（PSM）

本文将融资需求的高低作为处理组的设置依据，但处理组的公司可能与设置组的公司存在天然的差别，例如经营状况较好的公司，经营效率高，融资需求更大，且自身信用利差也可能较小。这就引发了选择偏差问题。为了避免这种设置方法带来的内生性问题，本文采用倾向性分数匹配模型（PSM）来验证处理组和控制组在剔除 *fin_ne_le* 以外的其他样本特征相似的情况下是否能得到类似的回归结果。

构建 PSM 检验的过程如下：①计算倾向性得分。将可能影响因变量和处理变量的变量作为协变量，并通过 Logit 模型得到倾向性得分，模型的被解释变量为是否属于高融资需求企业，解释变量为协变量。Logit 模型得到的估计值就是样本属于高融资需求企业的概率。②进行倾向性得分匹配。对处理组中的样本，选择控制组中倾向得分与其最接近的样本作为匹配样本。③利用倾向性分数匹配后的处理组和控制组样本进行 DID 回归，并与原始 DID 回归进行比较。表 9 显示了进行 PSM 匹配前后公司的处理组和控制组样本的特征变化。在进行 PSM 匹配前，处理组和控制组在公司特征上有显著的差异。在进行 PSM 匹配后，处理组和控制组的所有变量不存在明显的差异。

表9　PSM 匹配前后公司的处理组和控制组样本的特征变化

变量	匹配前/匹配后	均值		差值
		控制组	处理组	
duration	U	5.099	4.915	−0.184
	M	4.858	4.915	0.057
amount	U	13.903	11.576	−2.327
	M	10.425	11.576	1.151
EBIT/TA	U	2.684	2.987	0.303
	M	2.822	2.987	0.165
DEP/TA	U	0.027	0.037	0.010
	M	0.028	0.037	0.009
ownership	U	3.090	3.067	−0.023
	M	3.059	3.067	0.008

表10是采用PSM样本后的回归结果，说明经过PSM匹配后的样本分析结果（交叉项系数正负和显著性）与基本回归模型结果一致：在房地产融资限制政策影响下，在非房地产行业，与低融资需求企业相比，高融资需求企业的信用利差缩小幅度更大。样本自选择问题并没有影响到结论。

表10　采用PSM样本后的回归结果

项目	cre_sp	t值	p值
Before			
Control	2.191		
Treated	2.143		
Diff（T−C）	−0.048	−5.600	0.000***
After			
Control	1.806		
Treated	1.697		
Diff（T−C）	−0.109	6.420	0.000***
Diff-in-Diff	−0.061	3.230	0.001***

2.安慰剂检验

在以上稳健性检验的基础上，进一步进行安慰剂检验，通过人为设定一个房地产融资限制性时间点，随机设定控制组和处理组，重新对其进行检验，如果系数不显著，则表明高杠杆企业二级市场债券信用利差降低是由限制政策引起的，而不是其他因素；反之，结论不稳健。结果表明，通过将限制政策提前到2017年，倍差项系数均不显著，表明信用利差降低是由房地产融资限制政策引起的。至此，通过上述稳健性检验，有理由相信本文估计结果和结论十分稳健。

表11　安慰剂检验

变量	(1) cre_sp	(2) cre_sp	(3) cre_sp	(4) cre_sp	(5) cre_sp
post×fin_ne_le			−0.017 (−1.128)	−0.016 (−1.108)	
post			0.077*** (5.887)	0.303*** (18.316)	0.086*** (18.206)

续表

变量	(1)	(2)	(3)	(4)	(5)
	cre_sp	cre_sp	cre_sp	cre_sp	cre_sp
fin_ne_le			0.011	0.012	
			(1.564)	(1.743)	
_cons	8.882***	8.795***	8.799***	8.792***	9.086***
	(85.448)	(78.602)	(84.411)	(78.505)	(84.619)
年份固定	否	是	否	是	否
行业固定	否	是	否	是	否

变量	(1)	(2)	(3)
	fin_cf	fin_cf	fin_cf
post×fin_ne_le	0.014	0.007	
	(0.837)	(0.412)	
post	−0.128***	−0.068*	−0.096***
	(−8.128)	(−2.961)	(−7.509)
fin_ne_le	−0.005	−0.001	
	(−0.522)	(−0.131)	
年份固定	否	是	否
行业固定	否	是	是

注：括号内为 t 值，*、**、***分别表示在10%、5%、1%水平上显著。

五 结论与建议

本文基于2011~2020年数据研究了在房地产融资限制政策影响下，非房地产行业融资需求与信用利差的关系，得出以下结论。

第一，房地产融资限制政策促使高融资需求非房地产企业信用利差缩小幅度更大。一方面，从市场流动性溢价的角度，房地产融资限制政策会使流入非房地产行业债券市场的资金增加，尤其是高融资需求企业，其流动性提高幅度更大，因此信用利差缩小幅度更大。另一方面，从信用风险溢价的角度，当高融资需求企业得到更多资金时，投资者会对其形成更高的杠杆水平预期。当高融资需求企业的融资需求得到满足时，其经营状况、内部控制将得到改善，信用资质明显提高，因而信用利差缩小幅度更大。回归结果验证了这两个传导路径的综合作用。

第二，房地产融资限制政策对非房地产企业融资存在明显的异质性影响，但"非优势"企业的债券利差也显著缩小，政策具有普惠性。在公司信用评级方面，在非房地产行业，资金更多地流入高评级企业，高评级企业的信用利差缩小更明显。在是否上市方面，在非房地产行业，上市公司获得更多的资金。在金融环境方面，所在省份商业银行不良贷款率较低时，金融环境较好地区的企业信用利差缩小更明显。此外，部分不被投资者"偏好"的企业融资状况也得以改善，政策具有明显的普惠性。

本文的结论具有以下政策含义。第一，重视房地产融资限制政策对非房地产企业融资的溢出效应，强化高融资需求非房地产企业监管，提升金融服务实体经济能力。房地产融资限制政策的溢出效应导致更多的资金流向高融资需求非房地产企业，造成此类企业的杠杆率在短期内进一步上升，进而引发金融风险集聚。不同融资需求的非房地产企业受到的政策外溢性影响存在明显差别，应加强对企业融资情况的监管，使企业的杠杆率保持在较为合理的水平，引导资金满足企业合理的融资需求。一是控制经营效率持续较低、过度依赖外部融资的"僵尸企业"的融资规模，解决部分企业的过度杠杆问题，破解资金低效供给和金融资源错配问题，依托市场机制提高资金配置效率，促进金融切实服务于经济高质量发展。二是引导更多资金投向重点产业、关键领域的企业，尤其是加大对科创型企业的支持力度，提升金融服务经济质效。

第二，完善市场预期管理，降低不确定性。房地产融资限制政策的溢出效应显著，表明部分资金从房地产企业流出，或增量资金较少投向房地产企业，而资金转移给房地产企业融资带来较大压力。2019年以来房地产信用债违约数量明显增多，导致房地产上下游产业的资金紧张，因此要关注融资压力加大对房地产企业造成的负面影响，完善行业融资预期管理，防止出现房地产企业大面积破产、倒闭的情况。在房地产供给或需求发生较大变化时，有效引导市场预期，借助预期管理工具适时引导投资者行为，稳定房地产行业发展预期，支持长期融资，推动房地产业向新发展模式平稳过渡。一是加大对民营房企债券融资支持力度，拓展民营企业债券融资支持工具使用范围，将银行间债券市场发债主体从全国性大型房企拓展到地方优质民营房企。二是积极通过保交楼贷款支持计划、房企纾困专项再贷款等结构性政策工具化解房地产行业的存量风险。三是探索房地产信托投资基金融资模式创新，妥善化解大型房企违约风险。四是进一步放松一线城市的房地产消费限制政策，支持居民住房消费，提升房地产企业的经营性融资能力。

第三，制定差异化的企业融资支持政策，规避部分不利影响。房地产融资限制政策对不同评级、是否上市、不同融资环境的非房地产企业存在显著的异质性影响，各地对房地产业的依赖程度、产业集聚程度差异较大，因此部分区域或产业受到的影响较大。在制定企业融资支持政策时，可考虑差异化，积极应对外在不利冲击，推动金融、房地产与其他行业健康发展，提升中国经济的长期增长潜力。一是对部分以房地产上下游产业为主导产业的地区，加强政策性金融工具的使用，增加抵押补充贷款额度，支持政策性机构为基础设施重点领域设立金融工具和提供信贷支持，对冲主导产业下滑影响。二是关注民营企业、非上市企业、融资环境较差地区企业等"非优势"企业的融资情况，采取定向债务融资工具、结构性货币政策等措施，加大对上述企业的融资支持力度，扩大金融支持的覆盖范围。三是通过税收优惠、财政贴息等方式降低区域内特定行业企业的融资成本，依托政府性融资担保机构激发企业投资活力，放大金融政策的乘数效应。

参考文献

[1] 陈德球、陈运森、董志勇，2016，《政策不确定性、税收征管强度与企业税收规避》，《管理世界》第 5 期。

[2] 戴国强、张建华，2009，《货币政策的房地产价格传导机制研究》，《财贸经济》第 12 期。

[3] 方红星、施继坤、张广宝，2013，《产权性质、信息质量与公司债定价——来自中国资本市场的经验证据》，《金融研究》第 4 期。

［4］高宏旭、甘露，2021，《融资需求、内部审计与企业盈余管理》，《财会通讯》第1期。

［5］江伟、曾业勤，2013，《金融发展、产权性质与商业信用的信号传递作用》，《金融研究》第6期。

［6］江伟、李斌，2006，《制度环境、国有产权与银行差别贷款》，《金融研究》第11期。

［7］纪志宏、曹媛媛，2017，《信用风险溢价还是市场流动性溢价：基于中国信用债定价的实证研究》，《金融研究》第2期。

［8］李伦一、张翔，2019，《中国房地产市场价格泡沫与空间传染效应》，《金融研究》第12期。

［9］卢太平、张东旭，2014，《融资需求、融资约束与盈余管理》，《会计研究》第1期。

［10］罗知、张川川，2015，《信贷扩张、房地产投资与制造业部门的资源配置效率》，《金融研究》第7期。

［11］梅冬州、崔小勇、吴娱，2018，《房价变动、土地财政与中国经济波动》，《经济研究》第1期。

［12］荣昭、王文春，2014，《房价上涨和企业进入房地产——基于我国非房地产上市公司数据的研究》，《金融研究》第4期。

［13］万晓莉、严予若、方芳，2017，《房价变化、房屋资产与中国居民消费——基于总体和调研数据的证据》，《经济学（季刊）》第2期。

［14］王雄元、张春强，2013，《声誉机制、信用评级与中期票据融资成本》，《金融研究》第8期。

［15］余泳泽、李启航，2019，《城市房价与全要素生产率："挤出效应"与"筛选效应"》，《财贸经济》第1期。

［16］余泳泽、张少辉，2017，《城市房价、限购政策与技术创新》，《中国工业经济》第19期。

［17］赵静、方兆本，2011，《中国公司债信用利差决定因素——基于结构化理论的实证研究》，《经济管理》第11期。

［18］周华东、李鑫、高玲玲，2022，《房价上涨与制造业资源错配》，《华东经济管理》第3期。

［19］Amir E., Guan Y., et al. 2010."Auditor Independence and the Cost of Capital before and after Sarbanes-Oxley: The Case of Newly Issued Public Debt." *European Accounting Review*, 19(4):633-664.

［20］Angrist J. D., Pischke J. S. 2008. *Mostly Harmless Econometrics: An Empiricist's Companion.* Princeton University Press.

［21］Chen L., Lesmond D. A., Wei J. 2007. "Corporate Yield Spreads and Bond Liquidity."

The Journal of Finance, 62(1):119–149.

[22] Chen T., Liu L. X., Zhou L. 2015. "The Crowding-Out Effects of Real Estate Shocks-Evidence from China." *Emerging Markets: Finance Journal.*

[23] Collin-Dufresne P., Goldstein R. S., Martin J. S. 2001. "The Determinants of Credit Spread Changes." *The Journal of Finance*, 56(6):2177–2207.

[24] Elton E. J., Gruber M. J., Agrawal D., Mann C. 2001. "Explaining the Rate Spread on Corporate Bonds." *The Journal of Finance*, 56(1):247–277.

[25] Flannery M. J., Nikolova S., Öztekin Ö. 2012. "Leverage Expectations and Bond Credit Spreads." *Journal of Financial and Quantitative Analysis*, 47(4):689–714.

[26] Houweling P., Mentink A., Vorst T. 2005. "Comparing Possible Proxies of Corporate Bond Liquidity." *Journal of Banking & Finance*, 29(6):1331–1358.

[27] Kisgen D. J. 2009. "Do firms Target Credit Ratings or Leverage Levels?" *Journal of Financial and Quantitative Analysis*, 44(6):1323–1344.

[28] Lemmon M., Zender J. 2010. "Debt Capacity and Tests of Capital Structure Theories." *Journal of Financial and Quantitative Analysis*, 44(5):1161–1187.

（责任编辑：张容嘉）

商业银行数字化转型与企业债务融资成本

——基于金融地理视角的经验证据

吴心泓　吴心湄[*]

摘　要：本文基于金融地理视角，将商业银行数字化转型、银企距离与企业债务融资成本置于同一理论框架中，提出商业银行数字化转型对降低企业的债务融资成本存在正向溢出效应的假说。据此，本文利用银企距离对北京大学商业银行数字化转型指数进行加权，构建企业层面的商业银行数字化转型指标，并以2010~2020年A股上市公司为样本进行相应实证检验，研究发现商业银行数字化转型能够有效降低企业的债务融资成本。异质性分析发现，商业银行数字化转型对降低企业债务融资成本的作用具有广泛普惠性、风险可控性和精准匹配性，并且这一正向溢出效应在高市场化程度、高数字技术水平的区域更加显著。本文还发现虽然其他融资渠道对商业银行数字化转型带来的债务融资成本降低具有一定的替代作用，但均无法实现完全替代，表明各地政府应对商业银行数字化转型的微观溢出效应予以更多关注。本文丰富了微观视角下商业银行数字化转型带来的经济后果的研究成果，为引导传统金融机构服务实体经济提供了政策参考。

关键词：商业银行　数字化转型　企业债务融资成本　广泛普惠性风险可控性　精准匹配性

---

* 吴心泓，博士研究生，北京大学经济学院，电子邮箱：liiilian@stu.pku.edu.cn；吴心湄（通讯作者），博士研究生，对外经济贸易大学国际商学院，电子邮箱：wuxinmei@uibe.edu.cn。本文获得对外经济贸易大学研究生科研创新基金（202336）的资助。感谢匿名审稿专家的宝贵意见，文责自负。

一 问题提出

"融资难""融资贵"是长期制约我国经济转型升级与企业生存发展的难题，如何缓解企业尤其是中小企业的融资难题始终是学术界和实务界关注的焦点。鉴于我国股市与债市的准入制度，企业的资金来源主要是银行贷款，中国人民银行的数据显示，2022 年末中国金融业机构资产总额为419.64 万亿元，其中，银行业机构总资产为 379.39 万亿元，占比超过 90%。然而，信贷资源的非效率配置导致多数企业无法获得充足的资金。一方面，银企的信息不对称使得企业获得的贷款低于最优投资水平，企业需要提供较高价值的抵押物以传递信号从而获得充足资金（Menkhoff 等，2012）；另一方面，信贷资源往往向国有企业等倾斜，且出于贷款安全性与违约风险的考虑，银行更倾向于为企业提供短期贷款，造成信贷资源在所有制、规模和期限等程度上的错配现象日益凸显。

近年来，以人工智能、区块链、云计算和大数据为代表的数字技术与金融业深度融合，推动了我国数字金融蓬勃发展，为缓解信贷资源错配、破解企业融资困境提供了良好契机（钱海章等，2020）。数字金融主要通过互联网企业和传统金融机构两大主体发挥作用，已有文献大多聚焦前者，针对互联网金融在区域层面的溢出效应、在企业层面的普惠效应以及对传统银行业的冲击等展开研究，而较少对传统金融机构数字化转型的经济后果进行探讨。另外，尽管大多数文献肯定了互联网金融在宏微观等层面的效用，但不可否认的是，互联网金融亦存在风险较大、利率较高和规模有限的弊端，仅仅依赖互联网金融的溢出效应并非是破解企业融资困境的长久之策（陈荣达等，2020；卓丽洪，2020）。因此，在银行主导型金融体系的情境下，探讨数字金融另一重要主体、企业融资的主要来源——商业银行的数字化转型颇具意义。

少数关于商业银行数字化转型的研究主要聚焦其内部效应与实现路径，对商业银行数字化转型的外部溢出效应却鲜有涉及。已有文献发现商业银行数字化转型有助于优化银行业务流程和贷款结构（罗煜等，2022）、加强治理（张庆君和陈思，2022）、提高效率（封思贤和郭仁静，2019），改变劳动力需求结构（余明桂等，2022），缓解外部竞争带来的负面影响（谢绚丽和王诗卉，2022），提升银行风险承担能力（蒋海等，2023；翟胜宝等，2023）。还有部分学者从数字化转型所依托的底层技术——金融科技的视角出发，发现商业银行开发、应用金融科技能够解决企业短贷长投问题（李逸飞等，2022）、降低企业杠杆率（张金清等，2022）。

关于银行对企业信贷可得性的影响，已有文献从银行业竞争（张璇等，2019）、银行业结构（唐清泉和巫岑，2015）、银企关联（程小可等，2013）等视角进行了探索。其中，在金融地理视角下，一个广为接受的观点认为银企距离能够显著影响企业信贷可得性，即银企地理距离缩短有助于提升企业的信贷可得性。然而，这一观点在数字金融快速发展背景下面临挑战，部分学者支持"地理终结论"，认为数字金融对银企距离具有替代作用，使得银企距离对企业信贷可得性的重要性降低（张兵和孙若涵，2023；Lu等，2022）。但这种观点以互联网金融的冲击为出发点，认为受此影响，银行的数字化转型会使分支机构减少，忽略了已经设立的分支机构的影响，而囿于银企的异质性、数字技术的适用性以及软信息的不易获取性，银企地理距离对企业信贷可得性仍然起到重要作用，即"信息腹地论"（Schmutzler，1999；Adams等，2023）。

基于此，本文将银企距离纳入商业银行数字化转型产生的微观溢出效应的研究框架中，利用银企距离对商业银行数字化转型指数进行加权处理以获得企业受到商业银行数字化转型的综合影响，并构建了理论模型，以2010~2020年A股上市公司为研究样本，实证检验了商业银行数字化转型对企业债务融资成本的影响。研究发现，商业银行数字化转型能够有效降低企业的债务融资成本。异质性分析发现，商业银行数字化转型具有广泛普惠性、风险可控性与精准匹配性，在降低债务融资成本上的作用在高数字技术水平和高市场化水平的地区更加显著。本文还证实了相对于其他融资渠道，商业银行数字化转型对降低企业债务融资成本所起到的作用，为传统金融机构更好地服务实体经济提供了有效的证据。

本文主要边际贡献如下：首先，将银企距离纳入商业银行数字化转型影响企业债务融资成本的研究框架中，构建更契合中国情境的商业银行数字化转型指标体系，不同于现有文献中数字金融"地理终结论"，本文使"信息腹地论"和传统金融机构的数字化转型相结合，将商业银行数字化转型、银企距离与企业债务融资成本置于同一理论框架中，构建了企业受到商业银行数字化转型综合影响的指标体系，更贴合中国商业银行数字化转型不充分与中国信贷供给不平衡的现状。其次，丰富了微观视角下商业银行数字化转型带来的经济后果的研究成果，相较于以往宏观层面的数字金融、金融科技研究，本文从微观企业层面检验了商业银行数字化转型对企业债务融资成本的影响，发现了商业银行的数字化转型有利于推动金融资源有效配置和完善金融市场秩序的新证据。最后，为我国当前商业银行数字化转型提供了经验借鉴与政策参考，鲜有文献就商业银行数字化转型的外部溢出效应及其实现条件展开系统探讨，本文基于企业内部禀赋与外部环境禀赋视角，发现商业银行数字化转型对企业降低债务融资成本的正向溢出效应具有广泛普惠性、风险可控性和精准匹配性，从而为各地政府和金融监管机构引导商业银行进一步提升数字化转型的金融普惠和福利外溢效应提供理论支撑与政策参考。

二 文献综述

根据黄益平和黄卓（2018）的研究，数字金融泛指传统金融机构和互联网公司利用数字技术实现融资、支付和其他新型金融业务模式，已有文献在对数字金融的经济效应研究中较少关注传统金融机构的数字化转型，大多是从互联网从事金融业务（即互联网金融）的视角切入，发现互联网金融能够提高金融服务效率（蔡庆丰等，2021）、降低信息不对称性（Demertzis 等，2018），从而有助于促进企业创新（谢绚丽等，2018；唐松等，2020）及生产率提升（黄群慧等，2019）、提高居民消费水平（张勋等，2020）及改善收入分配（李建军等，2019），从而助力经济增长（钱海章等，2020）。聚焦传统金融机构，互联网金融对传统金融机构造成的冲击表现为在负债业务上直接竞争、在资产业务上错位竞争、在中间业务上分庭抗礼（王静，2015），虽然最终互联网金融高息吸收的资金会重新流回传统金融机构，但是一般是以委托存款、协议存款等高息方式，因此传统金融机构的负债规模总体不变、整体负债成本上升，并且风险偏好上升（王静，2015；邱晗等，2018；郭品等，2019；梁方等，2022）。为了应对互联网金融冲击，商业银行有动力利用新兴的金融科技进行数字化转型：一方面，通过数字化转型提高金融产品的便捷性，减少流向互联网金融机构的储户，从而获取存款竞争优势；另一方面，在风险偏好提高的同时利用数字技术获取更多贷款企业的"软信息"，缓解与企业之间的信息不对称性问题，降低企业的贷款违约风险（宋敏等，2021；Liberti 和 Peterson，2019；Cheng 和 Qu，2020；赵绍阳等，2022），本文重点关注的是后一种商业银行通过数字化转型控制风险的渠道。

互联网金融业务通过线上渠道完成，因此其资金融通功能的实现可以超越地理距离，金融地理因素很少被纳入研究框架。而对于传统金融机构则不同，有关银企距离与商业银行数字化转型的关系，现有文献中有学者认为商业银行进行数字化转型能够降低银企距离对企业信贷可得性的影响（Peterson 等，2002；Brevoort 等，2009；Lu 等，2022；张兵和孙若涵，2023），持有该观点的学者主要是从广度边际（Extensive Margins）的角度来论证，认为银行的分支机构开设和数字化转型策略存在替代性，即银行的数字化转型会造成分支机构减少。然而，Adams 等（2023）从集约边际（Intensive Margins）的角度出发，基于已经设立的分支机构，考虑到贷款企业及银行的异质性，银企距离的重要性对于数字化水平较低和中小规模的银行而言并未减弱，数字化水平的提高只能降低硬信息的获取成本，而软信息的获取成本仍然受到银企距离的影响（Zou 和 Wang，2022），且部分企业仍需要使用当地银行除贷款以外的其他线下服务（如现金流管理等）。Nguyen（2019）也通过银行关闭网点对当地企业信贷可得性的抑制效应验证了上述观点。本文有关银企距离的讨论也是聚焦已开设的分支机构（集约边际）。与前述文献不同的是，本文并不着重讨论银企距离与银行数字化转型的关系，但是在引入银行数字化转型因素后考虑到银行数字化转型在银企距离的影响下会对企业产生异质性影响。

综合上述文献来看，对数字金融的研究更多的是关注互联网金融的经济效应，而传统金融机构在互联网金融的冲击下，有动机利用数字技术进行数字化转型，现有文献对传统金融机构数字化转型的关注不足，本文尝试从商业银行数字化转型对企业债务融资成本的影响这一视角切入。少数关注传统金融机构数字化转型的研究均忽略了银企距离的潜在影响，事实上，从中国商业银行数字化转型现状和集约边际的视角来看，银企距离并未被商业银行数字化转型替代，本文尝试将金融地理视角引入商业银行数字化转型的讨论框架中，探讨金融地理与商业银行数字化转型的交互影响对信贷配置效率的微观影响。

三　理论框架

为了将银企距离、银行数字化转型与企业的信贷获取均纳入理论框架，本文尝试基于经济地理学中的定量空间模型构建理论模型，为构建企业所受到的银行数字化转型冲击指标体系提供微观基础。考虑到本文的实证研究是在微观企业层面展开的，而企业在做决策时会将宏观变量视为外生给定，因此，本文将在局部均衡的框架下建立理论模型。

（一）资金需求端——企业

企业对贷款的需求方面，假设所有企业都在地级市范围内寻求银行贷款（不允许跨市贷款），每家银行有不同的贷款条件，已有文献指出，银行基于存款压力等可能会要求贷款企业在本银行留存一定现金，形成存贷挂钩、信贷留存的隐性契约（戴璐等，2007；沈永建等，2018）或者向企业提出附加购买理财产品的额外信贷要求（褚剑等，2020）。因此，对于企业来说，来自不同银行的贷款并不能实现完全的互相替代，该假设不仅适用于专项贷款，也适用于一般贷款。假设来自不同银行的贷款的替代弹性 σ_k 是由城市 k 的银行竞争程度外生决定的，且 $\sigma_k > 2$。

假设企业的总贷款额度为Q_i，Q_i等于企业i对城市k内银行j的贷款额度加总，具体而言，q_{ij}代表企业i对银行j的贷款需求，企业以最小化融资成本为目标，如式（1）所示，其中p_{ij}代表银行对企业给出的（不包含交易成本的）利率，τ_{ij}代表企业的交易成本乘子，与距离成正比。

$$\min_{\lambda_{ij}^\beta q_{ij}} z_i = \sum_{j=1}^{\Omega_k} \tau_{ij} p_{ij} q_{ij} \tag{1}$$

$$\text{s.t.} \quad Q_i = \left(\sum_{j=1}^{\Omega_k} (\lambda_{ij} q_{ij})^{\frac{\sigma_k - 1}{\sigma_k}} \right)^{\frac{\sigma_k}{\sigma_k - 1}}$$

求解该成本最小化问题，可得企业i对银行j的贷款需求如式（2）所示：

$$q_{ij} = \left(\frac{\tau_{ij} p_{ij}}{P_i \lambda_{ij}} \right)^{-\sigma_k} (P_i Q_i) \tag{2}$$

其中，P_i表示企业从城市k取得一单位经期限调整后的资金q_i需要的平均利率：

$$P_i = \left[\sum_{j=1}^{\Omega_k} (\tau_{ij} p_{ij})^{1-\sigma_k} \right]^{\frac{1}{1-\sigma_k}} \tag{3}$$

基于式（3），可以发现：第一，在不考虑交易成本的情况下，企业偏好多样化的债务融资渠道，向越多的银行融资，平均毛利率越低；第二，与定量空间模型类似，与其他企业相比，处于金融中心（与各家银行的τ_{ij}平均来看更低）的企业融资成本最低，这与金融地理的观点相似。

（二）资金供给端——银行

贷款的供给端方面，假设风险中性的银行j的目标是期望收益最大化，企业按时偿付的概率为v_{ij}，由银行违约风险控制能力η_j和企业偿债能力v_i共同决定，即$v_{ij} = v_i \eta_j$。银行期望利润最大化表达式为：

$$\pi_{ij} = v_{ij}(p_{ij} - r_f)q_{ij} + (1 - v_{ij})(-r_f q_{ij}) \tag{4}$$

其中，r_f 表示无风险利率，代表银行的机会成本。银行在预测到企业能够按期还款的情况下能够获得 $(p_{ij} - r_f) q_{ij}$ 的利润，该种情况发生的概率为 v_{ij}，而在企业发生违约时银行将亏损掉机会成本，该种情况发生的概率为 $(1 - v_{ij})$。

如此，结合式（1）和式（2）与需求函数的性质，在式（4）中对 p_{ij} 求导可以得出银行最优定价（Optimal Price）为：

$$p_{ij} = \frac{\sigma_k}{\sigma_k - 1} \times \frac{r_f}{v_{ij}} \tag{5}$$

由式（5）可以发现，当借款期限 λ_{ij} 一定时，企业按时偿付的概率 v_{ij} 越高，则银行利率 p_{ij} 越低。而当企业按时偿付概率 v_{ij} 一定时，机会成本无风险利率越高，利率越高。另外，当其他条件不变时，银行之间的替代弹性 σ_k 越大，即银行之间竞争越激烈，银行利率 p_{ij} 越低。需要注意的是，根据 Petersen 和 Rajan（2002）的观点，银行在定价时并不会考虑银企距离（定价式），但是在均衡情况下银企距离仍然会影响到价格，这并不是距离歧视（Spatial Discrimination），而是一种企业交易成本的体现。

为了分析企业层面的融资成本变化，利用 Eaton 等（2007）提出的 Exact-hat Algebra 方法进行反事实分析，将企业 i 的单位融资成本表示为同一城市 k 所有商业银行数字化转型程度以距离加权的形式，具体表达式为：

$$\hat{P}_i = \left[\sum_{j=1}^{\Omega_k} \frac{\left(\tau_{ij} p_{ij}^{new} \right)^{1-\sigma_k}}{\sum_{j=1}^{\Omega_k} \left(\tau_{ij} p_{ij}^{old} \right)^{1-\sigma_k}} \right]^{\frac{1}{1-\sigma_k}} = \left[\sum_{j=1}^{\Omega_k} s_{ij} \hat{p}_{ij}^{\ 1-\sigma_k} \right]^{\frac{1}{1-\sigma_k}} = \left[\sum_{j=1}^{\Omega_k} \frac{s_{ij}}{\hat{v}_{ij}^{\ (\sigma_k-1)}} \right]^{\frac{1}{1-\sigma_k}}$$

$$= \kappa^{-1} \left[\sum_{j=1}^{\Omega_k} \frac{s_{ij}}{\hat{D}_j^{\ (\sigma_k-1)}} \right]^{\frac{1}{1-\sigma_k}} \tag{6}$$

$$\hat{\eta}_j = \kappa \hat{D}_j \qquad \hat{p}_{ij} = \frac{1}{\hat{v}_j} = \frac{1}{\kappa \hat{D}_j} \qquad s_{ij} = \frac{\left(\tau_{ij} p_{ij}^{old} \right)^{1-\sigma_k}}{\sum_{j=1}^{\Omega_k} \left(\tau_{ij} p_{ij}^{old} \right)^{1-\sigma_k}}$$

其中，$\hat{X} = \dfrac{X_{new}}{X_{old}}$，$s_{ij}$ 代表冲击前银行 j 向企业 i 贷款成本占企业 i 总贷款成本的份额。

该反事实分析假设冲击前所有银行的风控能力相同，即 $\eta_j = \eta_h = \bar{v}$，$j \neq h$，最优定价式在银行数字化转型冲击前 $p_{ij}^{old} = p_{ih}^{old}$，因此，冲击前份额仅取决于银企距离：

$$s_{ij} = \frac{\tau_{ij}^{1-\sigma_k}}{\sum_{j=1}^{\Omega_k} \tau_{ij}^{1-\sigma_k}} \tag{7}$$

因此，假设冲击前公司对各银行的依赖程度相同，由此可以得出：

$$\hat{P}_i^{1-\sigma_k} = \frac{1}{\kappa \sum_{j=1}^{\Omega_k} \tau_{ij}^{1-\sigma_k}} \sum_{j=1}^{\Omega_k} \tau_{ij}^{1-\sigma_k} \hat{D}_j^{-(\sigma_k-1)} \qquad \sigma_k > 1 \tag{8}$$

式（8）反映了每个企业融资成本受到银行数字化转型的影响，以银企距离加权平均值表示，企业与银行距离越远，银行数字化转型对企业融资成本的影响越小，给定银企距离，银行数字化转型程度越高，企业融资成本降低幅度越大。

根据上述反事实分析，本文提出核心假设：商业银行数字化转型能够降低企业债务融资成本。

四 研究设计

（一）数据来源与样本选择

考虑到我国在2010年后数字经济规模开始迅速扩张，数字技术得以广泛应用（袁淳等，2021），且限于"北京大学中国商业银行数字化转型指数"（谢绚丽和王诗卉，2022）测度的时间窗口，本文选取2010~2020年的A股上市公司作为研究样本，并按照如下标准进行清洗：剔除样本期内ST、*ST和退市的企业；剔除金融类企业；剔除资不抵债以及相关变量残缺的企业。通过上述筛选，本文共获得24479个"企业—年度"变量。此外，为避免异常值对结论的影响，对所有连续变量进行了1%和99%水平上的Winsorize缩尾处理。需要说明的是，本文基于"北京大学中国商业银行数字化转型指数"分析商业银行数字化转型程度：首先，通过中国银保监会网站（https://xkz.cbirc.gov.cn/）披露的商业银行分支机构金融许可证信息获得商业银行网点批准成立时间与地理位置，结合CSMAR数据库中所披露的上市公司地理位置，可以获知上市公司办公地与周边银行之间的距离；其次，根据银企距离对商业银行数字化转型指数进行加权处理，最终获得商业银行数字化转型程度对企业的综合影响。本文其他微观层面的数据来源于CSMAR数据库，宏观层面的数据来源于中国统计局、中国人民银行等权威发布。

（二）变量说明

1.商业银行数字化转型

数字化转型是指系统地应用数字技术，从而变革经营活动的过程。本文基于北京大学商业银行数字化转型指数进行测度。该指数从战略数字化、业务数字化和管理数字化三个维度收集商业银行年报与外部专利信息从而形成指标体系，并进一步采用主成分分析法构建指数模型，涵盖了228家银行（占据我国银行业总资产的96%以上），能够全面、客观地反映我国商业银行数字化转型情况，如表1所示。具体地，本文基于上文理论模型①，同一城市各银行网点对应的数字化转型指数，以其到给定企业的距离为权数计算加权平均数，如式（9）所示，以反映某一企业受到同一城市商业银行数字化转型的影响，这是本文的核心解释变量，即商业银行数字化转型水

① 由于式（8）左侧表示的是给定企业的融资成本，在实证中为了方便计算和表述，根据式（8）构造反映企业融资成本降低程度的式（9）［即取 $\sigma_k = 2$，$\beta = 0.5$ 并且用对应式（8）的加权调和平均数指标来表示融资成本降低程度］，$FC_i = \dfrac{1}{\kappa \sum_{j=1}^{\Omega_k} \tau_{ij}^{-1}} \sum_{j=1}^{\Omega_k} \dfrac{\hat{D}_j}{\tau_{ij}} = \zeta_k DT_i$，$DT_i = \sum_{j=1}^{\Omega_k} \dfrac{\tau_{ij}^{-1}}{\sum_{j=1}^{\Omega_k} \tau_{ij}^{-1}} \hat{D}_j$。

平（DT）。图1反映了该指标年度均值变化趋势，可见，商业银行数字化转型水平在2013年后快速提升，这与2013年"余额宝"以及各种互联网金融平台的涌现倒逼商业银行数字化转型的趋势相符（邱晗等，2018）。

$$DT_i = \sum_{j=1}^{\Omega_i} \frac{\tau_{ij}^{-1}}{\sum_{j=1}^{\Omega_i} \tau_{ij}^{-1}} DT_j \tag{9}$$

表1　商业银行数字化转型指标体系

一级指标	二级指标	数据来源	测度方式
战略数字化	数字技术提及频率	商业银行年报	通过Python抓取银行年报文本中提及数字技术相关关键词的次数，并除以年报总词数来测度数字技术提及频率
业务数字化	数字化渠道	手机应用市场与微信公众号信息	通过手工检索手机应用市场与微信公众号、小程序收集银行当年是否推出了手机银行App和小程序，分别赋值0、1、2
	数字化产品	商业银行年报	通过搜索银行年报中互联网理财、互联网信贷和电子商务相关关键词，并结合人工识别，判断数字化产品的推出情况，分别赋值0、1、2、3
	数字化研发	专利申请信息	通过检索银行专利申请摘要中是否包含数字化相关关键词对数字化专利进行识别与统计，以三年内相关专利总数的自然对数进行衡量
管理数字化	数字化架构	商业银行年报	通过检索银行年报中关于银行内部组织架构的调整与外部金融科技子公司的建立情况，分别赋值0、1、2
	数字化人才	商业银行年报	通过检索商业银行年报中董事会/高管团队中信息科技背景的董事会/高管占比进行衡量
	数字化合作	商业银行年报	通过检索商业银行年报中"合作""联合"进行定位，对存在与外部科技公司投资、合作的情况，分别赋值0、1、2

资料来源：谢绚丽和王诗卉（2022）。

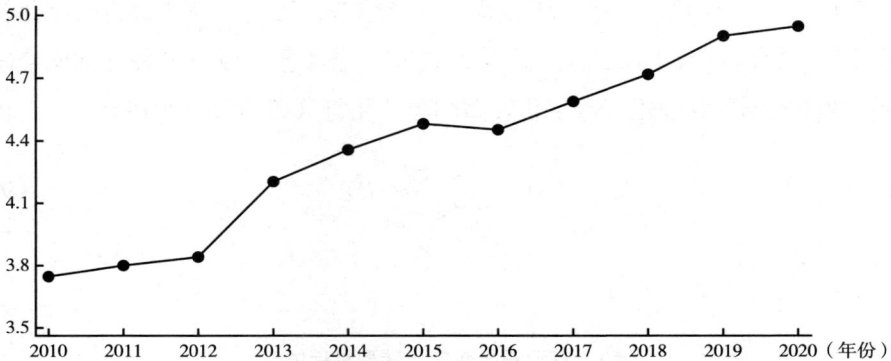

图 1 商业银行数字化转型变化趋势

2.企业债务融资成本

参考李广子和刘力（2009）、倪娟和孔令文（2016）等研究，本文以利息支出与平均负债的比值度量企业债务融资成本（*Debtcost*）。该指标是正向指标，即利息支出与平均负债的比值越大，代表企业面临的债务融资成本越高。

3.控制变量

参考已有文献，本文进一步控制其他可能影响企业债务融资成本的重要因素，具体包括：企业规模（*Size*）、企业员工数（*Emp*）、资产负债率（*Lev*）、企业盈利能力（*Roa*）、现金流量（*Cflow*）、企业成长性（*Growth*）、托宾 Q（*TobinQ*）、企业年龄（*Age*）、独董比例（*Indep*）、董事会规模（*Board*）、两职合一（*Dual*）、第一大股东持股比例（*Share*1）、固定资产比例（*Fix*），如表 2 所示。此外，考虑到企业所面临的债务融资成本亦受到宏观因素的影响，本文还控制了地区金融发展水平（*FD*）和地区金融机构数（*Outlet*），并将企业（*Firm*）、年份（*Year*）、城市（*City*）层面的固定效应纳入回归模型以排除其他因素的干扰。

表 2 变量说明

变量	符号	名称	定义
被解释变量	*Debtcost*	债务融资成本	利息支出/平均负债

变量	符号	名称	定义
解释变量	DT	商业银行数字化转型平均水平	详见式（9）
控制变量	Size	企业规模	企业总资产取自然对数
	Emp	企业员工数	企业员工数取自然对数
	Lev	资产负债率	总负债／总资产
	Roa	企业盈利能力	净利润／总资产
	Cflow	现金流量	经营活动现金流／总资产
	Growth	企业成长性	企业营业收入增长率
	TobinQ	托宾Q	企业市场价值／总资产
	Age	企业年龄	企业上市年数取自然对数
	Indep	独董比例	独立董事人数/董事会总人数
	Board	董事会规模	董事会总人数取自然对数
	Dual	两职合一	董事长与总经理为同一人时值取1，否则值取0
	Share1	第一大股东持股比例	企业第一大股东持股比例
	Fix	固定资产比例	固定资产净额/总资产
	FD	地区金融发展水平	地区年末金融机构贷款余额/地区生产总值
	Outlet	地区金融机构数	地区金融机构网点数取自然对数

（三）模型构建

基于上文理论模型，本文构建固定效应模型以检验商业银行数字化转型对企业债务融资成本的影响：

$$Debtcost_{it} = \alpha_0 + \alpha_1 DT_{it} + \sum \alpha_j Controls_{it} + \sum Year + \sum City + \sum Firm + \varepsilon_{it}$$

（10）

其中，$Debtcost_{it}$指的是第t年企业i的债务融资成本，DT_{it}指的是第t年企业i受到商业银行数字化转型程度的影响，本文主要关注DT_{it}的系数α_1，根据上文假设，预期α_1为负。$Controls_{it}$指的是本文一系列控制变量，包含微观公司基本面、公司治理层面与宏观城市层面影响企业债务融资成本的其他重要变量。此外，$Year$、$City$、$Firm$分别表示年份、城市和企业层面的固定效应，ε_{it}表示随机扰动项。

五　实证结果

（一）描述性统计

表3报告了本文主要变量的描述性统计。可见，样本债务融资成本的最大值和最小值分别为1.213与0.000，表明我国不同上市公司的债务融资成本差异较大。商业银行数字化转型水平（*DT*）的均值与标准差分别为4.491与0.373，表明商业银行数字化转型整体水平较高，但不同企业受到商业银行数字化转型的影响仍然差异较大。另外，相关性分析发现大部分变量之间的相关系数不超过0.5，各变量的VIF均值为1.51，表明本文并不存在严重的多重共线性问题。

表3　描述性统计

变量	样本量	均值	标准差	最小值	中位数	最大值
Debtcost	24479	0.085	0.119	0.000	0.048	1.213
DT	24479	4.491	0.373	3.522	4.528	5.024
Size	24479	22.224	1.331	15.577	22.049	28.543
Emp	24479	7.704	1.289	1.946	7.633	13.223
Roa	24479	0.036	0.069	−0.532	0.036	0.3050
TobinQ	24479	2.022	1.367	0.809	1.589	15.212
Lev	24479	0.432	0.209	0.032	0.424	1.227
Age	24479	2.167	0.794	0.000	2.303	3.434
Growth	24479	0.167	0.432	−0.668	0.100	3.621
Fix	24479	0.216	0.164	0.000	0.183	0.971
Cflow	24479	0.047	0.069	−0.211	0.046	0.269
Indep	24479	0.375	0.055	0.167	0.357	0.800
*Share*1	24479	0.346	0.151	0.003	0.325	0.900
Dual	24479	0.269	0.444	0.000	0.000	1.000
Board	24479	2.246	0.177	1.386	2.303	2.944
FD	24479	1.643	0.631	0.377	1.740	3.821
Outlet	24479	9.065	0.578	7.036	9.300	9.760

（二）基准回归

为检验上述假设，本文利用式（10）进行固定效应回归，结果如表4所示。通过在列（1）~（3）中依次加入企业基本面、公司治理层面以及城市层面控制变量，并控制企业、年份与城市层面固定效应，商业银行数字化转型水平（DT）对于企业债务融资成本（Debtcost）的回归系数始终为负，并通过了1%水平下的显著性检验，这表明商业银行数字化转型水平（DT）越高，企业的债务融资成本（Debtcost）越低，即商业银行数字化转型能够有效降低企业的债务融资成本，形成正向微观溢出效应，本文假设得到初步验证。此外，随着控制变量的依次加入，自变量（DT）的回归系数并未发生大幅度变化（−0.038、−0.033、−0.034），这表明本文所考察的商业银行数字化转型水平（DT）具有较强的外生性（李逸飞等，2022），印证了本文核心解释变量选取的合理性。

表4　基准回归结果

变量	（1）	（2）	（3）
	Debtcost	Debtcost	Debtcost
DT	−0.038***	−0.033***	−0.034***
	(−3.193)	(−2.911)	(−3.036)
Size		0.005**	0.005**
		(2.480)	(2.446)
Emp		−0.003*	−0.003
		(−1.666)	(−1.625)
Roa		0.044***	0.044***
		(4.321)	(4.326)
TobinQ		−0.001*	−0.001*
		(−1.705)	(−1.681)
Lev		−0.152***	−0.152***
		(−26.089)	(−26.117)
Age		−0.057***	−0.0570***
		(−21.819)	(−21.761)
Growth		−0.008***	−0.008***
		(−6.430)	(−6.418)
Fix		−0.058***	−0.058***
		(−7.471)	(−7.51)

续表

变量	(1) *Debtcost*	(2) *Debtcost*	(3) *Debtcost*
Cflow		0.077***	0.077***
		(8.091)	(8.082)
Indep		−0.009	−0.009
		(−0.510)	(−0.489)
*Share*1		0.043***	0.042***
		(4.480)	(4.418)
Dual		0.002	0.002
		(0.839)	(0.868)
Board		−0.002	−0.002
		(−0.250)	(−0.216)
FD			0.007**
			(2.034)
Outlet			0.003
			(0.492)
常数项	0.255***	0.344***	0.317***
	(4.795)	(5.448)	(3.887)
企业/年份/城市固定效应	是	是	是
样本量	24479	24479	24479
R^2值	0.615	0.654	0.654
调整R^2值	0.553	0.597	0.597

注：*、**、***分别表示在10%、5%和1%水平上显著，括号内是t值。

（三）稳健性检验

1.更换变量度量方式

（1）更换因变量度量。鉴于本文主要讨论企业面临的银行贷款融资成本，进一步采用债务利息支出与银行借款总额（长期借款与短期借款之和）之比作为因变量进行回归（陈汉文和周中胜，2014），结果如表5中列（1）所示。可见，商业银行数字化转型（*DT*）的回归系数在5%的水平上显著为负，与基准回归结果保持一致。

（2）更换自变量度量。考虑到"北京大学中国商业银行数字化转型指数"从战略、业务与管理三个维度构建测度体系，其中业务数字化转型关注商业银行利用数字技术提供金融服务的程度，与其可能产生的微观溢出效应最为贴合。鉴于此，本文将业务数字化通过银企距离进行加权，检验商业银行业务数字化程度对企业债务融资成本的影响，以进一步证实商业银行数字化转型的微观溢出效应。表5中列（2）展示了商业银行业务数字化转型（DT_bus）对企业债务融资成本（$Debtcost$）的回归结果，可见，尽管 DT_bus 的回归系数相较于基准回归有所下降，但仍然在5%水平上显著为负，进一步证实了上述结论的稳健性。

2.剔除其他因素的干扰

（1）剔除2015年股灾影响。考虑到商业银行数字化转型会受到整体金融形势的影响，本文参考唐松等（2020）的思路，剔除2015年样本，以排除该金融冲击对本文结论可能造成的影响，结果如表5中列（3）所示，结论不变。

（2）剔除直辖市样本。考虑到我国直辖市在经济和政策方面具有独特优势，本文参考主流文献的思路，剔除直辖市样本后重新进行回归（唐松等，2020；宋敏等，2021；王世文等，2022），结果如表5中列（4）所示，可见，商业银行数字化转型对企业债务融资成本降低的作用仍然成立。

3.滞后效应检验

组织的数字化转型作为长期战略，其影响具有一定的滞后性（池毛毛等，2020）。基于此，本文将自变量滞后1期重新进行回归，结果如表5中列（5）所示。可见，商业银行数字化转型（DT）的回归系数在滞后1期后依旧在1%水平上显著为负，表明了上述基准回归结论的稳健性。

4.交互固定效应

在式（10）的基础上，本文进一步控制"城市—年度"交互固定效应以缓解不同城市随时间变化而变化的因素所引起的遗漏变量偏误问题，具体结果见表5中列（6）所示。可见，商业银行数字化转型（DT）的回归系数在5%水平下显著为负，结论不变。

表5　稳健性检验

变量	(1) Loancost	(2) Debtcost	(3) Debtcost	(4) Debtcost	(5) Debtcost	(6) Debtcost
DT	−0.132** (−2.519)		−0.037*** (−3.107)	−0.031*** (−2.660)		−0.058** (−2.368)
DT_bus		−0.020** (−2.494)				
L.DT					−0.035*** (−3.316)	
常数项	1.142*** (3.068)	0.256*** (3.467)	0.309*** (3.624)	0.252*** (2.882)	0.502*** (4.354)	0.454*** (3.835)
控制变量	是	是	是	是	是	是
企业/年份/城市固定效应	是	是	是	是	是	是
样本量	15910	24479	22296	19060	20290	23816
R^2值	0.623	0.654	0.660	0.667	0.701	0.678
调整R^2值	0.549	0.597	0.598	0.612	0.644	0.599

注：同表4。

（四）内生性检验

本文利用银企距离对商业银行数字化转型指数进行加权处理，构建企业受到同一城市内商业银行数字化转型影响的指标。其中，商业银行数字化转型指标根据银行年报及其专利信息度量（谢绚丽和王诗卉，2022），几乎不受单个企业债务融资成本的影响，不太可能存在反向因果问题，故本文在该部分重点讨论样本选择偏误问题。

考虑受到不同水平商业银行数字化转型冲击的企业之间可能在规模、盈利能力等方面存在本质差异，本文进一步采取倾向得分匹配（Propensity Score Matching，PSM）方法以克服可能存在的样本选择偏误。根据商业银行数字化转型（DT）的年度中位数，本文将样本分为高/低商业银行数字化转型组，并以一系列企业层面的控制变量为匹配变量，通过1:1近邻匹配与卡尺匹配进行配对，将配对后的样本重新进行回归。由表6可见，商业银行数字化转型（*DT*）的回归系数仍然显著为负。另外，本文根据同一年度商业银行数字化转型（*DT*）三分位数进行分组，以 *DT* 最高的前三分之一作为处理组，其他作为控制组，通过 1:3 近邻匹配进行配对、回归，结论保持不变。

表6　内生性检验

变量	1:1近邻匹配	卡尺匹配	1:3近邻匹配
	Debtcost	*Debtcost*	*Debtcost*
DT	−0.039**	−0.034***	−0.035***
	(−2.480)	(−3.038)	(−2.670)
常数项	0.314***	0.318***	0.326***
	(2.714)	(3.899)	(3.508)
控制变量	是	是	是
企业/年份/城市固定效应	是	是	是
样本量	13165	24467	19980
调整 R^2 值	0.593	0.597	0.592

注：同表4。

六　进一步分析

（一）异质性分析

考虑到商业银行数字化转型与企业债务融资成本的关系还可能受到企业自身禀赋及其所在地区特征的影响，下文将通过异质性分析探究具体影响边界及其政策含义体现。

1.基于企业自身禀赋的视角

（1）产权性质。不同产权性质的企业在规模、盈利能力、融资可得性等方面差异较大。本文根据实际控制人性质将样本分为国有控股组（*State*=1）和非国有控股组（*State*=0）进行回归，结果如表7中列（1）~（2）所示。可见，商业银行数字化转型对企业债务融资成本降低的作用仅在非国有控股组（*State*=0）中成立，表明商业银行数字化转型对债务融资成本降低的作用相对于民营企业更明显，验证了商业银行数字化转型的广泛普惠性。

表7　基于企业自身禀赋视角的异质性检验

变量	(1)	(2)	(3)	(4)	(5)	(6)
	State=1	*State*=0	*Risk*=1	*Risk*=0	*Exdebt*=1	*Exdebt*=0
	Debtcost	*Debtcost*	*Debtcost*	*Debtcost*	*Debtcost*	*Debtcost*
DT	−0.002	−0.045***	−0.012	−0.049**	−0.018	−0.043***
	(−0.146)	(−2.592)	(−1.311)	(−2.480)	(−1.036)	(−2.642)
常数项	0.049	0.301**	0.181**	0.445***	0.530***	0.312***
	(0.644)	(2.179)	(2.002)	(3.183)	(3.037)	(2.786)
控制变量	是	是	是	是	是	是
企业/年份/城市固定效应	是	是	是	是	是	是
样本量	9096	14834	9946	13385	12396	10792
R^2值	0.705	0.652	0.728	0.665	0.739	0.642
调整R^2值	0.660	0.585	0.652	0.581	0.657	0.544

注：同表4。

（2）信贷风险。企业盈利波动幅度是银行判断企业信贷风险的重要尺度（白俊和连立帅，2012）。参考王竹泉等（2017）的研究，本文利用第 $t-4$ 年至 $t-1$ 年的息税折旧摊销前利润率滚动取值的标准差计算盈利波动幅度，若该指标高于样本年度中位数，则虚拟变量 *Risk* 取值1，否则取值0，同样将盈利波动幅度滞后一期以避免内生性问题，分别对高/低信贷风险组进行回归，结果如表7中列（3）~（4）所示。可见，商业银行数字化转型对企业债务融资成本降低的作用仅在低信贷风险组（*Risk*=0）成立，表明商业银行能够利用数字技术精准识别风险，从而对企业的正向溢出具有风险可控性。

（3）过度负债。信贷资源错配使得优质企业因资金受限而无法快速成长，劣质企业因获得补贴而过度膨胀（李旭超等，2017）。参考 Harford 等

（2009）的研究，本文以实际负债率与目标负债率之差来衡量过度负债程度，若该指标高于样本年度中位数，则虚拟变量 $Exdebt$ 取值1，否则取值0，同样将过度负债程度滞后一期，分别对过度/未过度负债组进行回归，结果如表7中列（5）~（6）所示。可见，商业银行数字化转型对于企业债务融资成本降低的作用仅在未过度负债组（$Exdebt=0$）中成立，表明商业银行能够利用数字技术精准识别、响应企业的贷款需求，从而确保其微观溢出效应具有精准匹配性。

2. 基于外部环境禀赋的讨论

（1）数字技术水平。地区数字技术水平提升有助于优化资源配置，赋能金融业转型升级。参考孙黎等（2021）的测度思路，本文从数字技术开发水平、数字人才储备规模与地区数字技术服务水平三个维度入手，采取熵值法综合测度区域数字技术水平（Dig），若企业办公所在地数字技术水平高于当年中位数，则 Dig 取值1，否则取值0。本文分别对高/低数字技术水平组进行回归，结果如表8中列（1）~（2）所示。可见，商业银行数字化转型（DT）对企业债务融资成本降低的作用仅在高数字技术水平组（$Dig=1$）成立，该结果表明地区数字技术对于发挥商业银行数字化转型在微观信贷配置中的溢出作用而言较为关键，需要当地政府重视数字化建设，通过各类鼓励政策不断提升地区数字技术水平。

（2）市场化水平。随着我国不断推进市场化改革，市场在信贷资源配置中起到越来越重要的作用。本文采用樊纲等（2011）测度的市场化指数，若企业办公所在地市场化水平高于当年中位数，则 $Market$ 取值1，否则取值0。本文分别对高/低市场化水平组进行回归，结果如表8中列（3）~（4）所示。可见，商业银行数字化转型（DT）对于企业债务融资成本降低的作用在高市场化水平组（$Market=1$）更加显著，这表明市场化建设是商业银行数字化转型实现正向溢出的重要保障，低市场化水平会加剧银企之间的信息不对称，且当地政府更倾向于干涉银行的信贷资源配置，使得以信息为基础的市场契约配置方式失效（赖黎等，2016）。

表8　基于外部环境禀赋视角的异质性检验

变量	(1) Dig=1 Debtcost	(2) Dig=0 Debtcost	(3) Market=1 Debtcost	(4) Market=0 Debtcost
DT	−0.034*	−0.015	−0.034*	−0.013
	(−1.835)	(−1.052)	(−1.923)	(−0.874)
常数项	0.449**	0.155	0.910***	0.159
	(2.353)	(1.601)	(2.727)	(1.572)
控制变量	是	是	是	是
企业/年份/城市固定效应	是	是	是	是
样本量	11225	13079	11442	12875
R^2值	0.701	0.679	0.680	0.702
调整R^2值	0.635	0.616	0.612	0.635

注：同表4。

（二）基于其他融资渠道的调节效应检验

鉴于本文将上市公司作为研究样本，一种可能的担忧在于上市公司存在其他替代性融资渠道，如股权融资、商业信用融资等。另外，结合中国情境，上市公司还可能依托各类非正式制度来获取外源融资，如企业可能通过参股银行，对股份制银行形成控股以获得贷款等。总的来看，上述替代性融资渠道和非正式制度都可能会使得商业银行数字化转型对企业债务融资成本降低的作用非常有限。因此，为消除这种潜在的顾虑，通过引入企业其他融资渠道和非正式制度，构造与自变量的交互项来检验上述影响。研究发现替代性融资渠道和非正式制度虽然在一定程度上减弱了商业银行数字化转型对企业债务融资成本降低的作用，但是均无法完全抵消商业银行数字化转型的溢出效应，进一步验证了商业银行数字化转型在微观层面溢出效应的重要性。

1. 商业信用融资

商业信用作为银行贷款的一种替代融资方式，能够有效缓解企业因受限于信贷配给而无法获得充足资金的困境（Petersen 和 Rajan，1997）。为检验商业信用融资对商业银行数字化转型的替代作用，本文参考陆正飞和杨德明（2011），用"（应付账款+应付票据+预收账款）/资产总计"度量商业信用融资，若该指标高于同一年度样本中位数，则虚拟变量 $TCdum$ 取值1，否则取值0，本文将 $TCdum$ 与 DT 的交互项 $TCdum×DT$ 纳入模型中进行检验。由表9中列（1）可见，$TCdum×DT$ 的回归系数在1%水平上显著为负，但系数仅为−0.002，其绝对值远小于商业银行数字化转型（DT）对企业债务融资成本（$Debtcost$）的回归系数（−0.032），这表明商业信用对于商业银行数字化转型具有一定的替代作用，但是远不能实现完全替代。

2.股权融资

鉴于较低的融资成本，我国上市公司对股权融资有强烈的融资偏好（陆正飞和叶康涛，2004）。那么，股权融资是否能够实现对于商业银行数字化转型溢出效应的替代？本文参考程新生等（2012）的研究，用吸收权益性融资所获得的现金与期初总资产的比值衡量股权融资，若该指标高于样本年度中位数，则虚拟变量 $EFdum$ 取值1，否则取值0，构造 $EFdum$ 与 DT 的交互项 $EFdum×DT$ 并加入模型进行回归，结果如表9中列（2）所示。可见，$EFdum×DT$ 的回归系数为−0.001，且通过了1%的显著性检验，表明股权融资对于商业银行数字化转型具有一定的替代作用，但交叉项系数的绝对值依旧远小于 DT 的回归系数（−0.035），说明股权融资也不能实现完全替代。

3.银企关系

作为一种重要的非正式制度，银企关系是帮助企业克服融资困境、提升信贷可得性的有效渠道（Petersen 和 Rajan，1994）。为了检验银企关系对商业银行数字化转型的替代作用，本文参考翟胜宝等（2014）的研究，用"企业持有银行股份"和"银行持有企业股份"两种形式衡量银企关系，企业存在其一则虚拟变量 $BCdum$ 取值1，否则取值0，进一步，构造 $BCdum$ 与 DT 的交互项 $BCdum×DT$ 并加入回归。由表9中列（3）可见，$BCdum×DT$ 的回归系数在5%水平上显著为负，其绝对值同样远小于 DT 回归系数（−0.034），表明银企关系对于商业银行数字化转型正向溢出效应的替代作用同样是有限的。

表9 基于其他可行融资渠道的调节效应检验结果

变量	(1) 商业信用融资 *Debtcost*	(2) 股权融资 *Debtcost*	(3) 银企关系 *Debtcost*
DT	−0.032***	−0.035***	−0.034***
	(−2.863)	(−3.070)	(−2.986)
TCdum×DT	−0.002***		
	(−5.635)		
EFdum×DT		−0.001***	
		(−2.914)	
BCdum×DT			−0.001**
			(−2.301)
PCdum×DT			
常数项	0.322***	0.324***	0.313***
	(3.955)	(3.979)	(3.846)
控制变量	是	是	是
企业/年份/城市固定效应	是	是	是
样本量	24479	24479	24479
R²值	0.654	0.654	0.654
调整 R²值	0.598	0.598	0.597

注：同表4。

七 结 论

本文基于金融地理视角，将商业银行数字化转型、银企距离与企业债务融资成本置于同一研究框架中，提出商业银行数字化转型可降低企业债务融资成本的假说。在此基础上，本文通过地理距离对商业银行数字化转型指数进行加权处理来获得微观层面商业银行数字化转型的代理变量，并以 2010~2020 年 A 股上市公司为样本开展相应实证检验。研究发现，商业银行数字化转型能够有效降低企业债务融资成本。异质性分析发现，商业银行数字化转型对企业债务融资成本降低的作用具有广泛普惠性、风险可控性和精准匹配性，且在高数字技术水平、高市场化程度的地区更加显著。本文还发现，即便企业其他融资渠道对商业银行数字化转型降低企业债务融资成本的作用具有一定的替代性，但均无法实现完全替代，本文为传统金融机构服务实体经济的必要性提供了支持证据，为当地政府和金融监管部门引导商业银行数字化转型提供了有益的政策借鉴。

首先，对于当地政府而言，应积极推动商业银行数字化转型协同制度体系的建设。一方面，市场化水平和数字技术水平是推动商业银行数字化转型对企业产生正向溢出效应的重要保障，鉴于此，各地政府应重视市场化建设，提升数字技术水平，进一步优化金融营商环境。另一方面，商业银行数字化转型对降低企业债务融资成本的正向溢出效应具有普惠性，因此，各地政府还应督促地方金融监管机构建立健全金融科技监管体系，加大对商业银行的监管力度，尤其应重视商业银行对中小企业、民营企业的解难纾困作用，多措并举，加大金融支持实体经济发展力度，助力实体经济高质量发展。另外，政府应积极构造良好金融生态，增进商业银行、科技公司及高校之间的协同合作，形成互促互进的产学研协同机制，从而带动区域经济良性发展。

其次，对于商业银行而言，数字化转型是传统金融行业支持实体经济发展的必由之路，应全面、持续地推动传统业务数字化转型。一方面，数字化转型是一项系统性工程，具有复杂性和长期性，当前，我国商业银行数字化转型依然存在不平衡、不充分的问题，数字技术应用受限于金融机构资金投入、员工技能和业务场景，未来仍然具有较大的提升空间，鉴于此，商业银行应加强数字化转型战略部署，抓住数字化转型发展机遇，提升自身竞争力，不断加大金融科技投入，打造综合金融服务平台，大力引进金融科技人才，增强员工数字素质，重视数字技术服务应用场景的多元性和市场主体获取金融服务的便捷性，推动数字技术与传统业务深度融合。另一方面，商业银行应重视数字化转型对于提升自身风险管控能力的重要作用，研究发现商业银行数字化转型对于企业降低债务融资成本的正向溢出效应具有风险可控性和精准匹配性，为商业银行精准识别企业资金需求、提升风险管控水平提供了坚实的保障，同时，商业银行还应密切关注数字化转型过程中的潜在风险，充分评估数字技术与传统业务深度融合中的风险问题，加强数据安全建设，防范系统性风险，建立安全保障体系，坚持金融普惠性和公平性原则，确保商业银行数字化转型有序开展。

最后，对于企业而言，在积极拓宽自身融资渠道的同时，应发挥主观能动性，主动进行数字化转型以适应数字经济浪潮、为自身发展赋能。数字化转型是金融助力经济高质量发展的重要路径，数字经济具有规模经济、网络效应以及范围经济的特征，银行数字化转型为矫正企业投融资错配搭建了一个数字化平台，该平台参与对象数字化水平的提高对平台发展会形成正向反馈，即平台的供给和需求端用户规模越大，平台的功能越完善、对供给和需求刻画越全面、对双方的匹配越精准。因此，企业作为平台的参与方，积极进行数字化转型能够助力平台实现更强的正向反馈，从而为银行吸引更多的融资企业、为企业吸引更多的投资者。另外，用户规模的扩大、数据的积累，使得平台不断地优化和改良算法、迭代技术，有利于调控市场经济，提高货币政策的有效性，从而更好地防范系统性金融风险。

参考文献

[1] 白俊、连立帅，2012，《信贷资金配置差异：所有制歧视抑或禀赋差异?》，《管理世界》第6期。

[2] 蔡庆丰、王瀚佑、李东旭，2021，《互联网贷款、劳动生产率与企业转型——基于劳动力流动性的视角》，《中国工业经济》第12期。

[3] 陈汉文、周中胜，2014，《内部控制质量与企业债务融资成本》，《南开管理评论》第3期。

[4] 陈荣达、余乐安、金骋路，2020，《中国互联网金融的发展历程、发展模式与未来挑战》，《数量经济技术经济研究》第1期。

[5] 程小可、杨程程、姚立杰，2013，《内部控制、银企关联与融资约束——来自中国上市公司的经验证据》，《审计研究》第5期。

[6] 程新生、谭有超、刘建梅，2012，《非财务信息、外部融资与投资效率——基于外部制度约束的研究》，《管理世界》第7期。

[7] 池毛毛、叶丁菱、王俊晶、翟姗姗，2020，《我国中小制造企业如何提升新产品开发绩效——基于数字化赋能的视角》，《南开管理评论》第3期。

［8］褚剑、胡诗阳，2020，《利率市场化进程中的银企互动——上市公司购买银行理财产品的视角》，《中国工业经济》第6期。

［9］戴璐、汤谷良，2007，《长期"双高"现象之谜：债务融资、制度环境与大股东特征的影响——基于上海科技与东盛科技的案例分析》，《管理世界》第8期。

［10］翟胜宝、易旱琴、郑洁、唐玮、曹学勤，2014，《银企关系与企业投资效率——基于我国民营上市公司的经验证据》，《会计研究》第4期。

［11］翟胜宝、程妍婷、谢露，2023，《商业银行数字化转型与风险承担水平》，《北京工商大学学报（社会科学版）》第2期。

［12］樊纲、王小鲁、马光荣，2011，《中国市场化进程对经济增长的贡献》，《经济研究》第9期。

［13］封思贤、郭仁静，2019，《数字金融、银行竞争与银行效率》，《改革》第11期。

［14］郭峰、王靖一、王芳、孔涛、张勋、程志云，2020，《测度中国数字普惠金融发展：指数编制与空间特征》，《经济学（季刊）》第4期。

［15］郭品、沈悦，2019，《互联网金融、存款竞争与银行风险承担》，《金融研究》第8期。

［16］黄群慧、余泳泽、张松林，2019，《互联网发展与制造业生产率提升：内在机制与中国经验》，《中国工业经济》第8期。

［17］黄益平、黄卓，2018，《中国的数字金融发展：现在与未来》，《经济学（季刊）》第4期。

［18］蒋海、唐绅峰、吴文洋，2023，《数字化转型对商业银行风险承担的影响研究——理论逻辑与经验证据》，《国际金融研究》第1期。

［19］赖黎、马永强、夏晓兰，2016，《媒体报道与信贷获取》，《世界经济》第9期。

［20］李广子、刘力，2009，《债务融资成本与民营信贷歧视》，《金融研究》第12期。

［21］李建军、韩珣，2019，《普惠金融、收入分配和贫困减缓——推进效率和公平的政策框架选择》，《金融研究》第3期。

［22］李旭超、罗德明、金祥荣，2017，《资源错置与中国企业规模分布特征》，《中国社会科学》第2期。

［23］李逸飞、李茂林、李静，2022，《银行金融科技、信贷配置与企业短债长用》，《中国工业经济》第10期。

［24］梁方、赵璞、黄卓，2022，《金融科技、宏观经济不确定性与商业银行主动风险承担》，《经济学（季刊）》第6期。

［25］陆正飞、杨德明，2011，《商业信用：替代性融资，还是买方市场?》，《管理世界》第4期。

［26］陆正飞、叶康涛，2004，《中国上市公司股权融资偏好解析——偏好股权融资就是

缘于融资成本低吗?》,《经济研究》第4期。

[27] 罗煜、崔书言、旷纯,2022,《数字化与商业银行经营转型——基于传统业务结构变迁视角》,《国际金融研究》第5期。

[28] 孟娜娜、粟勤、雷海波,2020,《金融科技如何影响银行业竞争》,《财贸经济》第3期。

[29] 倪娟、孔令文,2016,《环境信息披露、银行信贷决策与债务融资成本——来自我国沪深两市A股重污染行业上市公司的经验证据》,《经济评论》第1期。

[30] 钱海章、陶云清、曹松威、曹雨阳,2020,《中国数字金融发展与经济增长的理论与实证》,《数量经济技术经济研究》第6期。

[31] 邱晗、黄益平、纪洋,2018,《金融科技对传统银行行为的影响——基于互联网理财的视角》,《金融研究》第11期。

[32] 沈永建、徐巍、蒋德权,2018,《信贷管制、隐性契约与贷款利率变相市场化——现象与解释》,《金融研究》第7期。

[33] 宋敏、周鹏、司海涛,2021,《金融科技与企业全要素生产率——"赋能"和信贷配给的视角》,《中国工业经济》第4期。

[34] 孙黎、许唯聪,2021,《数字经济对地区全球价值链嵌入的影响——基于空间溢出效应视角的分析》,《经济管理》第11期。

[35] 唐清泉、巫岑,2015,《银行业结构与企业创新活动的融资约束》,《金融研究》第7期。

[36] 唐松、伍旭川、祝佳,2020,《数字金融与企业技术创新——结构特征、机制识别与金融监管下的效应差异》,《管理世界》第5期。

[37] 王静,2015,《基于金融功能视角的互联网金融形态及对商业银行的冲击》,《财经科学》第3期。

[38] 王世文、张尹、祝演,2022,《金融科技、融资约束与全要素生产率——基于制造业上市公司的实证研究》,《宏观经济研究》第8期。

[39] 王竹泉、王贞洁、李静,2017,《经营风险与营运资金融资决策》,《会计研究》第5期。

[40] 谢绚丽、沈艳、张皓星、郭峰,2018,《数字金融能促进创业吗? ——来自中国的证据》,《经济学（季刊）》第4期。

[41] 谢绚丽、王诗卉,2022,《中国商业银行数字化转型：测度、进程及影响》,《经济学（季刊）》第6期。

[42] 余明桂、马林、王空,2022,《商业银行数字化转型与劳动力需求：创造还是破坏?》,《管理世界》第10期。

[43] 余明桂、潘红波,2008,《政治关系、制度环境与民营企业银行贷款》,《管理世

界》第8期。

[44] 袁淳、肖土盛、耿春晓、盛誉，2021，《数字化转型与企业分工：专业化还是纵向一体化》，《中国工业经济》第9期。

[45] 张兵、孙若涵，2023，《金融科技发展能否降低融资的地理排斥》，《当代财经》第2期。

[46] 张金清、李柯乐、张剑宇，2022，《银行金融科技如何影响企业结构性去杠杆?》，《财经研究》第1期。

[47] 张庆君、陈思，2022，《数字经济发展、银行数字化投入与银行治理》，《经济与管理研究》第8期。

[48] 张璇、李子健、李春涛，2019，《银行业竞争、融资约束与企业创新——中国工业企业的经验证据》，《金融研究》第10期。

[49] 张勋、杨桐、汪晨、万广华，2020，《数字金融发展与居民消费增长：理论与中国实践》，《管理世界》第11期。

[50] 赵绍阳、李梦雪、佘楷文，2022，《数字金融与中小企业融资可得性——来自银行贷款的微观证据》，《经济学动态》第8期。

[51] 卓丽洪，2020，《互联网金融与经济安全构成要素关联度实证研究》，《数量经济技术经济研究》第2期。

[52] Adams R. M., Brevoort K. P., Driscoll J. C. 2023. "Is Lending Distance Really Changing? Distance Dynamics and Loan Composition in Small Business Lending." *Journal of Banking and Finance*, 156, 107006.

[53] Demertzis M., Merler S., Wolff G. B. 2018. "Capital Markets Union and the Fintech Opportunity." *Journal of Financial Regulation*, 4(1): 157–165.

[54] Dekle R., Eaton J., Kortum S. 2007. "Unbalanced Trade." *The American Economic Review*, 97(2): 351–355.

[55] Harford J., Klasa S., Walcott N. 2008. "Do Firms Have Leverage Targets? Evidence from Acquisitions." *Journal of Financial Economics*, 93(1): 1–14.

[56] Krugman P. 1991. "Increasing Returns and Economic Geography." *The Journal of Political Economy*, 99(3): 483–499.

[57] Lu Z., Wu J., Li H., Nguyen D. K. 2022. "Local Bank, Digital Financial Inclusion and SME Financing Constraints: Empirical Evidence from China." *Emerging Markets Finance and Trade*, 58(6): 1712–1725.

[58] Menkhoff L., Neuberger D., Rungruxsirivorn O. 2012. "Collateral and Its Substitutes in Emerging Markets' Lending." *Journal of Banking and Finance*, 36(3): 817–834.

[59] Petersen M. A., Rajan R. G. 2002. "Does Distance Still Matter? The Information

Revolution in Small Business Lending." *The Journal of Finance*, 57(6): 2533–2570.

[60] Petersen M. A., Rajan R. G. 1994. "The Benefits of Lending Relationships: Evidence from Small Business Data." *The Journal of Finance*, 49(1): 3–37.

[61] Rajan R. G., Zingales L. 1995. "What do We Know about Capital Structure? Some Evidence from International Data." *The Journal of Finance*, 50(5): 1421–1460.

[62] Ryan R. M. , O'Toole C. M., McCann F. 2014. "Does Bank Market Power Affect SME Financing Constraints?" *Journal of Banking and Finance*, 49: 495–505.

[63] Schmutzler A. 1999. "The New Economic Geography." *Journal of Economic Surveys*, 13 (4): 355–379.

（责任编辑：焦云霞）

智慧城市设立与地区招商引资

杨　波　李　雪　陈俊宇[*]

摘　要： 营造市场化、法治化、国际化一流营商环境，有助于通过招商引资推动经济高质量发展迈上新台阶。本研究探讨智慧城市试点政策是否有利于更大程度地吸引和利用外资，促进空间资源有效配置与区域经济协调发展？基于2009~2020年智慧城市试点与北京大学的中国区域创新创业数据，采用多期双重差分法探究智慧城市设立对地区招商引资的影响及其机制。研究发现：智慧城市设立提升了地区吸引外资水平，表现为增加单位企业实际外商直接投资额。相比于非资源依赖型地区，这一效应在资源依赖型地区更显著，同时在地理区位上呈现出向西部倾斜的特征。机制检验显示，智慧城市设立可以通过促进要素实物集聚和虚拟集聚来提升地区招商引资水平，而样本期内实物集聚发挥的作用更大。本文为探索经济新发展理念和数字经济背景下中国经济转型升级与高质量发展路径提供新的思路。

关键词： 智慧城市　招商引资　要素集聚

一　引言

招商引资是指地方政府通过提供优惠政策及其他保障措施来吸引外部资源助推本地经济发展（魏后凯，2002；路风和余永定，2012；蒋震，2014），

---

*　杨波，讲师，云南大学经济学院，电子邮箱：yangb@ynu.edu.cn；李雪，中级审计师，云南省审计厅，电子邮箱：778095099@qq.com；陈俊宇，云南大学经济学院硕士研究生，电子邮箱：1409967765@qq.com。本文获得云南招商引资成效研究型审计项目（0848-2241ZC207080/D）、国家自科基金项目（72363034）的资助。感谢匿名审稿专家的宝贵意见，文责自负。

主要包括财政补贴、税收优惠、土地出让、金融资助等政策（卢建新等，2017；杨继东和杨其静，2016）。从引资模式来看，有"筑巢引凤"式产业园区、综合保税区、出口加工区等（张进智等，2020；陈强远等，2023）。如此，政策工具和区位要素二者相辅相成，为地方经济发展构筑良好的基础条件。然而，改革开放以来，部分地方政府招商引资成效不足、吸引外资有限，一直备受诟病，主要表现有：一是在地方政府财政赤字、保增长压力等背景下，招商引资出现"底线竞争"和"病急乱投医"行为；二是政企"双向寻租"、营商环境较差等因素导致"引得来、留不住"的现实困境（杨其静等，2014；马相东和王跃生，2018；亓寿伟等，2020）。招商引资成效不足削弱了外资对地方经济的拉动作用，不利于我国经济高质量发展。党的二十大报告明确指出，"高质量发展是全面建设社会主义现代化国家的首要任务"，并将"推进高水平对外开放"作为"加快构建新发展格局"的重要内容。招商引资作为我国对外开放基本国策的重要组成部分，有助于推动新旧动能加速转换，在调结构、促增长、惠民生等方面发挥着重要作用。因此，大力提升地方招商引资水平，不仅是推动经济高质量发展的关键着力点和重要引擎，更是以中国式现代化推进中华民族伟大复兴大局观的体现。

作为空间资源有效配置及区域协调发展的重要抓手，部分地方政府的招商引资为什么没能达到预期效果？已有研究指出，在过去相对落后的技术条件下，受限于物流运输距离、市场分割、数字鸿沟、流程烦琐等不利因素（Goldfarb 和 Tucker，2019；李丽莉等，2023），资源、人才等要素的有效流动与集聚难以实现（赵春明等，2022），招商引资成效有限。那么，如何提升招商引资水平？城市为新一代信息技术提供了广阔的应用场景和创新空间；并且加强城市基础设施建设、打造智慧城市有助于补齐城市公共服务短板、提升城市运行效能和治理水平，增强对区域经济发展的带动力。因而，以资源数字化转变与服务数智化使用及要素虚拟集聚水平提升为特征的"智慧城市"试点政策可能助力政府招商引资实现重大突破。智慧城市的设立旨在通过物联网、云计算、大数据、空间地理信息集成等智能计算技术的应用，使得城市管理、教育、医疗、房地产、交通运输、公用事业和公众安全等方面的关键基础设施组件和服务更互联、高效和智能，能够为企业构建良好的营商环境，从而提升招商引资水平。更具体些，智慧城市设立具备诸多优势，能够对招商引资产生积极影响，例如，驱动商贸流通发展与企业数字化转型（Albino 等，2015；赖晓冰和岳书敬，2022），提高资本市场信息效率与透明度。因此，在我国"城市—区域"的基本空间单元布局下，智慧城市设立借助强大的物联网技术和先进的算法、算力，突破资源和人才的区域流动壁垒，为招商引资水平提升创造新的"软、硬"条件。

如此，本文从现实需求出发，探究以下问题：智慧城市设立是否有助于更大力度吸引和利用外资，提升招商引资水平，即在数字化和智能化的加持下，"筑巢引凤"成效是否能够显著提升[①]？如果能，进一步，这一现象背后的理论机制是什么？为此，本文进行了假设推演，匹配了中国 2009~2020 年 337 个地级市智慧城市设立与北京大学中国区域创新创业数据，使用多期 DID 方法探究智慧城市设立对地区招商引资的影响及其机制。以上问题的解答，不仅有助于识别智慧城市设立在提升招商引资水平方面的作用，而且为探索经济新发展理念和数字经济背景下中国经济转型升级与高质量发展路径提供新的思路和启发。

本文的主要贡献包括：首先，提供了智慧城市设立对地方政府招商引资产生积极作用的经验证据。已有研究从创新、创业、城乡收入差距等视角讨论了智慧城市的经济效应（Andrea 和 Chiara，2019；李丽莉等，2023），而智慧城市设立有利于实现资源的数字化转变和数智化运用，促进资源在空间上优化配置，遗憾的是，鲜有研究从招商引资视角予以考察，本文对此做了积极的尝试。其次，揭示了智慧城市设立影响地区招商引资的机理，澄清了智慧城市设立对要素实物、虚拟集聚产生的积极作用，发现了智慧城市设立对不同地区、不同市场环境招商引资的异质性影响，这显著推进了对智慧城市与招商引资的研究。最后，除了内容方面，本研究在指标测度方面，也做了许多尝试，包括区域要素虚拟集聚水平等。这对以往只考虑实物要素集聚而忽略虚拟要素集聚的研究（沈能等，2014）是有益的补充。

---

① 《"十四五"数字经济发展规划》中也提出"探索发展跨越物理边界的'虚拟'产业园区和产业集群"。

本文余下内容结构为：第二部分对文献做简要回顾与评述，并提出研究假设；第三部分介绍实证设计，包括数据、变量与模型；第四部分展示了实证检验与回归结果；第五部分构建虚拟集聚和实物集聚指标来讨论智慧城市设立影响招商引资的机制；第六部分是结论和政策启示。

二　文献回顾与研究假说

（一）文献回顾

"智慧城市"这一全新的城市发展战略构想始见于IBM公司，后来在美国、英国、日本等国家掀起了智慧城市建设热潮，其初衷在于解决城市化进程中出现的交通拥堵、资源短缺等"城市病"问题①。我国住房和城乡建设部于2012年11月印发《国家智慧城市暂行管理办法》和《国家智慧城市（区、镇）试点指标建设体系（试行）》，标志着我国正式进入智慧城市建设时期；并于2013年1月、8月先后公布了第一批和第二批试点名单，分别为90个、112个试点城市②。此后，出台《国家新型城镇化规划（2014—2020年）》《关于促进智慧城市健康发展的指导意见》等重要文件，大力引导智慧城市建设，并由住房和城乡建设部、科学技术部联合发布了第三批国家智慧城市试点名单，共97个试点城市③。由此，中国智慧城市发展呈现出建设速度快、试点范围广等特征。

智慧城市建设有助于提升城市信息化水平，在我国"城市—区域"基本空间单元布局下，有助于资源跨地域、系统或行业的优化配置，提高人民的生活品质，实现现代化发展。已有研究主要围绕智慧城市对创新、收入增长和差距以及环境治理等的影响开展。在创新方面，智慧城

---

① "智慧城市"建设作为一项重要的城市建设与治理的理念，与中国长期以来实施的"经济技术开发区（开发区）""高新技术开发区（高新区）"等有着重要的区别。

② 参见《住房城乡建设部办公厅关于公布2013年度国家智慧城市试点名单的通知》，https://www.mohurd.gov.cn/gongkai/fdzdgknr/tzgg/201308/20130805_214634.html。

③ 参见《住房城乡建设部办公厅 科学技术部办公厅关于公布国家智慧城市2014年度试点名单的通知》，https://www.mohurd.gov.cn/gongkai/fdzdgknr/tzgg/201504/20150410_220653.html。

市设立既提升了宏观区域层面的总体创新产出水平又促进了微观企业的技术创新投入（Andrea 和 Chiara，2019；Kandt 和 Batty，2020；宋德勇等，2021；王帆等，2022；惠献波，2023）。不仅如此，智慧城市设立还通过促进绿色创新来降低环境污染，有助于"双碳"目标的实现（Yan 等，2023；Song 等，2023；石大千，2018；刘成杰等，2021）。在收入增长和差距方面，已有研究认为智慧城市不仅对收入增长有促进作用，还能显著缩小城乡收入差距（Goyal 和 Aneja，2020），并且这一效应主要是通过资源配置优化、技术进步、营商环境改善与产业结构优化升级等来实现的（张阿城等，2022；黄和平等，2022）。在环境治理和绿色低碳发展方面，城市经济学相关研究强调智慧城市在污染转移、绿色创新方面有积极作用，即智慧城市的绿色低碳效应（Filiou 等，2023；茹少峰等，2022）。由此，尽管已有研究探究了智慧城市在创新、增收、缩小收入差距和绿色发展等方面的积极作用，但是未就其是否对招商引资产生影响进行讨论。

同时，本文还涉及地方招商引资相关文献。已有研究多从政府视角探讨招商引资成效不足的原因。政府间"为发展而竞争"的策略互动（出让土地等）具有"锦标赛"特征，所形成的"政策租"产生了规模不经济、补贴的低效保护等市场扭曲现象（陆铭和欧海军，2011；向宽虎和陆铭，2015；杨汝岱等，2018），导致招商引资实施效果较小（Mookherjee，2015）。因此，政府作用边界过大（职能错位、越位、公权乱用等）影响了招商引资的成效（王勇和朱雨辰，2013）。不仅如此，优惠政策还会引致政企"双向寻租"，企业在与政府谈判过程中要求政府给予超额补贴（Samuel 和 Stella，2000；马相东等，2021），从而使得引入企业过度依赖招商引资政策、自我成长能力有限。此外，在过去的很长一段时间里，地方政府旨在"惠大惠强"（世界 500 强或龙头企业），忽略"惠民惠小"（马相东等，2021），而中小企业对就业、创新、创收等的带动作用更大。因此，地方政府采用土地出让方式进行招商引资，能在短期内促进经济增长，但易出现"底线竞争"，引致低质量的招商引资项目，从而抑制经济长期发展（杨其静等，2014；亓寿伟等，2020）。

总之，还存在进一步拓展研究的空间：第一，智慧城市设立不仅推动数字技术的广泛应用与深度融合，还促使城市资源数字化与智能化，在"城市—区域"的空间布局下，这是否有助于实现要素在空间上优化配置，能否改善招商引资成效与促进区域协调发展，尚需进行研究并予以回答。第二，已有研究讨论了智慧城市设立对劳动力、资本和技术等要素物理集聚的影响，但忽略了对要素虚拟集聚（数字渗透）的探究。越来越多的文献发现数字经济背景下要素虚拟集聚对提升企业出口质量以及促进经济发展有显著作用（赵春明等，2022），这为本研究提供了指导与参考。

（二）研究假说

本研究在"城市—区域"的空间布局下，针对智慧城市解决招商引资过程中的"引不来""留不住"等现实困境的理论机理进行了推演。

智慧城市设立为提升招商引资水平创造新的"软条件"，通过释放"数字红利"吸引企业落户，有效解决招商引资中的"引不来"困境，提升招商引资成效。第一，智慧城市设立有利于完善"数字政府"治理模式，赋能政府更高效的运营与管理，优化城市公共部门的公共服务供给结构，使"数据跑路"代替"群众跑腿"成为现实（范洪敏和米晓清，2021；Filiou 等，2023），精简政策审批流程等环节，为企业提供良好的营商环境，吸引企业入驻产业园区，提升招商引资成效（马相东等，2018）。第二，智慧城市设立推动数字平台建设，有效连接政府、企业和居民等主体间的经济活动，促进数据共享与开放，缓解不同主体间的信息不对称问题，推动市场信息的高效传输，有利于对潜在入驻企业进行筛选，并对企业后续运营状况开展大数据监督与风控，提升招商引资水平（杜龙政等，2019）。同时，智慧城市设立有助于加快数据交流平台建设，为企业交流、合作以及跨区域的服务创造机会，帮助企业解决运营管理中面临的共性问题，消除信息壁垒以吸引更多的企业落户。不仅如此，智慧城市设立有利于企业广泛运用数字技术、进行数字化转型（刘伟丽和刘宏楠，2022；范洪敏和米晓清，2021），提升数字化治理能力，从而吸引企业落户。

智慧城市设立有利于推动新兴产业与传统产业融合发展，实现产业数字化和数字产业化，突破区位等地理要素的制约，有效解决招商引资中的

"引得来、留不住"困境，提升招商引资成效。第一，智慧城市设立促进了物联网、大数据、云计算等新型数字技术的运用以及新兴产业的发展（鲁泽霖和陈岩，2022；李丽莉等，2023）。新兴产业具有技术密集度高、附加值高等特点，可带动传统产业优化升级，为企业"引得来、留得住"创造条件。例如，智慧城市设立有利于推动企业数智化采购及智慧供应链构建，有效缓解采购程序与效率间的矛盾。不仅如此，智慧城市有利于推动新型数字技术运用，促进企业向绿色低碳方向发展，提升地方招商引资水平。第二，智慧城市设立有利于解决企业发展中面临的要素和技术等的市场分割问题，并突破区位选择制约，打通供应链上下游企业"堵点"，提高招商引资水平（张阿城等，2022）。此外，企业在市场机制作用下能够实现资源优化配置和供应链延伸，从而实现高效发展，有力地支持地方经济发展。因此，智慧城市设立有利于推动资源要素的市场化构建，提升城市对企业的吸引力。综上，本研究提出如下假说。

假说1：智慧城市设立有利于提升地区招商引资水平。

智慧城市设立通过促进要素集聚来提升地方招商引资水平。第一，智慧城市设立可推动便捷的信息服务设施建设，使人才、资本、技术集聚；这些要素的集聚为提升招商引资水平提供了必要条件。在传统技术条件下，受限于物流传输距离、市场分割、数字鸿沟等因素，即便政府制定极其"诱人"的政策，也难以大规模、大范围和高质量地实现资源和人才的流动与集聚。然而，智慧城市设立能促进物联网、云计算、大数据等智能计算技术的应用，使得城市管理、教育、医疗、交通运输、公用事业和公众安全等方面的关键基础设施组件和服务更互联、高效和智能，吸引人才、资源、技术等向智慧城市集聚（王帆等，2022；李丽莉等，2023）。因此，智慧城市设立有利于解决区域间要素的市场分割问题，实现要素跨区域配置与集聚。与非智慧城市相比，智慧城市的要素集聚水平更高。不仅如此，智慧城市可推动要素资源向智能化和数字化转变，引致要素虚拟集聚水平提高。第二，根据集聚效应和"中心—外围"理论，要素集聚所产生的正外部性有助于降低企业的交易成本并提升生产效率（Song等，2023；刘成杰等，2021），有效解决招商引资中后续企业生产成本较高等问题，突破

"引进来、留不住"困境。同时，多类型的企业集聚与产业多样化的交互影响促成了行业层面的规模报酬递增，降低了企业生产经营中所面临的不确定性，有利于入驻企业的发展，从而提升地方招商引资水平。综上，本研究提出以下假说：

假说2：智慧城市设立通过促进要素实物、虚拟集聚来提升地区招商引资水平。

三 实证设计

（一）数据来源

本研究匹配与合并了如下数据：一是北京大学企业大数据研究中心（IRIEC）的中国区域创新创业指数，提取了各地级市吸引外资得分等变量。二是住房和城乡建设部办公厅公布的国家智慧城市试点名单，共分为三轮，从中获取智慧城市设立变量。三是中国碳核算数据库（CEADs），从中得到各行业的产出数据、投入产出占比，并构建要素虚拟集聚水平的测度指标。四是其他数据指标，如人均GDP、产业结构、人口密度、财政收入、固定资产投资额等来源于《中国城市统计年鉴》。

数据处理步骤如下：首先，识别智慧城市的设立。根据国家智慧城市试点名单，将其设定为0-1虚拟变量。其次，将其他地级市层面的数据按"时间+区域"字段进行匹配，其中，对于控制变量使用滞后一期数据以降低内生性。最后，缺失值、异常值处理。除了在要素虚拟集聚变量构建过程中对于缺失数据用平滑法补齐外，其余缺失数据样本进行删除处理；在异常值方面，本文对连续性变量进行了1%缩尾处理。通过基准回归分析得到337个城市2009~2020年的平衡面板数据。

（二）变量

1.地区招商引资

招商引资是指地方政府通过提供优惠政策及其他保障措施来吸引外部资源助推本地经济发展（魏后凯，2002）。为了准确测度地区招商引资水平，本研究参考戴若尘等（2021），使用吸引外资综合得分来表示招商引资水平，该指标数据来自北京大学企业大数据研究中心发布的区域创新创业指数，值越大说明地区招商引资水平越高。更具体些，本研究还使用单位企业外商投资额来测度地区招商引资水平，即吸引外商直接投资额/引进企业数，类似地，值越大意味着"招特引优"，招商引资水平较高。

2.智慧城市设立

参考石大千等（2018），智慧城市设立为虚拟变量。若所在城市为智慧城市试点的城市，下一年及以后年度赋值1，否则赋值0。据此，本研究确定处理组和控制组。需要说明的是，在确定处理组和控制组的过程中，由于部分智慧城市样本为直辖市的县级市（北京的东城区、朝阳区、门头沟区，天津的津南区、河西区、武清区、静海区，上海的浦东新区，重庆的南岸区、江北区、渝北区），本文将整个直辖市视为智慧城市试点（以下简称"智慧城市完全试点"）地区并划为处理组，而将非智慧城市试点地区划为控制组。

3.控制变量

借鉴已有研究，本文对以下区域特征变量进行控制：产业结构，包括第二产业占比和第三产业占比，分别用各城市第二、第三产业增加值占GDP比重衡量（刘佳等，2012）；政府财政收入，用财政总收入占GDP的比重衡量（Oman，1999；亓寿伟等，2020）；人口密度，用常住人口来衡量（Melo等，2009；徐升艳等，2020）；固定资产投资额，是社会固定资产投资额的对数（Liu，2020），主要变量及描述性统计详见表1。

表1　主要变量及描述性统计

变量	观测值	均值	标准差	最小值	最大值
地区招商引资	4320	71.737	18.418	5.848	100.000
智慧城市设立	4332	0.209	0.407	0.000	1.000
固定资产投资额	4123	3.276	1.820	−0.799	7.995
第二产业占比	4234	45.526	12.438	17.000	72.230
第三产业占比	4241	42.901	11.713	19.140	68.600
政府财政收入	4046	7.786	2.675	0.450	15.316

续表

变量	观测值	均值	标准差	最小值	最大值
人口密度	4222	8.193	1.149	4.920	12.344
虚拟要素集聚	2439	0.015	0.010	0.002	0.106
实物要素集聚	2948	0.048	0.064	0.003	0.630

注：表中观测值数值的差异是由样本缺失所致。

4.模型设定

由于智慧城市是分批次设立的，符合多期双重差分法（DID）的设定场景，本文采取多期双重差分方法探索智慧城市设立对地区招商引资的影响（Autor，2003；李丽莉等，2023），模型设定如下：

$$Attract_{it} = \beta_0 + \beta_1 did_{it} + \beta_2 X_{it} + \mu_i + \delta_t + \varepsilon_{it} \tag{1}$$

式中，$Attract_{it}$ 为地级市 i 在 t 年的招商引资得分，代表了该地区的招商引资水平。did_{it} 为双重差分估计量，代表地级市 i 在 t 年是否被列为智慧城市试点。回归系数 β_1 代表智慧城市设立对地级市招商引资的净效应。X_{it} 为一系列控制变量（见表1）；μ_i 为城市固定效应；δ_t 为年份固定效应；ε_{it} 为随机干扰项。

四 实证检验与结果分析

（一）基准回归

表2报告了智慧城市设立对地区招商引资的基准回归结果。其中，第（1）列仅控制了智慧城市设立变量以及城市和年份固定效应。在不加任何控制变量的情况下，智慧城市设立的系数为正且在5%的水平上显著。第（2）列中纳入全部控制变量，结果显示智慧城市设立的系数为正且在5%的水平上显著，这表明智慧城市设立对地区招商引资具有显著的带动效应，验证了假说1。经济学意义表明，智慧城市设立会带动所在地区招商引资提升约1.55%。此外，其他控制变量估计结果也与理论预期一致，例如，政府财政收入与地区招商引资正相关（杨其静等，2014）。

　　具体一些，本研究使用单位企业吸引外商直接投资额来测度地区招商引资，即吸引外商直接投资额/引进企业数。该指标的测度方式较为直接，值越大意味着"招特引优"。数据来源于《中国城市统计年鉴》与北京大学企业大数据研究中心（IRIEC）的中国区域创新创业指数。回归分析见表2，智慧城市设立对单位企业外商直接投资额的影响为正且在1%的水平上显著，进一步表明智慧城市设立提升了地区招商引资水平。

表2　基准回归结果

变量	(1)	(2)	(3)
	招商引资		单位企业外商直接投资额
智慧城市设立	1.835**	1.553**	2.027***
	(2.412)	(2.381)	(2.923)
第二产业占比		0.521***	0.159*
		(6.803)	(1.670)
第三产业占比		0.561***	0.046
		(6.153)	(0.320)
政府财政收入		0.241**	0.421***
		(1.999)	(2.672)
固定资产投资额		0.591***	−0.010**
		(2.878)	(−2.533)
人口密度		−0.048	0.000
		(−0.092)	(0.022)
城市固定效应	是	是	是
年份固定效应	是	是	是
观测值	4320	3799	3158
R^2值	0.742	0.770	0.173

　　注：①*、**、***分别表示在10%、5%、1%的水平上显著。②括号内为经由聚类到城市层面的稳健标准误调整后的t值。③由于引入的控制变量的数据缺失程度不同，回归的观测值存在一定差异。

（二）异质性分析

　　本研究从地理区位、是否为资源依赖型城市和营商环境等方面进行异质性分析。首先，我国东、中、西部地区的产业结构、历史人文、经济基础等因素导致智慧城市试点政策在不同区域存在差异，因此有必要分析智慧城市试点的区位异质性。表3中第（1）列结果显示，智慧城市设立与中西部地区的交乘项为正且在1%的显著性水平上显著，意味着相较于东部地区，智慧城市设立对我国中西部地区招商引资的带动效应更大。智慧城市设立推动了数字技术的广泛运用与深度融合，促进生产要素集聚且在更大范围内流动。这些正面效应对经济发达的东部地区而言，边际作用有限，对于我国经济发展相对落后且没能充分享受"数字红利"的中西部地区而言，边际效应更大。其次，由于智慧城市设立能够解决城市发展中的交通拥堵等"城市病"问题，缓解资源依赖型城市的资源约束，吸引更多企业入驻，由此可见智慧城市设立对提升资源依赖型城市的招商引资水平而言作用可能更大。为此，本文根据国务院发布的《全国资源型城市可持续发展规划（2013—2020年）》，将城市按是否属于资源型城市划分，对资源依赖型城市赋值1，否则赋值0。回归结果证实了预期，智慧城市与资源依赖型城市的交乘项为正且在5%的显著性水平上显著，详见表3中第（2）列。最后，智慧城市设立有利于进一步完善营商环境，提升地区招商引资水平。对于地区营商环境异质性，本研究按照《中国省份营商环境研究报告2020》，对在营商环境评价等级分类中处于领先、标杆水平（A等级）的城市赋值1，而处于中等及落后水平的城市（B+C等级）赋值为0。表3第（3）列结果显示，在营商环境较好的地区智慧城市设立对招商引资的影响更大。

表3 异质性分析

变量	(1)	(2)	(3)
智慧城市设立×中西部地区	2.347***		
	(3.491)		
智慧城市设立×资源型城市		2.282***	
		(2.632)	
智慧城市设立×营商环境良好			1.641**
			(2.338)
控制变量	是	是	是

续表

变量	(1)	(2)	(3)
城市固定效应	是	是	是
年份固定效应	是	是	是
观测值	3799	3799	3799
R^2值	0.771	0.770	0.770

注：同表2。

（三）稳健性检验

1.智慧城市设立是否受所在城市招商引资的逆向影响

为了检验双重差分模型设定的前提条件是否成立，参考 Beck 等（2010），设定如下风险回归模型：

$$T_{it} = \beta_0 + \beta_1 Attract_{it} + \lambda \times X_{it} + \nu_i + \mu_t + \varepsilon_{it} \tag{2}$$

式中，T_{it} 为城市 i 在 t 年时距智慧城市设立的时间长短，$Attract_{it}$ 为城市 i 在 t 年的招商引资；X_{it} 为影响智慧城市设立的控制变量集合，与式（1）中的控制变量组一致。借鉴已有研究，假设 T_{it} 服从 Weibul 分布，并运用加速失效时间模型来估计方程（2），结果显示 $Attract_{it}$ 的系数是不显著的，表明智慧城市设立不受其所在城市招商引资的逆影响。

2.平行趋势假设检验

使用渐进双重差分方法需要满足设立智慧城市的城市（处理组）与未设立智慧城市的城市（控制组）在政策实施之前的招商引资不存在显著差异或有相同的变动趋势。对此，进行平行趋势检验。具体地，由于智慧城市试点自 2013 年开始，本研究将 0 时点设置为政策发生当期，并使用政策发生前 2 年以及政策发生后 6 年的数据进行共同趋势检验。智慧城市设立前的变量在统计上均不显著，意味着样本中处理组和控制组在智慧城市设立前不存在显著差异，这为后续的实证分析提供了可信的证据。不仅如此，还可大致观察到智慧城市设立的动态效应。智慧城市设立具有政策时滞性，自政策实施后的第三年开始，智慧城市对招商引资的影响显著，且政策实施的影响具有持续性。

3.利用PSM-DID方法修正样本选择性偏误

由于智慧城市是分阶段设立的，首先选取样本期内被确定为智慧城市试点的117个城市为处理组，利用PSM-DID方法分别按照1∶1、1∶5和核匹配三种方法进行有放回的匹配。其次，经过逐年匹配后，处理组和控制组样本在各个变量维度上差异的P值在10%的显著性水平上不显著，即处理组和控制组间不存在系统性差异。最后，基于PSM-DID方法匹配后的样本进行回归的结果显示，无论是哪一种匹配方式下，智慧城市变量的系数均为正且至少在5%的显著性水平上显著，再次验证了结论的稳健性。

4.安慰剂检验

本文通过改变智慧城市设立政策实施时间、随机化处理组与控制组两方面进行安慰剂检验。首先，改变智慧城市设立的时间。假定智慧城市样本不变，通过改变政策实施时间进行安慰剂检验。考察将智慧城市设立时间滞后2年、3年以及提前2年、3年情形下，智慧城市设立对招商引资的影响。回归结果显示智慧城市设立的系数均不显著，因此智慧城市的设立时间无论是提前还是推后，均未影响招商引资。其次，随机化处理组和控制组。将原来处理组中的智慧城市视为控制组，保持智慧城市设立时间不变，如果在t年有n个智慧城市，那么从当年以及以前非智慧城市中随机抽选n个城市视为智慧城市，在此基础上运用新匹配的样本重新估计公式（1），由此可以完成一次安慰剂检验。将上述过程重复500次，可以得出500个智慧城市设立的估计系数。回归结果表明，在重复500次随机化处理组和控制组后，智慧城市估计系数的均值在零附近且近似服从于正态分布，这意味着智慧城市设立对招商引资具有明显的提升效应。

5.排除其他区位导向性政策的干扰

智慧城市往往受到其他多项城市层面的导向性政策影响。为了排除其他导向性政策的影响，本文主要考虑以下两类城市层面的导向性政策：自由贸易试验区政策和"宽带中国"城市政策。首先，自由贸易试验区政策。在本研究的智慧城市样本中，9个城市设立了自由贸易试验区，且这些城市在被确定为智慧城市试点之前就受到了自由贸易试验区政策的影响，因此有必要排除自由贸易试验区设立对智慧城市设立的影响。其次，"宽带中国"城市政策。类似地，在样本城市中，19个城市被视为"宽带中国"试点城市，因此有必要排除"宽带中国"政策的影响。为了排除以上政策效应的干扰，本研究将各政策对应的双重差分估计量加入回归方程（1）中进行估计。在排除以上政策干扰后，智慧城市设立对招商引资仍然存在显著影响。

6.改变样本

本文从以下两个方面变换样本。一是调整智慧城市设立时间。将住房和城乡建设部发布国家智慧城市试点名单的当年视为智慧城市设立时间。二是考虑到存在区域间溢出效应，本研究剔除设立智慧城市地区相邻的非智慧城市地区。

综上，智慧城市设立有利于提升地区招商引资水平，与前文研究结论一致，稳健性较强。

五 机制检验

本部分从要素实物、虚拟集聚视角探讨智慧城市设立影响地区招商引资的机制，包括测度要素实物、虚拟集聚水平，以及借鉴 Edwards 和 Lambert（2007）的偏差矫正非参数百分位 Bootstrap 法进行中介效应检验来分析影响机制。

（一）要素实物集聚

1.要素实物集聚测度

要素包括人才、资本、技术和基础设施四个维度，这些要素在城市层面的集聚能够增强城市对企业的吸引力，提升地区招商引资水平。据此，首先，借鉴相关研究，测度这四类要素：一是人才。人才用各城市普通高等学校专任教师数占年末单位从业人员比重来衡量（孙文浩和张益丰，2019）。二是资本。资本包括金融资本和研发资本，分别用城市金融机构存贷款余额占 GDP 比重、科学研发支出占财政总支出比重来衡量（杜龙政等，2019）。三是技术。技术使用城市申请专利数来衡量（赖一飞等，2016）。四是基础设施。基础设施使用城市移动电话用户数和互联网宽带接入用户数来衡量。其次，使用熵值法将 4 个维度综合为一个维度指数来刻画 2009~2019 年各地区要素实物集聚水平[①]。整体而言，如图 1 所示，要素实物集聚水平在 2009~2019 年持续上升且波动较小，这可能得益于近些年来我国大力推动统一大市场建设的举措。具体来看，如图 2 所示，2009~2019 年，基础设施是四类要素中集聚程度最高的，这与自 2008 年全球金融危机以来，我国持续加大基础设施建设和投资力度有关。而技术在区域层面的集聚程度相对较低，意味着我国技术创新仍有不足之处，契合我国近年来创新驱动发展的要义，应将技术创新放在突出位置。此外，本研究通过比较 2009~2019 年不同省份的要素集聚水平发现，绝大多数省份 2019年的要素集聚水平高于 2009 年。由此，可以初步认为我国要素实物集聚水平持续提升。

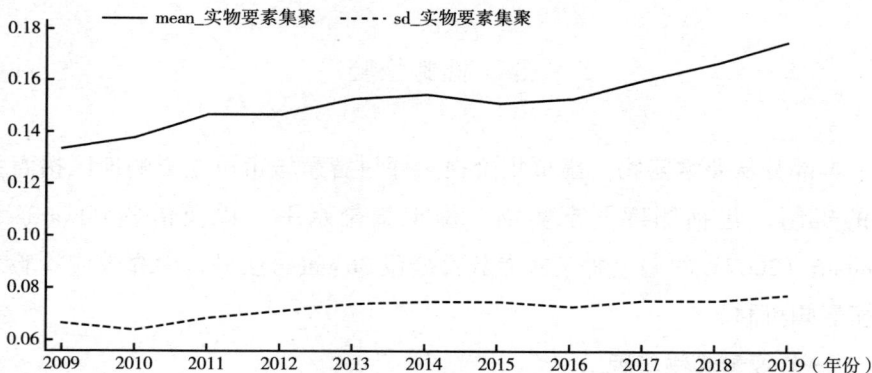

图1　2009~2019 年我国要素实物集聚水平

① 本研究选择 2009~2019 年我国 292 个城市 2948 个研究样本。一方面，基础设施所涉及的城市移动电话用户数、互联网宽带接入用户数在 2020 年缺失较多，故剔除 2020 年的样本数据；另一方面，在处理数据过程中，剔除了哈密、昌都、毕节等数据严重缺失的 24 个城市的样本数据。

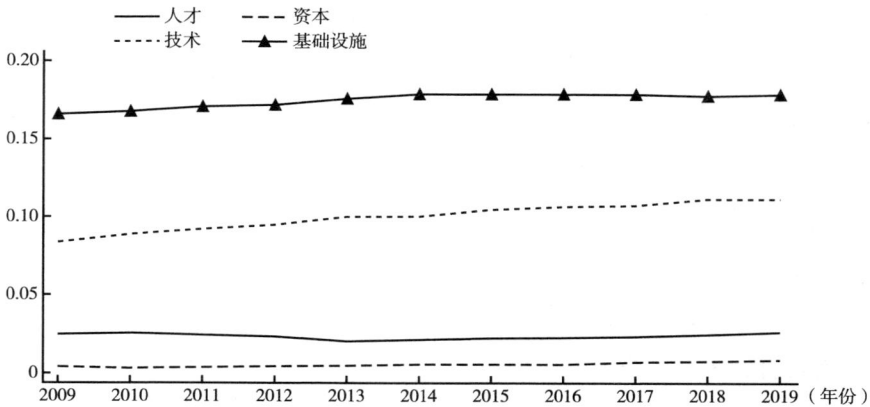

图2 2009~2019年我国四类要素集聚水平的均值

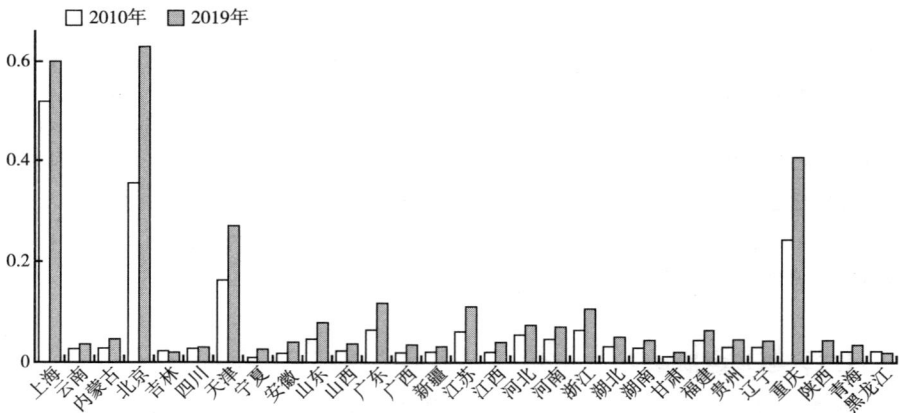

图3 我国2010年、2019年各省份实物要素集聚水平

2. 实证检验

本研究借鉴 Edwards 和 Lambert（2007）提出的偏差矫正非参数百分位 Bootstrap 法进行中介效应检验。该方法是基于 Bootstrap 方法从原始样本有放回的抽样，具有更高的检验效力（包国宪和关斌，2019；张玉梅等，2022）。具体的中介效应模型设定如下：

$$Urban\_inn_{it} = \alpha_0 + \alpha_1 \times did_{it} + \varepsilon_{it} \tag{3}$$

$$Attract_{it} = \beta_0 + \beta_1 \times did_{it} + \beta_2 \times Urban\_inn_{it} + \varepsilon_{it} \tag{4}$$

式中，$Urban\_inn_{it}$ 衡量了城市 i 在 t 年的要素实物集聚水平，运用熵值法将人才、资本、技术、基础设施四方面的数据加权平均计算得出要素实物集聚的综合指标。若系数 α_1、β_1 乘积量所对应的估计系数在 95% 置信区间不包含 0，表明要素实物集聚是智慧城市设立影响地区招商引资的中介因素。检验结果如表 4 所示，实物要素集聚的中介效应占总效应的 33.44%〔（0.0283×129.5146）/10.9599〕，且系数 α_1、β_1 乘积量的估计系数在 95% 置信区间不包含 0。这意味着智慧城市设立有助于通过促进要素实物集聚来提高招商引资水平，假说 1 得到验证。

表 4　要素实物集聚路径检验结果

路径	效应	效应量系数	观测值	95% 置信区间 上限	95% 置信区间 下限
智慧城市设立→地区招商引资	总效应	10.960***	2948	12.840	10.229
智慧城市设立→创新要素集聚		0.028***	2948	0.023	0.010
创新要素集聚→地区招商引资		129.515***	2948	108.011	85.271
智慧城市设立→创新要素集聚→地区招商引资	直接效应	7.301***	2948	2.072	0.971
智慧城市设立→创新要素集聚→地区招商引资	间接效应	3.659***	2948	11.085	8.768

注：①Bootstrap 重复抽样 500 次；②*、**、***分别表示在 10%、5%、1% 的水平上显著；③分析过程中考虑了年份固定效应。

（二）要素虚拟集聚

要素实物集聚具有地理空间特征，而以数据为核心的要素虚拟集聚正在推动产业集群突破物理边界的制约进行资源优化配置，形成无边界的生产网络，有利于提升地区招商引资水平。为此，本研究探究智慧城市设立是否通过促进要素虚拟集聚来提升招商引资水平。首先借鉴赵春明等（2022）对要素虚拟集聚的内涵与外延的界定来测度地级市要素虚拟集聚水平，然后借鉴 Edwards 和 Lambert（2007）提出的偏差矫正非参数百分位 Bootstrap 法进行中介效应检验。

1.要素虚拟集聚测度

借鉴赵春明等（2022），依据式（5）构建要素虚拟集聚水平 $Vagg_{it}$。该变量衡量了各城市要素虚拟集聚程度，值越大则说明所在城市的虚拟集聚程度越高，公式如下：

$$Vagg_{it} = \sum \frac{output_{s,i,t}}{output_{i,t}} \cdot Virtual_{it} \tag{5}$$

其中，$Vagg_{it}$ 表示城市 i 在 t 年的要素虚拟集聚水平，$output_{s,i,t}$ 是城市 i 产业 s 在 t 年的产出，$output_{i,t}$ 是城市 i 在 t 年的总产出，数据来源于中国碳核算数据库（CEADs）；$Virtual_{it}$ 为各部门数字服务直接消耗系数，用各城市在信息传输、软件和信息技术服务方面的总投入除以总产出来衡量，数据来源于CEADs。需要说明的是，由于CEADs中投入产出指标仅公布了2012年、2015年、2017年三年的数据，在计算城市虚拟要素的直接消耗系数过程中，本研究选定以上三年为窗口期初始年份计算出三年的值，其余年份采用平滑法计算得出①。

经计算，2012~2019年，尽管我国大力发展数字经济，推进要素市场建设，但要素虚拟集聚水平较实物集聚水平仍偏低（见图4），意味着要素数据化存在较大发展空间。同时，这也符合"十四五"数字经济发展规划提出的"探索发展跨越物理边界的'虚拟'产业园区和产业集群"。此外，本研究对比了全国各省份2012年、2019年要素虚拟集聚水平后发现，要素虚拟集聚水平整体较低，但呈现大幅增长趋势，见图5所示。

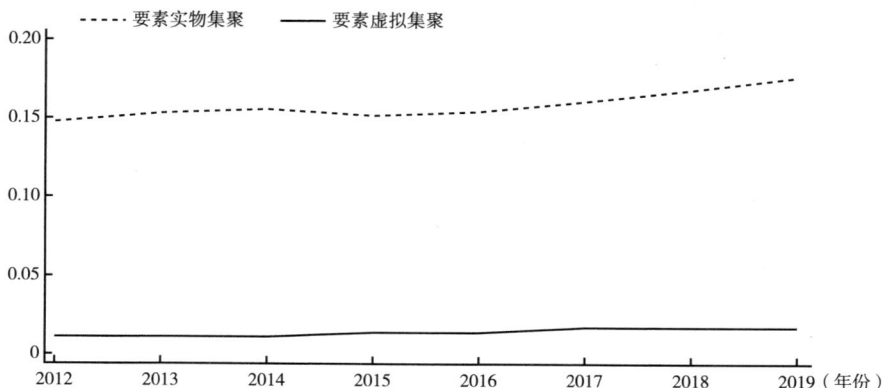

图4　要素实物、虚拟集聚水平的均值对比

---

① 即选定t=2012、2015、2017，为样本窗口期初始年份，先分别计算这三年的直接消耗系数，再使用2期移动平均计算并补充其余年份的直接消耗系数。

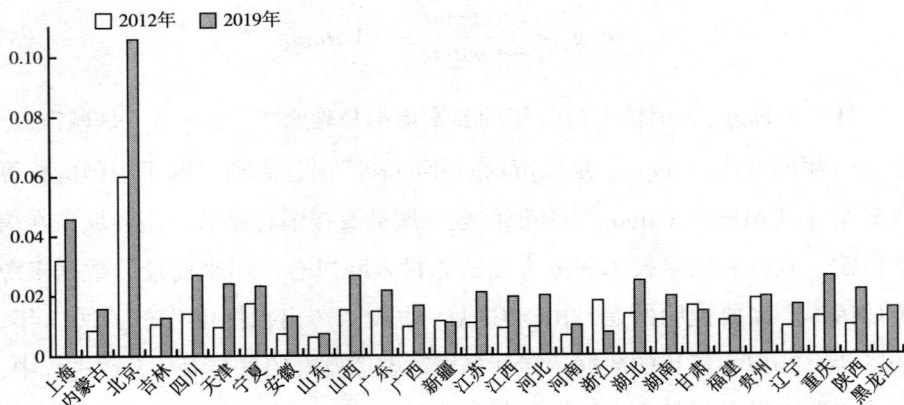

图5　2012年、2019年各省份要素虚拟集聚水平对比

2. 实证检验

类似地，借鉴 Edwards 和 Lambert（2007）提出的偏差矫正非参数百分位 Bootstrap 法进行中介效应检验来分析影响机制。模型设置如公式（3）、公式（4）。检验结果如表5所示，智慧城市设立对要素虚拟集聚水平表现出显著的正向影响，要素虚拟集聚的中介效应占总效应的11.57%，且系数 α_1、β_1 乘积量的估计系数在95%置信区间不包含0。这意味着智慧城市设立有助于通过提升要素虚拟集聚水平来促进招商引资，假说2得到验证。

表5　要素虚拟集聚路径检验结果

路径	效应	效应量系数	观测值	95%置信区间	
				上限	下限
智慧城市设立→地区招商引资	总效应	2.589***	2439	3.646	1.632
智慧城市设立→要素虚拟集聚		0.002***	2439	0.003	0.001
要素虚拟集聚→地区招商引资		142.669***	2439	185.287	97.774
智慧城市设立→要素虚拟集聚→地区招商引资	间接效应	2.291***	2439	0.485	0.151
智慧城市设立→要素虚拟集聚→地区招商引资	直接效应	0.299***	2439	3.301	1.270

注：同表4。

总之，智慧城市设立既可以提升要素实物集聚水平又可以提升要素虚拟集聚水平，有利于资源在空间上的优化配置，从而促进招商引资，然而样本期内要素虚拟集聚方面的作用不如要素实物集聚。

六　结论和政策启示

（一）结论

党的二十大报告指出，加快构建新发展格局、着力推进高质量发展。以党的二十大精神为指引，全面贯彻新发展理念，充分运用高水平招商引资推动经济高质量发展。同时，"十四五"数字经济发展规划提出的"探索发展跨越物理边界的'虚拟'产业园区和产业集群"。而智慧城市设立不仅有利于推动数字技术的广泛运用与融合，还促使城市资源向数字化、智能化转变，强化数据等资源要素的集聚与流动，实现资源的有效配置。这大幅提升了城市对企业、人才等的吸引力，有利于各地政府通过招商引资助推经济高质量发展。为此，本研究深入剖析智慧城市设立是否能够提升招商引资水平？其内在机制是什么？本研究采用中国多城市、多来源的宏观数据进行检验。通过假说推理和实证检验，得到以下结论。

第一，智慧城市设立有利于提升地级市招商引资水平，表现为显著增加单位企业实际外商直接投资额。在经过多方面稳健性检验，包括逆向关系、平行趋势、PSM-DID 设置、安慰剂、排他性假说等一系列稳健性检验后，智慧城市设立有利于提升地区招商引资水平仍然是显著和稳健的。第二，本研究分别构建要素实物、虚拟集聚水平测度指标进行机制检验，发现智慧城市设立既可以促进要素实物集聚又可以促进要素虚拟集聚，从而提升地区招商引资水平，但样本期内要素实物集聚方面的作用较要素虚拟集聚更大。这意味着在数字经济时代要素虚拟集聚还有很大的发展空间，生产要素数据化程度不高，数据要素价值尚未得到充分发挥。本文为探索经济新发展理念和数字经济背景下中国经济转型升级与高质量发展路径提供了新的思路。

（二）政策启示

本研究具有重要的政策启示。第一，全面推进智慧城市建设，重点关注中西部欠发达地区、资源约束性地区的智慧城市建设。由于智慧城市设立可以提升地区招商引资水平，既要加强原有试点智慧城市的建设又要有序推进新的智慧城市试点。一是增强智慧城市的包容度。获批智慧城市试点能为营商环境、经济发展相对较差的城市创造更多的发展机遇，因而智慧城市设立政策可适当向初始条件相对较差的城市或地区倾斜。同时，构建以宽带网络、物联网传感器、智能交通系统、智能公共设施等为依托的新型基础设施网络，构造数字营商环境，吸纳更多符合标准的城市加入试点队伍，建设智慧园区，"招特引优"，提升地区招商引资水平。二是持续加强原有试点城市建设，结合城市或区域内外的有利环境与条件，将智慧化建设嵌入城市数字经济发展之中，持续提升城市的"智慧"程度。通过鼓励传统企业拥抱物联网、大数据和人工智能技术，引导入驻企业进行数字化转型，因地制宜探索提升试点政策效果的多种路径，提升招商引资水平。此外，智慧城市建设涉及面广、层次多，仍面临不少挑战，政府与多元主体应发挥各自优势、协同联动，让城市更智慧。

第二，推动数据要素相关基础设施建设，激活数据要素价值，促进数据基础资源优势转化为经济发展新动能，发挥数据要素对经济发展的乘数效应。本研究发现智慧城市设立可以促进要素实物集聚、虚拟集聚，提升招商引资水平；有必要建立要素跨区域流动的市场机制，推动要素数据化及向各产业渗透，将数据要素纳入企业生产全生命周期流程，实现产业数字化与数字产业化。具体而言，一是各城市应充分结合要素禀赋优势的驱动效应，配套相应政策来支持信息基础设施建设和技术创新研发，通过加快各行业各领域的数据开发利用，突破产出边界，催生新产业、新业态，从而实现城市资源的数字化、网络化和智能化改造。二是制定数据基础制度，推动数据产权结构性分置，积极引导数据要素合理共享与有序流通，破除"数据垄断"以及数据要素在区域间的流动障碍，避免出现"区域边界锁定""数据孤岛""信息壁垒"等现象，加速数据融合共享，积极结合数据要素特征实现高质量数据要素供给，提升招商引资水平。

第三，建立健全地区招商引资政策。在国家和省级层面积极出台一系列政策文件完善地区招商引资政策，坚守招商引资底线，科学招商、精准招商，逐步提升地区招商引资水平。同时，各地因地制宜采取不同模式提升招商引资的可持续性，形成招商引资企业"引进来、留得住"的局面。一方面，政府充分利用大数据创新招商引资服务模式（如数字招商），构建多方联动数据共享服务平台，缩短政府行政审批流程，例如，搭建数字招商平台，精准定位和匹配招商目标，解决招商引资中的信息不对称问题，提升招商引资转化效率；针对不同地区、不同行业出台个性化的招商引资政策，为企业营造良好的营商环境。另一方面，推动数字政府建设，充分利用数字技术挖掘大数据（供应链上下游企业、发票流、资金流等信息），对企业行为进行后期监管以防范风险。这为探索经济新发展理念和数字经济背景下中国经济转型升级与高质量发展路径提供了新的思路。

·

参考文献

［1］包国宪、关斌，2019，《地方政府预算支出决策会考虑公民诉求吗？——被调节的中介效应》，《经济社会体制比较》第4期。

［2］陈强远、赵浩云、叶杨，2023，《中国开发区招商引资：基本逻辑与现实选择》，《数量经济技术经济研究》第3期。

［3］戴若尘、祝仲坤、张晓波，2021，《中国区域创新创业指数构建与空间格局：1990-2020》，北京大学企业大数据研究中心工作论文。

［4］杜龙政、赵云辉、陶克涛等，2019，《环境规制、治理转型对绿色竞争力提升的复合效应——基于中国工业的经验证据》，《经济研究》第10期。

［5］范洪敏、米晓清，2021，《智慧城市建设与城市绿色经济转型效应研究》，《城市问题》第11期。

［6］黄和平、谢云飞、黎宁，2022，《智慧城市建设是否促进了低碳发展？——基于国家智慧城市试点的"准自然实验"》，《城市发展研究》第5期。

［7］李丽莉、曾亿武、郭红东，2023，《数字乡村建设：底层逻辑、实践误区与优化路径》，《中国农村经济》第1期。

［8］赖晓冰、岳书敬，2022，《智慧城市试点促进了企业数字化转型吗？——基于准自

然实验的实证研究》，《外国经济与管理》第10期。

[9] 刘成杰、胡钰苓、李虹桥等，2021，《中国智慧城市试点政策对城市发展质量的影响——基于韧性发展的视角》，《城市问题》第11期。

[10] 陆铭、欧海军，2011，《高增长与低就业：政府干预与就业弹性的经验研究》，《世界经济》第12期。

[11] 鲁泽霖、陈岩，2022，《数据要素市场化的理论内涵、现实挑战和实践路径》，《信息通信技术与政策》第1期。

[12] 刘伟丽、刘宏楠，2022，《智慧城市建设推进企业高质量发展的机制与路径》，《深圳大学学报（人文社会科学版）》第1期。

[13] 刘佳、吴建南、马亮，2012，《地方政府官员晋升与土地财政——基于中国地市级面板数据的实证分析》，《公共管理学报》第2期。

[14] 赖一飞、覃冰洁、雷慧等，2016，《"中三角"区域省份创新要素集聚与经济增长的关系研究》，《科技进步与对策》第23期。

[15] 路风、余永定，2012，《"双顺差"、能力缺口与自主创新——转变经济发展方式的宏观和微观视野》，《中国社会科学》第6期。

[16] 蒋震，2014，《土地财政问题再思考——"消费补贴投资"的工业化和城镇化发展模式》，《经济理论与经济管理》第8期。

[17] 卢建新、于路路、陈少衔，2017，《工业用地出让、引资质量底线竞争与环境污染——基于252个地级市面板数据的经验分析》，《中国人口·资源与环境》第3期。

[18] 马相东、张文魁、刘丁一，2021，《地方政府招商引资政策的变迁历程与取向观察：1978—2021年》，《改革》第8期。

[19] 马相东、王跃生，2018，《新时代吸引外资新方略：从招商政策优惠到营商环境优化》，《中共中央党校学报》第4期。

[20] 茹少峰、刘惠子，2022，《新基建、产业虚拟集聚与区域经济协调发展》，《哈尔滨商业大学学报（社会科学版）》第6期。

[21] 沈能、王群伟、赵增耀，2014，《贸易关联、空间集聚与碳排放——新经济地理学的分析》，《管理世界》第1期。

[22] 宋德勇、李超、李项佑，2021，《新型基础设施建设是否促进了绿色技术创新的"量质齐升"——来自国家智慧城市试点的证据》，《中国人口·资源与环境》第11期。

[23] 石大千、丁海、卫平等，2018，《智慧城市建设能否降低环境污染》，《中国工业经济》第6期。

[24] 孙文浩、张益丰，2019，《城市抢"人"大战有利于地区新旧动能转换吗?》，《科学学研究》第7期。

［25］ 王勇、朱雨辰，2013，《论开发区经济的平台性和政府的作用边界——基于双边市场理论的视角》，《经济学动态》第11期。

［26］ 王帆、章琳、倪娟，2022，《智慧城市影响企业创新的宏观机制研究》，《中国软科学》第11期。

［27］ 魏后凯，2002，《外商直接投资对中国区域经济增长的影响》，《经济研究》第4期。

［28］ 向宽虎、陆铭，2015，《发展速度与质量的冲突——为什么开发区政策的区域分散倾向是不可持续的?》，《财经研究》第4期。

［29］ 惠献波，2023，《数字经济、创业活跃度与共同富裕——来自智慧城市建设的证据》，《当代经济管理》第3期。

［30］ 徐升艳、周玉琴、郭行，2020，《财政压力是否降低了引资质量——来自新增企业全要素生产率的考察》，《地方财政研究》第3期。

［31］ 杨继东、杨其静，2016，《保增长压力、刺激计划与工业用地出让》，《经济研究》第1期。

［32］ 杨其静、卓品、杨继东，2014，《工业用地出让与引资质量底线竞争——基于2007～2011年中国地级市面板数据的经验研究》，《管理世界》第11期。

［33］ 亓寿伟、毛晖、张吉东，2020，《财政压力、经济刺激与以地引资——基于工业用地微观数据的经验证据》，《财贸经济》第4期。

［34］ 杨汝岱、朱诗娥，2018，《产业政策、企业退出与区域生产效率演变》，《学术月刊》第4期。

［35］ 张进智、彭伟华、宋术峰，2020，《产业园区价值网络招商引资驱动作用研究》，《山东社会科学》第2期。

［36］ 张阿城、王巧、温永林，2022，《智慧城市试点、技术进步与产业结构转型升级》，《经济问题探索》第3期。

［37］ 张玉梅、吴先明，2022，《新兴经济体技术国际化与发达经济体技术外溢研究——以国际专利数据分析为例》，《科技进步与对策》第3期。

［38］ 赵春明、班元浩、李宏兵等，2022，《虚拟集聚能否促进城市出口产品质量升级》，《经济管理》第7期。

［39］ Albino V., Berardi U., Dangelico R. M. 2015. "Smart Cities: Definitions, Dimensions, Performance and Initiatives." *Journal of Urban Technology*, 22 (1): 3-21.

［40］ Andrea C., Chiara F. 2019. "Smart Innovative Cities: The Impact of Smart City Policies on Urban Innovation." *Technological Forecasting and Social Change*, 142: 373-383.

［41］ Autor D. H. 2003. "Outsourcing at Will: The Contribution of Unjust Dismissal Doctrine to the Growth of Employment Outsourcing." *Journal of Labor Economics*, 21 (1): 1-42.

［42］ Beck T., Levine R., Levkov A. 2010. "Big Bad Banks? The Winners and the United

States." *Journal of Finance,* (5)：1637–1667.

[43] Edwards J. R., Lambert L. S. 2007. "Methods for integrating Moderation and Mediation：A General Analytical Framework Using Moderated Path Analysis." *Psychological Methods,* 12(1)：1–22.

[44] Filiou D. , Kesidou E., Wu L. 2023. "Are Smart Cities Green? The Role of Environmental and Digital Policies for Eco–innovation in China." *World Development,* 165：1–13.

[45] Goyal A., Aneja R. 2020."Artificial Intelligence and Income Inequality：Do Technological Changes and Worker' Position Matter?" *Journal of Public Affairs,* 20(4)：1–10.

[46] Goldfarb A., Tucker C. 2019. "Digital Economics." *Journal of Economic Literature,* 57 (1)：3–43.

[47] Kandt J., Batty M. 2020. "Smart Cities, Big Data and Urban Policy：Towards Urban Analytics for the Long Run." *Cities,* 109：102992.

[48] Li H. B. ,Zhou L. A. 2004. "Political Turnover and Economic Performance：The Incentive Role of Personnel Control in China." *Journal of Public Economics,* 89(9)：1743–1762.

[49] Liu D. T. 2010. "Career Incentives and Public Goods Provision in China." San Diego：University of California.

[50] Melo M. A., Pereira C., Figueiredo C. M. 2009. "Political and Institutional Checks on Corruption：Explaining the Performance of Brazilian Audit Institutions." *Comparative Political Studies,* 42(9)：1217–1244.

[51] Mookherjee D. 2015. "Political Decentralization." *Annual Review of Economics,* 7(1)：231–249.

[52] Oman C. P. 1999. *Policy Competition for Foreign Direct Investment：A Study of Competition among Governments to Attract FDI.*Paris：OECD Publishing.

[53] Song T., Dian J., Chen H. 2023. "Can Smart City Construction Improve Carbon Productivity? —A Quasi–natural Experiment Based on China' s Smart City Pilot." *Sustainable Cities and Society,* 92：104478.

[54] Samuel T., Stella C. 2000. "The Impact of Tax Incentives on Foreign Direct Investment in China." *Journal of International Accounting, Auditing and Taxation,* 9(2)：105–135.

[55] Yan Z., Sun Z., Zhao M. 2023. "Smart City and Green Development：Empirical Evidence from the Perspective of Green Technological Innovation." *Technological Forecasting and Social Change,* 191：1–13.

（责任编辑：许雪晨）

精准扶贫对人口迁移的影响：来自人口普查的证据

仇童伟　张丹茹　罗必良[*]

摘　要： 实现巩固拓展脱贫攻坚成果与乡村振兴有效衔接，关键在于产业发展与人口规模相匹配，否则后扶贫时代脱贫地区就需要适时调整发展理念与发展模式。本文基于2000~2020年三次全国人口普查资料，分析了精准扶贫对人口流动的影响，结果显示贫困县人口外流加速。机制检验显示，精准扶贫促进了贫困县经济增长，但同时加速了贫困县人口外流；贫困县交通条件改善也是引发人口外流的重要机制之一。通过进一步分析发现，与处于非城市群的贫困县相比，处于城市群的贫困县更可能因精准扶贫而出现人口流出的情况；精准扶贫相关财政支出也提升了贫困县人口外流速度。本文旨在说明，在贫困县大规模人口流出的背景下，可以考虑将对地区的财政投入调整为对人的财政投入，合理定位脱贫地区的角色，避免过度或低效的固定资产投资与财政投入。

关键词： 人口流动　精准扶贫　贫困县　人口普查

---

* 仇童伟，副教授，南京农业大学经济管理学院，电子邮箱：15150561782@163.com；张丹茹，硕士研究生，华南农业大学经济管理学院，电子邮箱：zideri@163.com；罗必良（通讯作者），教授，华南农业大学国家农业制度与发展研究院，电子邮箱：luobl@scau.edu.en。本文获得金善宝农业现代化发展研究院智库课题（YZKKT2023004）、国家社会科学基金后期资助项目（23FGLB003）、中国博士后科学基金项目（2021M702701）的资助。感谢匿名审稿专家的宝贵意见，文责自负。

一　引言

人口是城市发展的关键要素之一，人口的流动与集聚可以给城市带来持续发展的动力（王桂新和黄祖宇，2014；吴耀国等，2020）。相关研究显示，人口大规模流入非农领域和城市是中国经济持续增长的必要条件（约翰逊，2004；刘学军和赵耀辉，2009）。实际上，人口流动不仅对经济增长具有积极作用（蔡昉，2013；郝大明，2015；伍山林，2016；程名望等，2018），还能够有效缩小城乡收入差距和地区差距（姚枝仲和周素芳，2003；陈斌开和林毅夫，2013；刘晓光等，2015），甚至可以促使地区经济收敛（许召元和李善同，2008）。一般而言，人口流动往往与工资、失业、城市属性等相关（高波等，2012）。蔡昉（1995）指出，各地区的收入水平差异是劳动力流动的重要成因。与工资水平直接相关的是，大城市的教育回报率更高，也更容易吸引高端人才（杜两省和彭竞，2010；邢春冰等，2013）。此外，公共物品供给，尤其是公共支出水平、学校质量、教育支出和基础设施质量等也会造成居民"用脚投票"，从而选择定居于符合其偏好的地区（Dahlberg 等，2012；Dustmann 和 Okatenko，2014；李明和郑礼明，2021）。

由此可见，大城市对于人口具有较强的吸引力。这将造成欠发达地区，尤其是贫困地区大规模人口外流，从而发展受限。然而，张伟丽等（2021）发现，2015 年后，流动人口总量呈现下降趋势。同时，也出现人口由东部地区向西部地区回流的现象（李志刚等，2020），其中四川和安徽等省的人口回流现象最为显著（古恒宇等，2019）。实际上，2010 年以来，我国新建的十大城市群涉及东中西部地区的 100 多个城市，已然成为重新集聚流动人口的重要载体（张伟丽等，2021）。李兰冰等（2020）发现，农村劳动力的"本地流动"对本地相对收入水平的提升效应明显强于"外出—省内流动"和"跨省流动"。同时，农村劳动力流动对经济增长的贡献也在递减（伍山林，2016）。尤其考虑到中国制造业特别是劳动密集型产业出现"飞雁模式"的转移（曲玥等，2013），流动人口向中西部地区回流和劳动力本地就业已经成为人们的重要选择。这是不是意味着贫困地区的人口外流问题也能在劳动密集型产业向中西部地区转移以及国家相关支持政策的背景下得到缓解呢？

实际上，2013年精准扶贫实施以来，中央和地方政府对贫困县投入了大规模的财政资金，并配套了大量产业设施和招商引资优惠政策。《中国农村贫困监测报告》显示，2016~2020年，中央财政累计安排专项扶贫资金5249.21亿元，年均增长20.3%。2016~2019年，全国832个贫困县实际整合资金规模达到1.26万亿元，县均整合资金规模超过15亿元。2013~2021年，中央、省、市、县财政专项扶贫资金累计投入近1.6万亿元（陈锡文和韩俊，2021）。随着精准扶贫的深入开展，贫困县或享受国家各项扶贫政策的地区都不同程度地得到了扶贫资金的支持，这也成为其经济持续发展的重要原因。张国建等（2019）对辽宁省扶贫改革试验区设立与地方经济增长的关系的研究表明，扶贫改革试验区获得了产业、金融等多方面的政策支持，从而实现经济增长。周迪等（2019）和张楠等（2020）均发现，享受扶贫政策的地区的城镇化率、固定资产投资、金融覆盖率等都显著增加，从而实现地区经济增长。

此外，无论是新型城镇化建设或是乡村振兴，都必须建立在人口集聚的基础上，否则既难以形成产业集群，又无法形成公共服务供给的规模经济效应。尤其是在《中共中央　国务院关于实现巩固拓展脱贫攻坚成果同乡村振兴有效衔接的意见》发布之后，应将脱贫攻坚成果同乡村振兴有效衔接，更加注重脱贫地区的产业建设和整体发展水平，这无疑也要求有充足的劳动力投入。从逻辑上来说，国家扶贫政策有效提高了贫困地区的经济发展水平（张国建等，2019；周迪等，2019），而地区经济增长无疑有利于吸引更多的人口流入（高波等，2012；李兰冰等，2020）。而在精准扶贫实施之后，贫困地区人口外出就业渠道拓宽、外出务工启动资金保障、交通条件改善等因素可能推动人口加速流出。

探讨精准扶贫对人口流动的影响，有助于明晰欠发达地区城镇化建设和乡村振兴的可能路径。本文的主要工作包括：第一，基于2000~2020年全国人口普查的县域常住人口数据，以精准扶贫为外生政策冲击，采用倍差法评估精准扶贫对县域常住人口流动的影响；第二，基于夜光数据，探讨精准扶贫对县域经济增长的影响，并考察不同经济发展水平下精准扶贫对人口流动的作用差异，从而揭示贫困县的经济增长是否有助于缓解人口外流问题；第三，以不同发展阶段的城市的公路里程数来反映贫困县的交通状况，进而考察精准扶贫过程中的交通条件改善是否会引致人口流出。本文的贡献在于，考察了精准扶贫对人口流动的影响，为优化巩固拓展脱贫攻坚成果同乡村振兴有效衔接路径提供了有益启发。

需要强调的是，探讨精准扶贫与人口流动的关系是一个寻找资源利用效率与个体福利平衡的过程。一方面，贫困县人口流入经济发达地区可能更有利于实现个体福利最大化，精准扶贫相关政策也鼓励贫困人口能够通过易地搬迁走出去或通过提高就业技能自谋出路。另一方面，在精准扶贫过程中投入的大量固定资产投资和财政资金，如果难以吸纳足够的人口规模，那么就会形成产能过剩的局面。由此，必须在人口迁移及异地城市化与就近就业及县域人口规模之间寻求均衡。

本文剩余部分安排如下：第二部分是特征事实与理论假说，在描述我国扶贫历程及贫困县人口流动特征的基础上，推演了精准扶贫对人口流动可能存在的影响；第三部分为数据、变量与模型选择；第四部分为实证结果分析；第五部分是稳健性检验；第六部分为结论与政策启示。

二 特征事实与理论假说

（一）特征事实

自 1949 年新中国成立起就开始了扶贫工作（Guo 等，2018）。1977 年前，由于反贫困物资的限制，当时的反贫困目标是保证农村居民的基本生存需求（Piazza 和 Liang，1998），居民最低生活保障和社会互助是该阶段扶贫的主要措施（Dixon，1982；Guo 等，2019）。随后 20 世纪 50 年代人民公社制度建立，低效的激励机制和较低的农业生产率加剧了农村贫困（Lin，1990）。人民公社解体后，家庭联产承包责任制被确立为农村基本经营制度（Qu 等，1995；Luo 和 Fu，2009），农业生产率快速提升

（Lin，1992；Lin 等，1998）。在这一阶段，政府也鼓励农民从事非农工作（Ho，1995）。由此，我国的贫困人口数从 1978 年的 2.5 亿降至 1985 年的 1.25 亿。显然，政府在该阶段的扶贫中承担了主要责任（Yang 和 Wang，2016）。

表 1 描述了 1986 年以来我国扶贫工作的重要事件。1986 年，为了缓解区域性因素造成的贫困问题，国务院贫困地区经济开发领导小组成立，并于 1993 年更名为国务院扶贫开发领导小组办公室（Yang 和 Wang，2016）。1986 年还确立了 331 个国家级贫困县，并将其作为重点扶贫对象。而且，扶贫工作也被写入第七个和第八个五年计划中。得益于政府扶持和社会力量的参与，贫困地区的自我发展能力得到了显著改善（Démurger，2001）。国家统计局（2017）的数据显示，1993 年贫困人口降至 8000 万。1994 年，为加强革命老区、民族地区、边疆地区、贫困地区的扶贫工作，国务院公布了《国家八七扶贫攻坚计划》，国家级贫困县数量增至 592 个（Liu 等，2017）。进入 21 世纪，扶贫工作面临着新的挑战（Du 和 Cai，2005）。1986~2000 年被称为大规模开发式扶贫阶段；2001 年 6 月，国务院发布了《中国农村扶贫开发纲要（2001—2010 年）》，14.8 万个贫困村被列为重点扶贫对象。2006 年全面取消农业税和 2007 年农村最低生活保障制度建立。新型农村合作医疗和农村社会养老保险制度也相继建立。该阶段扶贫工作的主要特征是整村推进。按照 2010 年的贫困线标准，我国贫困发生率从 2000 年的 49.8% 降至 2012 年的 10.2%。

1949~2012 年我国为扶贫工作付出了巨大努力，但 2013 年农村仍有 9899 万贫困人口，为此，从中共十八大开始，扶贫被列为首要民生工程，事关全面建成小康社会和党的第一个百年奋斗目标的实现。与此同时，扶贫也被纳入了"五位一体"总体布局和"四管齐下"战略。2013 年 11 月，习近平总书记到湖南湘西考察时作出了"实事求是、因地制宜、分类指导、精准扶贫"的重要指示。2014 年我国明确了对全国扶贫对象建档立卡的标准、做法、登记内容等。2015 年召开的党的十八届五中全会指出，要在 2020 年前使处于贫困线以下的贫困人口摆脱贫困。为保证扶贫开发工作的完成，习近平总书记于 2015 年提出"五个一批"的脱贫措施。同年印发《中共中央 国务院关于打赢脱贫攻坚战的决定》。一系列扶贫配套机制，如扶贫开发工作成效考核、打赢脱贫攻坚战三年行动等相继实施，从而保证了在2020年11月832个国家级贫困县全部实现脱贫摘帽。

表1　1986年以来我国扶贫重要事件

扶贫阶段	时间	事件	主要内容
1986~2000年大规模开发式扶贫	1986	成立国务院贫困地区经济开发领导小组	农村扶贫进入大规模开发式扶贫阶段
	1986	划定国家级贫困县标准	按1985年农民人均纯收入计算，农区县低于150元，牧区县低于200元，革命老区县低于300元
	1987	《国务院关于加强贫困地区经济开发工作的通知》	贫困地区经济开发是一项综合治理工程，主要是利用本地资源优势，发展商品经济，背靠资源、面向市场，改造传统产业，开发新兴产业，为贫困户提供就业机会、增加其收入
	1994	《国家八七扶贫攻坚计划》（1994—2000年）	针对全国农村8000万贫困人口的温饱问题，力争用7年左右的时间基本解决
			按照1992年农民人均纯收入超过700元的县一律退出、低于400元的县全部纳入的方法，在全国范围内确定了592个国家重点扶持贫困县
	1996	《中共中央　国务院关于尽快解决农村贫困人口温饱问题的决定》	要求脱贫攻坚"到村到户"
	1998	《残疾人扶贫攻坚计划（1998—2000年）》	将残疾人扶贫纳入扶贫脱贫整体规划
2001~2013年整村推进式扶贫	2001	《中国农村扶贫开发纲要（2001—2010年）》	国务院扶贫办以贫困村为重点扶贫对象，扶贫要"到村到户"，将扶贫的区域瞄准方式从县级瞄准延伸到村级瞄准，细化为14.8万个贫困村
			对国家重点扶持的贫困县进行第二次调整，贫困县改称国家扶贫开发工作重点县，将东部33个重点县指标全部调到中西部，东部不再确定国家级重点县。同时，西藏自治区作为特殊扶持区域，整体享受重点县待遇，不占重点县指标。全国共有592个重点县，作为扶贫开发的重点区域

扶贫阶段	时间	事件	主要内容
	2011	《中国农村扶贫开发纲要（2011—2020年）》	确定将稳定实现扶贫对象不愁吃、不愁穿，保障其义务教育、基本医疗和住房作为2011~2020年的农村扶贫标准
			对国家重点扶持的县进行第三次调整。与以往重点县的调整方法不同，本次调整的最大特点是权力下放到省，即允许各省份根据实际情况，按"高出低进，出一进一，严格程序，总量不变"的原则进行调整，但不得将连片特困地区内重点县指标调到片区外使用
2013~2020年精准式扶贫	2013	习近平总书记到湖南省湘西土家族苗族自治州花垣县双龙镇十八洞村考察座谈	首次提出"精准扶贫"的概念，强调"实事求是、因地制宜、分类指导、精准扶贫"的十六字要求
	2014	《关于创新机制扎实推进农村扶贫开发工作的意见》	提出了建立精准扶贫工作机制，加快扶贫对象精准识别的进程
	2014	《扶贫开发建档立卡工作方案》《扶贫开发建档立卡指标体系》	首次提出了全国扶贫对象建档立卡的标准、做法、登记内容等
	2014	《关于改进贫困县党政领导班子和领导干部经济社会发展实绩考核工作的意见》	改进贫困县考核机制和领导干部政绩考核工作
	2015	习近平总书记出席在贵州召开的部分省区市党委主要负责同志座谈会	提出扶贫开发工作"六个精准"的要求：各地都要在扶持对象精准、项目安排精准、资金使用精准、措施到户精准、因村派人（第一书记）精准、脱贫成效精准上想办法、出实招、见真效
	2015	2015年减贫与发展高层论坛	首次提出"五个一批"的脱贫措施：通过扶持生产和就业发展一批、易地搬迁安置一批、生态保护脱贫一批、教育扶贫脱贫一批、低保政策兜底一批
	2015	《中共中央 国务院关于打赢脱贫攻坚战的决定》	到2020年，稳定实现农村贫困人口不愁吃、不愁穿，义务教育、基本医疗和住房安全有保障。实现贫困地区农民人均可支配收入增长幅度大于全国平均水平，基本公共服务主要领域指标接近全国平均水平。确保我国现行标准下农村贫困人口实现脱贫，贫困县全部摘帽
	2016	《省级党委和政府扶贫开发工作成效考核办法》	考核中西部22个省级党委和政府扶贫开发工作成效

续表

扶贫阶段	时间	事件	主要内容
	2016	《"十三五"脱贫攻坚规划》	两项内容：一是收入水平达到现行农村贫困标准，即 2020 年不变价格 2300 元；二是要稳定实现"两不愁三保障"
	2018	《中共中央　国务院关于打赢脱贫攻坚战三年行动的指导意见》	作为未来 3 年脱贫攻坚工作的纲领性文件，指导意见提出要做到"七个坚持"，强调要进一步完善顶层设计、强化政策措施、加强统筹协调，实施好打赢脱贫攻坚 3 年行动

2020 年 11 月 23 日，832 个国家级贫困县全部实现脱贫摘帽

表 2 列示了 2013~2020 年中央财政专项扶贫资金投入状况。数据显示，中央财政专项扶贫资金投入从 2013 年的 394 亿元增至 2020 年的 1461 亿元，年均增长率高达 20.59%。表 3 基于 2016~2018 年全国县域财政数据，比较了贫困县和非贫困县获得的财政转移支付规模。结果显示，2016~2018 年，贫困县平均获得的一般性转移支付从 35.52 亿元增至 44.52 亿元，高于非贫困县。2016~2018 年贫困县平均获得的专项转移支付，除 2016 年外，均高于非贫困县。陈锡文和韩俊（2021）认为，脱贫攻坚中最为重要的保障就是财政投入力度加大。首先，脱贫攻坚处于财政支出的优先保障地位，充分发挥政府投入的主体和主导作用；其次，支持贫困县统筹整合涉农资金，保障集中资源打赢脱贫攻坚战。

表 2　中央财政专项扶贫资金投入

单位：亿元

年份	中央财政专项扶贫资金
2013	394.00
2014	432.87
2015	467.45
2016	670.00
2017	860.95
2018	1060.95
2019	1260.95
2020	1461.00

数据来源：《中国农村贫困监测报告》（2011~2020 年）；财政部官网。

表3   2016~2018年贫困县与非贫困县财政转移支付的比较

单位：亿元，个

年份	贫困县			非贫困县		
	一般性转移支付	专项转移支付	样本量	一般性转移支付	专项转移支付	样本量
2016	35.52	2.64	444	18.22	2.92	815
2017	47.80	3.42	509	16.11	3.14	951
2018	44.52	3.98	520	31.14	2.43	949

注：贫困县与非贫困县的总量和之所以与全国县级城市总量不等，是由于部分县未公布财政决算数据，或者公布的信息中不包括一般性转移支付和专项转移支付两类指标。

数据来源：课题组整理县域财政数据而来。

国家对贫困地区产业发展和基础设施建设进行了大量投入。根据农业农村部数据，截至2019年底，参与种植业的贫困户有1157.8万户，参与养殖业的有935.2万户，参与加工业的有167.8万户，贫困县建成3.3万个休闲农业和乡村旅游点，带动37.9万户贫困户，产业扶贫帮扶政策覆盖98%以上的贫困户。2015~2019年，贫困地区农民人均经营性收入从3282元增至4163元，产业扶贫对贫困户收入增长的贡献率达57%。截至2020年8月，832个贫困县累计实施产业扶贫项目超过100万个，建成种植、养殖、加工业等各类产业基地超过30万个；累计培育引进各类企业6.76万家，直接带动贫困人口1200万人。贫困地区已发展农民合作社71.9万家，带动贫困户626万户、贫困人口2200万人。

在基础设施建设方面，"十三五"期间各类公路建设的中央资金主要向贫困地区倾斜，计划投入的贫困地区车购税投资超过8400亿元，占全部车购税的53%。其中，投向贫困地区国家高速公路、普通国道、农村公路的中央资金分别占全国的54%、55%和74%。截至2020年底，全国贫困地区新改建公路110万千米、新增铁路里程3.5万千米；水利建设方面，2012~2019年，安排贫困地区中央水利建设投资4726亿元。2016年以来，新增和改善农田有效灌溉面积8029万亩，新增供水能力181亿立方米；2018~2020年，中央预算内投资分别为120亿元、140亿元和146亿元，用于新一轮农村电网改造升级。2016年底国家启动实施贫困村通动力电工程，2017年底完成除西藏外其余23个省份贫困村通动力电的任务，涉及3.35万个贫困自然村、804.9万农村居民。

在大量财政投向贫困县产业发展和基础设施建设的情况下，贫困县常住人口数会如何变化呢？或者说，贫困县人口外流问题是否得到缓解呢？为此，表 4 考察了八七扶贫计划阶段的 592 个贫困县、2001 年调整的 592 个贫困县、2012 年新定的 832 个贫困县与非贫困县在 2000 年、2010 年和 2020 年的常住人口数变化情况。结果显示，无论是按照哪个阶段标准划分的贫困县，2000~2010 年常住人口数均有一定程度的下降，但降幅很小；2010~2020 年贫困县常住人口数明显下降。而 2000~2020 年非贫困县常住人口数一直保持着增长态势。

表 4 各阶段贫困县常住人口数

单位：万人

扶贫阶段	是否贫困县	2000年	2010年	2020年
八七扶贫计划阶段的 592 个贫困县	是	36.467	35.694	33.408
	否	44.987	48.801	50.643
2001 年调整的 592 个贫困县	是	32.617	32.019	30.380
	否	46.449	50.429	52.300
2012 年新定的 832 个贫困县	是	32.792	32.531	30.814
	否	47.613	51.890	54.114

数据来源：2000 年、2010 年和 2020 年的人口普查数据。

正如李志刚等（2020）和张伟丽等（2021）所发现的，2015 年以来中西部地区已经出现明显的人口回流现象，这是以国家中西部产业布局和城市群建立为前提的。然而，在城市群建设背景下，贫困县是否也受到"虹吸效应"影响，尤其是地理位置接近城市群核心区域的县城的人口外流情况可能会更为严重。为此，表 5 对处于城市群和非城市群的贫困县常住人口数作了描述性统计。结果显示，处在城市群的贫困县的常住人口流出规模较大。尤其是 2010~2020 年，常住人口流出规模较 2000~2010 年大得多，原因在于，2010 年以来，京津冀、哈长、长三角、海峡西岸、山东半岛、中原、长江中游、粤港澳、成渝和关中十大新城市群相继建立[1]，形成了东中西区域集聚的城市群发展态势。而非城市群的贫困县的常住人口外流规模则要小得多。

表5 处于不同地域的贫困县常住人口数

单位：万人

扶贫阶段	是否处于城市群	2000年	2010年	2020年
八七扶贫计划阶段的592个贫困县	是	50.394	48.408	45.272
	否	29.243	29.076	27.290
2001年调整的592个贫困县	是	51.885	49.471	45.961
	否	24.847	25.023	24.184
2012年新定的832个贫困县	是	51.703	50.290	46.832
	否	25.671	25.848	24.847

数据来源：2000年、2010年和2020年的人口普查数据。

除了常住人口绝对数量的变化外，常住人口占户籍人口的比例也能反映地区人口流动状况。表6汇报了贫困县与非贫困县在不同阶段常住人口占户籍人口的比例，同时也对处于和不处于城市群的贫困县进行了比较，结果显示，2000~2020年，无论使用哪种贫困县分类标准，贫困县常住人口占户籍人口的比例都比非贫困县要低。县域常住人口占比呈现下降态势，而贫困县常住人口占比下降幅度更大，尤其是2010~2020年，这一时期正是精准扶贫开展的阶段。对于处于城市群的贫困县来说，其常住人口占户籍人口比例在2000年要显著高于不处于城市群的贫困县，但到2020年，其常住人口占比低于80%。换言之，贫困县，尤其是处于城市群的贫困县，伴随着精准扶贫的实施，其常住人口流出速度更快。当然，这也可能是由贫困县经济发展水平过低造成的，在实证估计中将对此进行更为严格的论证。

---

[1] 需要指出的是，城市群中的核心城市一般为省会城市（如广州、成都）或副省会城市（如厦门、深圳），故城市群内贫困县的人口流出加快在很大程度上是由省会或副省城市的"虹吸效应"造成的。

表6 各阶段贫困县常住人口占户籍人口比例

单位：%

扶贫阶段	分类标准	2000年	2010年	2020年
八七扶贫计划阶段的592个贫困县	贫困县	99.568	92.219	79.890
	非贫困县	101.881	97.457	91.682
	贫困县：处于城市群	104.799	97.738	77.639
	贫困县：不处于城市群	96.671	89.352	81.060
2001年调整的592个贫困县	贫困县	98.185	91.603	85.009
	非贫困县	102.606	98.092	90.432
	贫困县：处于城市群	99.263	91.683	77.059
	贫困县：不处于城市群	97.730	91.572	88.221
2012年新定的832个贫困县	贫困县	101.001	94.416	84.469
	非贫困县	101.532	97.293	91.464
	贫困县：处于城市群	109.206	101.109	76.787
	贫困县：不处于城市群	97.825	91.967	87.375

数据来源：2000年、2010年和2020年的人口普查数据。

（二）理论假说

参考李兰冰等（2020）的分析框架，本文将贫困县人口流动与否作为其流动成本收益函数，其中成本是由地理距离和机会距离决定的。对于前者，贫困县地处偏远地区，且面临交通设施相对不足、迁移成本较高等问题，在既定工资水平下其远距离迁移的效用大幅下降；对于后者，迁入地与迁出地的户籍制度、部门就业机会存在显著差异，可能对外来人口跨地区流动形成限制，并降低其流动净收益。很显然，精准扶贫与人口流动的关系是本地就业预期收益和流动收益的函数，只要外出就业的预期净收益大于本地就业的净收益，贫困县人口流出规模就会增加。

从2013年精准扶贫开始，国家为促进贫困县经济发展和贫困人口就业加大财政政策支持力度。2015年11月，中央把"发展生产脱贫一批"摆在了脱贫攻坚"五个一批"的首位。截至2020年8月底，832个贫困县累计实施产业扶贫项目100万个，建成种植、养殖、加工业等各类产业基地超过30

万个。张国建等（2019）、周迪等（2019）和张楠等（2020）的研究也表明，国家精准扶贫政策对地区经济增长有促进作用。统计证据显示，2000年、2010年和2020年贫困县的GDP和夜光亮度分别为88223万元和268、323655万元和451、976007万元和904，同期非贫困县分别为307841万元和3286、1168594万元和4735、3108599万元和5439。这表明精准扶贫提高了贫困县的经济发展水平，但其与非贫困县的差异依然巨大。换言之，在经济势差的影响下，精准扶贫可能难以改变贫困县人口持续甚至加速外流的局面。

精准扶贫还可能改变人口迁移的地理距离和机会距离，加速贫困县人口外流。一方面，帮扶贫困县交通基础设施建设，削弱了空间距离对人口流动的限制。交通运输部数据显示，截至2020年底，全国贫困地区新改建公路110万千米、新增铁路里程3.5万千米。李静等（2021）研究发现，高铁开通引致部分城镇人口外流，或许增加部分城镇的人口"空心化"程度。高铁建设会引发人力资本迁移，这也是区域创新空间结构演变的重要原因。另一方面，通过对贫困人口直接转移支付和提升地区经济发展水平，为贫困县人口迁移提供了资金支持。此外，机会距离或寻找工作的困难也会限制贫困地区人口流出。就业扶贫和对口支援，往往通过对接企业的方式，极大地降低了贫困县人口异地就业的过程成本，从而加快了贫困县人口流出。

在上述讨论中，假设地理距离和机会距离是既定的，那么，随着我国区域内城市群的建设，原本要迁移至东南沿海或东部大城市的人口，可以实现小范围的迁移。张伟丽等（2021）研究发现，我国流动人口出现回流现象，这与十大城市群建设密切相关。一方面，当前的人口流动更偏好于舒适度提高，而非单纯追求高收入；另一方面，区域内城市群的建设也会缩短人口流动的机会距离。就近就业的好处在于，不仅可以节省过程成本，还能够通过就业网络或熟人网络，更快地找到合适的工作，从而大幅降低找工作的机会成本。就近就业还可以降低失业带来的一系列社会经济风险，更有利于社会稳定。如此一来，精准扶贫政策可能会加速贫困县人口向其所处城市群的核心地带流动。

精准扶贫为贫困县的经济发展注入了一定的活力并推动了相关产业发展，但其本身较低的经济发展水平、较弱的产业发展基础和较低的工资水平仍不足以留住人口。实际上，只要经济势差存在，就必然存在人口流动。当且仅当两个地区的劳动回报率持平时，人口流动才可能暂时停止。很显然，随着贫困县经济发展，其与其他地区的经济势差降低，但总体仍然较大。众多学者认为，人口流动可以缩小地区间收入差距，有利于地区经济差异收敛（陈斌开和林毅夫，2013；刘晓光等，2015）。但问题的关键在于，贫困县人口本就比其他地区少得多，加之人口可能加速流出，造成相关产业发展和基础设施建设难以形成规模经济效应，这对脱贫地区调整投入结构和转变发展理念提出了新的要求。

三　数据、变量与模型选择

（一）数据来源

本文所使用的数据来自四个方面，分别为全国人口普查数据、扶贫政策数据、夜光数据和县域统计数据。

1.常住人口数据

在以往研究中，常住人口数据被用来反映人口流动状况。这是因为对于某些城市来说，户籍人口只能代表一部分长期居住的居民（李兵等，2019），然而，与李静等（2021）所使用的数据不同，前者采用了城镇常住人口的推测数据而非实际数据来反映县域常住人口数。经核实，这类数据是由各地区根据全国人口普查数据推测而来，可能存在较大误差。为此，本文使用了2000年、2010年和2020年三次全国人口普查县域统计资料中的常住人口数据。使用2000年及之后数据的原因是，2000年前，各城市常住人口是受到计划指标限制的。21世纪初，《国务院批转公安部关于推进小城镇户籍管理制度改革意见的通知》的颁布标志着对办理小城镇常住户口的人员不再实行计划指标管理，这也避免了人口政策调整对研究结果可能造成的干扰。

2.扶贫数据

本文的扶贫数据为扶贫政策数据，即国家针对认定的贫困县实施的政策。2011 年，中共中央、国务院颁布《中国农村扶贫开发纲要（2011—2020 年）》，对国家重点扶持的县进行第三次调整。纲要规定，"原定重点县支持政策不变。各省（区、市）要制定办法，采取措施，根据实际情况进行调整，实现重点县数量逐步减少。重点县减少的省份，国家的支持力度不减"。与以往重点县的调整方法不同，本次调整的最大特点是将权力下放到省级，即允许各省份根据实际情况，按"高出低进，出一进一，严格程序，总量不变"的原则进行调整，但不得将连片特困地区内重点县指标调到片区外使用。此次，原重点县共调出 38 个，原非重点县调进 38 个，全国重点县总数仍为 592 个。14 个连片特困地区内的重点县数量，由调整前的 431 个增至 440 个，共增加 9 个；连片特困地区以外的重点县数量，由调整前的 161 个减至 152 个，共减少 9 个。重点县中存在的所谓百强县，已被全部调出。最后合计国家级贫困县 832 个，并于 2012 年公布。在实证估计中，本文也引入了八七扶贫攻坚计划阶段和 2001~2010 年阶段的扶贫政策变量，并以《国家八七扶贫攻坚计划》和《中国农村扶贫开发纲要（2001—2010 年）》作为认定国家级贫困县的依据。

3.经济发展水平数据

与用 GDP 数据来反映经济发展水平不同的是，在众多发展中国家，只有很少一部分正式部门的经济活动被纳入 GDP 统计中（Henderson 等，2012）。为此，本文用夜光亮度来反映经济发展水平（Chen 和 Nordhaus，2011；Hodler 和 Raschky，2014）。具体数据来自美国国家海洋和大气管理局（NOAA）公布的全球灯光数据（简称"DMSP/OLS 数据"）。关于该数据的详细介绍和处理过程参见范子英等（2016）。

4.县域特征数据及其他数据

为控制一些影响扶贫政策和常住人口流动的因素，本文还引入了部分县域特征。这部分数据主要来自《中国县域统计年鉴》。需要指出的是，第五次全国人口普查于 2000 年 11 月开始，第六次全国人口普查于 2010 年 11

月开始，第七次全国人口普查于 2020 年 11 月开始。考虑到三次全国人口普查均为当年完成，被调查的常住人口至少要在当年 5 月居住于调查地，那么决定其流动与否的经济社会指标采用前一年的数据更为科学。因此，本文使用《中国县域统计年鉴》2000 年、2010 年和 2020 年的数据，统计年鉴的数据一般滞后一年。本文也研究了交通条件对人口流动的影响，采用的数据是地市层面的公路里程数，来自各地区统计年鉴。

（二）变量选择与说明

本文的因变量为县域常住人口，由其自然对数和绝对数共同刻画。与刘学军和赵耀辉（2009）类似，本文也用常住人口数来反映人口流动状况，其自然对数刻画了人口流动速率，绝对数则反映了人口规模的相对变化。

本文的主要自变量为扶贫政策，将精准扶贫阶段国家级贫困县实施的政策作为代理变量。具体而言，2020 年确定的 832 个国家级贫困县代表政策实施对象，2010~2020 年的虚拟变量代表政策实施阶段。在实证估计中，为进一步比较不同阶段的扶贫对人口流动的影响，本文还引入了八七扶贫计划和 2001~2010 年阶段实施的扶贫政策作为变量，将两个阶段的 592 个贫困县作为政策实施对象，年度虚拟变量作为政策实施阶段。

在机制探索部分，本文探讨了扶贫影响人口流动的机制，其中将县域经济发展水平、交通条件作为控制变量。具体而言，县域经济发展水平用夜光亮度指标衡量；交通条件用地级市层面的公路里程指标衡量，地级市内部的交通往往相对聚类，在一定程度上可以反映县域的交通便利程度。各县至最近地级市的距离并不远，地级市交通便利有助于人口流动。

其他控制变量方面，本文引入了县域行政面积、所辖乡镇数、户籍人口数（李明和郑礼明，2021；周申和尹靖华，2021）、第一产业增加值、第二产业增加值（陆铭等，2012；夏怡然和陆铭，2015）、公共财政支出（Dahlberg 等，2012）、公共财政收入、居民储蓄及机构贷款余额等变量。为了避免随时间或地区变化而变化的未观测变量对本文估计的影响，实证估计中也控制了县域固定效应和时间固定效应。具体变量定义与描述见表7。

表7 变量选择与说明

变量	定义与说明	均值	标准差
ln（县域常住人口）	县域常住人口的自然对数	12.701	0.915
县域常住人口	县域常住人口（万人）	45.951	39.873
精准扶贫	2012年确定的832个国家级贫困县（1=是，0=否）	0.275	0.447
2001~2010年扶贫	2001年调整的592个国家级贫困县（1=是，0=否）	0.210	0.407
八七扶贫计划	1994年八七扶贫计划确定的592个国家级贫困县（1=是，0=否）	0.171	0.376
夜光亮度	县域每年的夜光亮度总量	3407.408	6239.478
公路里程数	上年末县所在地级市的公路里程（千公里）	12.713	15.732
县域行政面积	上年末县的行政面积（千平方公里）	4.234	10.156
所辖乡镇数	上年末县下辖的乡镇街道数	206.873	229.073
户籍人口数	上年末全县户籍人口数（万人）	47.581	35.429
第一产业增加值	上年末全县第一产业增加值（万元）	170855.600	182773.800
第二产业增加值	上年末全县第二产业增加值（万元）	523631.600	115328200
公共财政支出	上年末全县公共财政支出（万元）	192184.800	268692.200
公共财政收入	上年末全县公共财政收入（万元）	72292.110	201097.300
居民储蓄	上年末全县居民储蓄余额（万元）	825360.000	1522776.000
机构贷款余额	上年末全县机构贷款余额（万元）	843149.900	2452539.000
时间虚拟变量	2000年的、2010年的和2020年的虚拟变量	—	—
县域固定效应	县级层面的固定效应	—	—

（三）模型选择

本文旨在考察精准扶贫对人口流动的影响及其内在机制。为此，建立如下模型：

$$Y_{it} = \beta_0 + \beta_1 P_{1it} \times T_{2020} + \beta X + \delta_t + \eta_i + \varepsilon \tag{1}$$

$$Y_{it} = \alpha_0 + \alpha_1 P_{1it} \times T_{2020} + \alpha_2 P_{2it} \times T_{2010} + \alpha_3 P_{3it} \times T_{2000} + \alpha X + \delta_t + \eta_i + \varepsilon \tag{2}$$

式（1）和式（2）中，Y_{it} 表示人口流动，由 ln（县域常住人口）和县域常住人口两个变量共同刻画。P_{1it}、P_{2it}、P_{3it} 分别表示精准扶贫、2001~2010年扶贫和八七扶贫计划阶段的贫困县虚拟变量，T_{2020}、T_{2010}、T_{2000} 分别为

2020 年、2010 年和 2000 年的时间虚拟变量。β_1 和 α_1 表示贫困县精准扶贫政策实施对人口流动的影响，α_2 和 α_3 则分别表示 2001~2010 年扶贫和八七扶贫计划政策实施对人口流动的影响。β_0 和 α_0 为常数项，β 和 α 为控制变量的估计系数。上述模型还控制了县域固定效应 δ_t 和时间固定效应 η_i。为缓解面板数据估计中因样本县聚类而造成的标准误估计不准确，将所有参数的标准误（ε）聚类到地级市层面。

为探讨精准扶贫如何对人口流动产生影响，从经济发展水平和交通条件两方面检验精准扶贫影响人口流动的原因。为此，建立如下模型：

$$Y_{it} = \gamma_0 + \gamma_1 S_{it} + \gamma_2 P_{1it} \times T_{2020} + \gamma_3 P_{1it} \times S_{it} + \gamma_4 S_{it} \times T_{2020} \\ + \gamma_5 P_{1it} \times T_{2020} \times S_{it} + \gamma X + \delta_t + \eta_i + \varepsilon \tag{3}$$

式（3）中，S_{it} 表示经济发展水平和交通条件。从本质上来说，式（3）引入了 P_{1it}、T_{2020} 和 S_{it} 的交互项，以考察贫困县相关指标变化对人口流动的影响。实际上，从经验事实可以得出，扶贫政策可改善贫困县的经济发展水平和交通条件。张川川和朱涵宇（2021）探讨了利用分组变量交互项检验机制的方法，置于本文情景中，可以理解为在精准扶贫实施之后，贫困县的经济发展水平和交通条件发生变化，如果促使扶贫效果提高了，那么就认为精准扶贫需要通过该因素来发挥作用。γ_0 为常数项；$\gamma_1 \sim \gamma_5$ 以及 γ 为待估计系数。其余变量及参数定义与式（1）中的一致。另外，实证中也根据式（2）引入了 P_{1it}、P_{2it}、P_{3it} 与时间虚拟变量及 S_{it} 的交互项，引入方式与式（3）一致。

考虑到扶贫政策具有外生冲击特征，本文将使用倍差法估计扶贫对人口流动的影响。利用倍差法的前提是，满足平行趋势假设。为此，表 8 汇报了贫困县实施精准扶贫政策的平行趋势检验结果。以政策实施前一期（2001~2010 年）为对照组，政策实施前二期对因变量的影响并不显著。同时，贫困县精准扶贫政策实施对 ln（县域常住人口）和县域常住人口均存在显著影响，即精准扶贫政策的实施满足平行趋势假设。在稳健性检验方面，采用 PSM-DID 方法估计扶贫对人口流动的影响。另外，由于无 2001~2010 年扶贫和八七扶贫计划政策实施的前两期数据，无法进行平行趋势检验。但以 2010~2020 年作为对照组，2001~2010年扶贫和八七扶贫计划的政策实施均未呈现显著影响，这与后文估计结果一致，即2001~2010年扶贫和八七扶贫计划政策对县域常住人口流动无显著影响。在稳健性检验方面采用PSM-DID方法估计2001~2010年扶贫和八七扶贫计划政策对人口流动的影响。

表8　平行趋势检验

变量	ln（县域常住人口）	县域常住人口
政策实施当期	−0.039*** (0.012)	−1.182** (0.606)
政策实施前一期（对照组）		
政策实施前二期	−0.009（0.010）	−0.424（0.433）
控制变量	是	是
县域固定效应	是	是
年份固定效应	是	是

注：*、**、***分别表示在10%、5%、1%的水平上显著，括号内为地级市层面的聚类标准误。

四　实证结果分析

（一）精准扶贫对县域人口流动的影响

表9汇报了精准扶贫对人口流动的影响。结果显示，随着精准扶贫的实施，无论是县域常住人口的自然增长率或规模都出现显著下降。这说明精准扶贫在降低绝对贫困率方面发挥了重要作用，但贫困县人口仍持续外流。这并非否定精准扶贫的作用，而是说明精准扶贫对一系列配套设施的优化，为贫困县人口流动提供了便利，这也是社会经济发展的必然规律。正如理论部分所介绍的，2013年开始的精准扶贫是中国历史上最大规模的扶贫工作，不仅是政府财政投入规模最大，也是动员性最强的一项民生工程。一方面，基础设施建设是扶贫的重要形式，建设外通内联、通村畅乡、安全便捷的"脱贫"之路，落实《集中连片特困地区交通建设扶贫规划纲要（2011—2020）》《"十三五"交通扶贫规划》等文件精神，都极大地消除了人口流动的障碍；

另一方面，产业扶贫和直接转移支付有效提升了贫困人口的收入水平。显然，这些条件的改善也会加快贫困县人口流出。

表9　精准扶贫对县域常住人口流动的影响

变量	ln（县域常住人口）		县域常住人口	
精准扶贫×2020年虚拟变量	−0.035*** (0.012)	−0.034** (0.015)	−1.019* (0.574)	−1.126** (0.564)
2001~2010年扶贫×2010年虚拟变量		−0.001 (0.012)		−0.133 (0.523)
八七扶贫计划×2000年虚拟变量		0.011 (0.013)		−0.261 (0.473)
控制变量	是	是	是	是
县域固定效应	是	是	是	是
年份固定效应	是	是	是	是
常数项	11.406*** (0.268)	11.376*** (0.273)	22.569*** (10.266)	23.002** (10.451)
观测值	5527	5527	5527	5527
组内 R^2	0.229	0.230	0.119	0.119

注：*、**、***分别表示在10%、5%和1%水平上显著，括号内为地级市层面的聚类标准误。

更为重要的是，随着城市群的建设，产业扶贫和对口帮扶将更可能推动贫困县劳动力异地就业。此外，城市群建设还会大幅缩小人口流动的地理距离和机会距离，进一步加快贫困县人口流出。在引入2001~2010年扶贫和八七扶贫计划等政策变量后发现，精准扶贫政策仍然对县域常住人口的自然增长率和规模存在显著负向影响，但2001~2010年扶贫和八七扶贫计划等政策变量对县域常住人口的自然增长率和规模均无显著影响。2001~2010年扶贫和八七扶贫计划时期，贫困人口有一定程度减少，但相对而言总体扶贫力度较小、贫困县的经济发展水平较低，加之当时经济发达区域主要集中在东部，较大的地理距离和机会距离也阻碍了贫困县人口的流动。此外，在精准扶贫初始阶段，贫困地区的交通状况欠佳、基础设施仍然不足，改善基础设施、补齐先天短板成为该阶段扶贫的核心内容（陈锡文和韩俊，2021）。这也表明精准扶贫实施前贫困县人口流动的地理距离和过程成本并未有效降低。

（二）机制探索1：经济发展是精准扶贫引发人口外流的机制吗？

理论部分提到，扶贫之所以可能引发人口外流，主要原因在于贫困县人口获得了更多的补贴或者从县域经济发展中获益。本文借助夜光亮度来大致识别这种效应。国内外学者已经证明了夜光亮度与贫困的高度相关性。例如，Elvidge等（2009）基于夜光亮度绘制了世界贫困地图。Wang等（2012）在利用17个社会经济指标构建多维贫困指数后发现，该指数与夜光亮度的拟合程度非常高（R^2达到0.854）。叶宸辰等（2018）进一步利用夜光亮度来评估了中国贫困县划分的合理性，认为夜光亮度是一种有效评估贫困的可用工具。由此，夜光亮度可以有效反映贫困人口的收入改善情况。表10汇报了式（3）的模型估计结果，即引入扶贫政策实施变量与经济增长变量的交互项。估计结果显示，扶贫政策实施变量与经济增长变量的交互项［即精准扶贫×2020年虚拟变量×ln（夜光亮度）］均在1%显著水平上负向影响县域常住人口数的自然增长率和规模。由此表明，贫困县经济增长是精准扶贫政策引发人口外流的重要机制。

正如前文所言，人口的流入或流出不是由当地经济发展水平决定的，而是依赖于两个地区的经济势差。理论部分的描述证据则表明，精准扶贫实施以来，贫困县经济发展水平确实有一定程度的提升，但与非贫困县的差距依然较大。显然，贫困县经济增长为流动人口提供了原始积累，降低了过程成本对其流动的限制。相反，2001~2010年扶贫和八七扶贫计划的政策变量与经济增长变量的交互项或无显著影响，或未呈现一致性影响。一方面，贫困县经济发展水平提升幅度相对有限，较难对人口流动的原始积累起到作用。另一方面，经济发达区域主要集中于东部沿海，较远的地理距离和机会距离会限制人口流动，该推论将在后文予以论证。

表10　机制探索1：经济发展是精准扶贫引发人口外流的机制吗？

变量	ln(县域常住人口)		县域常住人口	
精准扶贫×2020年虚拟变量×ln(夜光亮度)	-0.074*** (0.009)	-0.078*** (0.011)	-3.269*** (0.491)	-3.542*** (3.215)
2001~2010年扶贫×2010年虚拟变量×ln(夜光亮度)		-0.008 (0.008)		-0.673*** (0.218)
八七扶贫计划×2000年虚拟变量×ln(夜光亮度)		-0.002 (0.009)		0.130 (0.227)
控制变量	是	是	是	是
县域固定效应	是	是	是	是
年份固定效应	是	是	是	是
常数项	11.426*** (0.265)	11.311*** (0.270)	11.426*** (0.265)	10.816 (11.156)
观测值	4958	4958	4958	4958
组内 R^2	0.338	0.343	0.338	0.220

注：*、**、***分别表示在10%、5%和1%水平上显著；括号内为地级市层面的聚类标准误；限于篇幅，除三次交互项外的其他交互项值均未列出。

（三）机制探索2：交通条件是精准扶贫引发人口外流的内在机制吗？

众多研究显示，交通条件改善会加速人力资本或人口的流动，甚至可能加剧城镇人口"空心化"问题（王春杨等，2020；李静等，2021）。显然，精准扶贫最为重要的内容之一就是改善贫困地区基础设施，修缮道路。道路通、百业兴，是打开贫困地区山门的"金钥匙"。在这样的发展理念下，贫困县新建公路到2020年底达110万公里。然而，这是否会加速贫困县人口流出尚未得到验证。为此，表11引入了扶贫政策实施变量与公路里程数的交互项，以考察精准扶贫政策是否会通过改善贫困县交通条件来引发人口外流。

估计结果显示，精准扶贫阶段，贫困县的公路里程数增加对人口流出具有显著激励作用。这不仅验证了交通条件改善可能加速人口流动的推论，也表明精准扶贫政策通过改善贫困县交通条件来促使人口流动。显然，从人口流动的推拉理论来说，交通条件改善降低了贫困县人口流动的地理距离和过程成本，加之贫困县与其他地区之间的经济势差进而诱发人口外流。

此外，2001~2010年扶贫和八七扶贫计划的政策变量与公路里程数的交互项对贫困县人口流动并不存在十分显著的影响。一方面，尚未实现道路村村通；另一方面，道路建设与城市群建设协同才能发挥更大的作用。2010年之前的人口流动方向主要是集中在东部地区，中西部地区贫困县的人口流动面临较大的地理距离和机会距离。随着城市群的出现，交通条件改善对贫困县人口外流的推动作用将显著提高。

表11　机制探索2：交通条件是精准扶贫引发人口外流的内在机制吗？

变量	ln(县域常住人口)		县域常住人口	
精准扶贫×2020年虚拟变量×公路里程数	-0.001** (0.000)	-0.003* (0.002)	-0.051*** (0.016)	-0.160** (0.072)
2001~2010年扶贫×2010年虚拟变量×公路里程数		-0.002 (0.001)		-0.126* (0.070)
八七扶贫计划×2000年虚拟变量×公路里程数		0.004 (0.004)		0.124 (0.195)
控制变量	是	是	是	是
县域固定效应	是	是	是	是
年份固定效应	是	是	是	是
常数项	11.923*** (0.242)	11.942*** (0.235)	24.761** (10.982)	26.581** (10.726)
观测值	4656	4656	4656	4656
组内R²	0.295	0.306	0.173	0.183

注：*、**、***分别表示在10%、5%和1%水平上显著；括号内为地级市层面的聚类标准误；限于篇幅，除三次交互项外的其他交互项值均未列出。

（四）进一步分析1：城市群加剧了精准扶贫对人口流动的推动作用吗？

实际上，贫困县人口外流的另一个重要原因是2010年以来区域城市群的建立。从2010年开始，我国陆续建设了十大城市群，涵盖174个城市（地级市或直辖市）。由此，我国的人口流动格局开始发生转变。中西部地区回流人口增加，省内就业劳动力规模快速提升（张伟丽等，2021）。从逻辑上来说，区域城市群建设为贫困县人口流动提供了便利，一方面有助于贫困县人口获得更高的报酬，另一方面区域内城市群离流动人口家乡的距离相对更近，寻找工作的机会成本也会因熟人网络的存在而变得更低。周慧珺等（2022）指出，城市群建立加快了人口和产业集聚，"一城独大"问题逐渐出现。这不仅体现为城市群与其他地区间的发展差距日益拉大，也体现为城市群内部中心城市的资本、在人口流动网络中出现的显著负向溢出效应（种照辉等，2018），加之各地纷纷上演"抢人大战"，欠发达地区人口被周边核心大城市吸引的可能性进一步提高（陈燕儿和白俊红，2019）。为此，表12考察了城市群对精准扶贫与人口流动关系的影响。

表12 进一步分析1：城市群加剧了精准扶贫对人口流动的推动作用吗？

变量	ln（县域常住人口）		县域常住人口	
精准扶贫×2020年虚拟变量×城市群	−0.053** (0.025)	−0.063** (0.031)	−1.956* (1.052)	−2.327** (1.168)
2001~2010年扶贫×2010年虚拟变量×城市群		−0.005 (0.024)		−0.761 (1.085)
八七扶贫计划×2000年虚拟变量×城市群		−0.035 (0.024)		−0.186 (0.549)
控制变量	是	是	是	是
县域固定效应	是	是	是	是
年份固定效应	是	是	是	是
常数项	11.466*** (0.268)	11.449*** (0.273)	24.593** (10.337)	25.246** (10.651)
观测值	5527	5527	5527	5527
组内 R^2	0.235	0.238	0.121	0.122

注：*、**、***分别表示在10%、5%和1%水平上显著；括号内为地级市层面的聚类标准误；限于篇幅，除三次交互项外的其他交互项值均未列出。

估计结果显示，精准扶贫政策变量与城市群变量的交互项显著负向影响县域常住人口数的自然增长率和规模。这表明，对于处于城市群的贫困县而言，精准扶贫将加速人口流出。必须强调的是，本文并非要否认贫困县人口流动对于改善贫困人口生活状况和促进区域平衡发展存在的积极作用，而是旨在揭示扶贫引发贫困县人口流出的内在逻辑。显然，城市群的"虹吸效应"与扶贫赋予流动人口的便捷交通条件及原始积累，造成贫困县人口加速外流。此外，2001~2010年扶贫和八七扶贫计划的政策变量与城市群变量的交互项对贫困县人口流动并不存在显著影响。这是由于2010年之前的城市群是以东部地区的长三角、珠三角和京津冀为主的，尚未形成横跨东中西的区域性城市群格局。通过比较不同扶贫阶段城市群对人口流动的影响，也可以间接解释2015年以来我国劳动力出现的回流现象（古恒宇等，2019；李志刚等，2020）。

（五）进一步分析2：贫困县财政投入能缓解人口外流吗？

无论是发展贫困县经济，还是改善其交通条件或加大对贫困人口的直接转移支付和就业帮扶力度，都需要依托于大量的财政投入。贫困县接受的财政转移支付不仅规模大而且增速较快。李明和郑礼明（2021）指出，公共服务支出是吸引流动人口的重要因素之一。但是，贫困县的公共服务支出增加可能因增加了交通的便利性和减少了过程成本而引发人口外流。为验证该推断，表13引入了扶贫政策实施变量与公共财政支出变量的交互项，以考察贫困县财政支出对人口流动的影响。

估计结果显示，在精准扶贫阶段，贫困县公共财政支出越大，人口外流速度越快。在该阶段，公共财政支出主要用于救济贫困人口、发展地方产业和加强基础设施建设。在这种情况下，一方面会导致贫困县经济发展引发人口加速外流的情况出现，另一方面则可能诱发因交通条件改善而加剧贫困县人口流出的情况发生。最为重要的是，随着财政投入的增加和常住人口的外流，贫困县有可能出现新建产业难以健康发展、公共服务供给的规模不经济等问题。进一步证据显示，2001~2010年扶贫和八七扶贫计划的政策变量与公共财政支出变量的交互项对贫困县人口流动并没有显著影响，一方面是扶贫投入规模较小，另一方面则是工作重点是扶贫救济，而非发展地方经济和改善基础设施。

表13　进一步分析2：贫困县财政投入能缓解人口外流吗?

变量	ln（县域常住人口）		县域常住人口	
精准扶贫×2020年虚拟变量×ln（公共财政支出）	−0.103*** (0.021)	−0.087*** (0.025)	−6.410*** (1.257)	−6.699*** (1.420)
2001~2010年扶贫×2010年虚拟变量×ln（公共财政支出）		0.012 (0.019)		−1.029 (0.984)
八七扶贫计划×2000年虚拟变量×ln（公共财政支出）		0.033 (0.028)		1.781* (0.902)
控制变量	是	是	是	是
县域固定效应	是	是	是	是
年份固定效应	是	是	是	是
常数项	11.695*** (0.236)	11.720*** (0.248)	29.818*** (8.793)	33.826*** (9.444)
观测值	5527	5527	5527	5527
组内 R²	0.251	0.256	0.153	0.156

注：*、**、***分别表示在10%、5%和1%水平上显著；括号内为地级市层面的聚类标准误；限于篇幅，除三次交互项外的其他交互项值均未列出。

五　稳健性检验

（一）稳健性检验1：利用PSM-DID方法的再估计

尽管表8的检验结果显示，精准扶贫政策实施满足平行趋势假设，但平行趋势往往很难满足。参考李江一等（2021），本文在控制个体固定效应、时间固定效应的同时，用PSM-DID方法来解决分组不随机的问题。PSM-DID方法常被用于解决样本自选择问题，也有助于消除不随时间推移而变化的非观测异质性和时间趋势的影响。利用表9中的控制变量对贫困县和非贫困县进行匹配，表14汇报了PSM-DID模型的估计结果。需要强调的是，由于不同阶段的贫困县样本不同，无法在同一个模型中同时匹配，故估计了三个阶段的政策实施效果。估计结果显示，精准扶贫政策实施显著减少了贫困县的常住人口；2001~2010年扶贫和八七扶贫计划的政策变量并未对县域常住人口的自然增长率和规模起到明显的作用。由此表明，表9的估计结果是稳健的。

表14　稳健性检验1：利用 PSM-DID 模型的再估计

变量	ln（县域常住人口）			县域常住人口		
精准扶贫×2020年虚拟变量	−0.029** （0.012）			−2.143*** （0.604）		
2001~2010年扶贫×2010年虚拟变量		0.009 （0.009）			0.401 （0.482）	
八七扶贫计划×2000年虚拟变量			0.018* （0.010）			0.048 （0.409）
控制变量	是	是	是	是	是	是
县域固定效应	是	是	是	是	是	是
年份固定效应	是	是	是	是	是	是
常数项	11.461*** （0.266）	11.625*** （0.256）	11.572*** （0.264）	−69.693*** （10.773）	29.679 （9.799）	29.094 （10.121）
观测值	5371	5512	5487	5371	5512	5487
组内 R^2	0.235	0.227	0.227	0.095	0.119	0.119

注：*、**、***分别表示在10%、5%和1%水平上显著，括号内为地级市层面的聚类标准误。

（二）稳健性检验2：利用户籍人口数和在校小学生数衡量人口流动

随着常住人口的流出，一方面，迁出户口的人数会随之增加。在当前的户籍制度下，众多城市都明确了入户条件，无论是通过购置住房还是缴纳社保累计积分，流动人口在一定条件下都可以获得迁入地的户籍资格。另一方面，人口外流也会导致迁出地新增人口减少，这可以反映为在校小学生数量减少。为此，表15以县域户籍人口数和县域在校小学生数替代表9中的县域常住人口来重新估计扶贫政策的影响。估计结果显示，在未引入2001~2010年扶贫和八七扶贫计划的政策变量时，精准扶贫会造成贫困县户籍人口数和在校小学生数加速减少，从而验证了表9估计结果的稳健性。在引入2001~2010年扶贫和八七扶贫计划的政策变量后，精准扶贫政策的影响依然稳健，但2001~2010年扶贫和八七扶贫计划的政策变量均未能在5%显著水平上影响贫困县户籍人口数和在校小学生数，这仍然与表9的估计结果一致，进一步验证了本文估计结果的稳健性。

表15　稳健性检验2：利用户籍人口数和在校小学生数衡量人口流动

变量	ln(县域户籍人口数)		ln(县域在校小学生数)	
精准扶贫×2020年虚拟变量	−0.050***	−0.042**	−0.122***	−0.081***
	(0.015)	(0.018)	(0.023)	(0.030)
2001~2010年扶贫×2010年虚拟变量		0.006		0.077*
		(0.013)		(0.033)
八七扶贫计划×2000年虚拟变量		0.029*		−0.012
		(0.015)		(0.035)
控制变量	是	是	是	是
县域固定效应	是	是	是	是
年份固定效应	是	是	是	是
常数项	−0.313	−0.375	4.084***	4.195***
	(0.550)	(0.559)	(0.512)	(0.495)
观测值	5527	5527	4758	4758
组内 R^2	0.316	0.318	0.614	0.617

注：*、**、***分别表示在10%、5%和1%水平上显著，括号内为地级市层面的聚类标准误。

（三）稳健性检验3：利用净流出人口的再估计

地区常住人口自然增长率下降，并不意味着当地人口必然出现净流出。为进一步说明扶贫对人口流出的影响，本文将县域净流出人口数作为因变量。具体而言，首先用户籍人口数减去常住人口数；然后将差值的绝对数取自然对数；最后将那些出现人口净流入的地区的自然对数取负值，得到新的因变量——ln(县域净流出人口)。换言之，ln(县域净流出人口数)大于0意味着人口净流出，小于0则表示人口净流入。表16汇报了精准扶贫对县域净流出人口数的影响，估计方法和控制变量均与表9一致。估计结果显示，精准扶贫会加快贫困县人口流出，但2001~2010年扶贫和八七扶贫计划的政策变量对因变量无显著影响，仍然与表9中的结论一致。由此表明，即使替换多个因变量，本文的估计结果依然稳健。

表16　稳健性检验3：利用净流出人口的再估计

变量	ln（县域净流出人口数）	
精准扶贫×2020年虚拟变量	0.209***（0.070）	0.173**（0.084）
2001~2010年扶贫×2010年虚拟变量		−0.035（0.071）
八七扶贫计划×2000年虚拟变量		−0.114（0.074）
控制变量	是	是
县域固定效应	是	是
年份固定效应	是	是
常数项	−4.947***（1.244）	−4.721***（1.277）
观测值	5527	5527
组内R²	0.471	0.472

注：*、**、***分别表示在10%、5%和1%水平上显著，括号内为地级市层面的聚类标准误。

（四）稳健性检验4：排除其他政策干扰的再估计

采用DID模型面临的关键挑战在于，即使满足平行趋势，也无法排除其他同期政策的干扰。由于精准扶贫政策实施周期较长，其间大量的宏观经济政策都可能对地区人口流动产生影响。例如，城市群建设、房地产市场调控，以及财税金融等领域的一系列改革举措，都会通过影响地区经济进而引发人口流动。但从我国现行的重大区域发展政策来看，大多是以区域、省和地级市为实施单位的，以区县为单位的重大战略不多，即使存在（如以县域为载体的新型城镇化建设），也以省市为主要负责单位，推进政策落实。因此，如果能够将2010~2020年政策实施区域控制住，就能较大程度地缓解其他政策因素的干扰。但该阶段的政策过多，难以逐一考察。为此，表17引入了地级市虚拟变量与时间虚拟变量的交互项，重新估计了精准扶贫对人口流动的影响。

估计结果显示，随着精准扶贫的实施，县域常住人口的自然增长率显著下降，且估计系数与表9十分接近，对县域常住人口数绝对值的影响不显著，但估计系数仍然为负。因此，从整体来看，2010~2020年各地区的重大经济政策实施并未对本文估计造成较大干扰。另外，比较表9与表13中组内 R^2 也可以发现，2010~2020年地级市特征与相关政策对县域常住人口流出具有较强的解释力。

表17　扶贫对县域常住人口流动的影响

变量	ln(县域常住人口)		县域常住人口	
精准扶贫×2020年虚拟变量	−0.038** (0.016)	−0.038** (0.017)	−0.085 (1.092)	−0.244 (0.960)
2001~2010年扶贫×2010年虚拟变量		−0.003 (0.010)		−0.306 (0.581)
八七扶贫计划×2000年虚拟变量		0.004 (0.011)		−0.169 (0.448)
控制变量	是	是	是	是
县域固定效应	是	是	是	是
年份固定效应	是	是	是	是
地级市虚拟变量×2020年虚拟变量	是	是	是	是
常数项	11.792*** (0.223)	11.769*** (0.232)	30.666*** (9.455)	30.266*** (9.824)
观测值	5527	5527	5527	5527
组内 R^2	0.501	0.501	0.383	0.383

注：*、**、***分别表示在10%、5%和1%水平上显著，括号内为地级市层面的聚类标准误。

六　结论与政策启示

从2013年精准扶贫开始，经历八年的扶贫攻坚，我国实现了现行标准下9899万农村贫困人口全部脱贫，832个贫困县全面摘帽，12.8万个贫困村全部列出，彻底消除了绝对贫困，取得了人类减贫史上的伟大成就。但在巩固拓展脱贫攻坚成果同乡村振兴有效衔接、推动以县为载体的城镇化建设的阶段，人才和人口是关键。由此引发的问题是，经过精准扶贫，贫困县人口外流局面能得到缓解吗？在现有条件下向贫困县持续投入资源能否实现规模经济？回答这些问题，对于重新梳理我国扶贫思路和县域发展理念具有重要意义。

本文利用2000~2020年全国人口普查统计资料，检验了精准扶贫对县域人口流动的影响，并考察了其内在机制。实证结果显示，精准扶贫实施加快了贫困县人口外流。机制检验方面，贫困县的经济增长为流动人口提供了原始积累，交通条件改善则降低了人口流动的地理距离和过程成本，加之贫困县与其他地区间依然存在较大的经济势差，从而加速了贫困地区人口外流。进一步证据显示，2010年以来的十大城市群建设有助于缩短贫困县人口流动的地理距离和机会距离，从而使得精准扶贫引发处于城市群的贫困县人口加速流出。精准扶贫下的大规模财政投入也存在引发贫困县人口外流的作用。

众所周知，扶贫是发展过程中实现公平的应有之举，扶持贫困地区，尤其是农村地区也是促进区域均衡发展的重要举措。我国支持贫困地区发展不仅是实现共同富裕的基本前提，也是对全球减贫事业负责的重要体现，且对于提升中国经济发展韧性具有深远影响。温铁军教授认为，乡村建设的情况决定了中国经济能否"软着陆"。为此，中央政府在精准扶贫时期通过财政转移、产业扶持等为贫困地区的经济发展、民生改善提供了支持，并承诺这种投入在过渡期会继续保持。然而，无论政府在贫困地区的投入如何，人口外流现象似乎并未得到逆转甚至缓解。这就可能引发公共服务供给的规模不经济、产业发展缺乏依托的消费群体和劳动力的局面形成。换言之，以公平为导向的资源配置倾斜未必能够取得预期效果。

如果贫困县人口流出问题确实无法因政策倾斜而得以缓解，那么后扶贫时代的投资策略应该做出重要调整。一方面，可以弱化贫困县的经济职能，强化其社会保障功能，保证那些不愿流出、不能流出的人口稳定生活，避免大规模的无效投资。实际上，脱贫地区在基础设施和基本公共服务方面取得了重要进展。并且，产业扶贫项目的实施也使得脱贫地区的特色产业得到发展。但问题的关键在于，脱贫地区的特色产业竞争力不足，仍然高度依赖对口帮扶和政府采购，形成了"脱贫难脱钩"的局面，给相关部门带来较大的财政压力。尤其是考虑到人口大量流出造成的产业投资绩效较低问题，继续加大这些地区的产业、基础设施等方面的投入，既不利于整体经济绩效的改善，也会加大地方政府财政压力。因此，应对脱贫地区作出精准定位，避免过度强调经济增长，将财政资源优先用于社会保障和能够提高经济发展成效的领域，充分发挥财政工具的社会功能。另一方面，需加大对欠发达地区社会保障和公共服务方面的投入，注重医疗、教育、社会保障等，使财政投入更多地用于保障民生，形成城镇范围内的生活圈，即将以往根据区域进行财政资源配置的策略转换为根据人口进行财政资源配置的策略，合理定位脱贫地区的角色，避免过度或低效的固定资产投资和财政投入。此外，脱贫地区公共服务供给面临的严峻挑战在于，"空心村"和"空心镇"大量出现，使得基本公共服务供给难以产生规模经济效应。尽管可以将根据区域进行财政资源配置的策略转换为根据人口进行财政资源配置的策略，但人口分散和居住地分散使得基本公共服务供给成本大幅增加。在此情形下，需要开展人口流出地"合村并居"、合并乡镇等工作，使人口集中于特定地域内，或使基本公共服务集中于特定区域，扩大单位服务受众范围，有效降低单位服务供给成本，提高财政资金利用效率。

参考文献

［1］ 蔡昉，2013，《理解中国经济发展的过去、现在和将来——基于一个贯通的增长理论框架》，《经济研究》第 11 期。

［2］ 蔡昉，1995，《人口迁移和流动的成因、趋势与政策》，《中国人口科学》第 6 期。

［3］ 陈斌开、林毅夫，2013，《发展战略、城市化与中国城乡收入差距》，《中国社会科学》第 4 期。

［4］ 陈锡文、韩俊，2021，《中国脱贫攻坚的实践与经验》，人民出版社。

［5］ 陈燕儿、白俊红，2019，《要素流动与区域经济差距》，《现代经济探讨》第 6 期。

［6］ 程名望、贾晓佳、俞宁，2018，《农村劳动力转移对中国经济增长的贡献（1978—2015 年）：模型与实证》，《管理世界》第 10 期。

［7］ 〔美〕D. 盖尔·约翰逊，2004，《中国能否通过在农村创造非农工作职位来转移大部分农业劳动力》，载林毅夫、赵耀辉编译《经济发展中的农业、农村、农民问题》，商务印书馆。

［8］ 杜两省、彭竞，2010，《教育回报率的城市差异研究》，《中国人口科学》第 5 期。

[9] 范子英、彭飞，刘冲，2016，《政治关联与经济增长——基于卫星灯光数据的研究》，《经济研究》第1期。

[10] 高波、陈健、邹琳华，2012，《区域房价差异、劳动力流动与产业升级》，《经济研究》第1期。

[11] 耿晔强、白力芳，2019，《人力资本结构高级化、研发强度与制造业全球价值链升级》，《世界经济研究》第8期。

[12] 古恒宇、覃小玲、沈体雁，2019，《中国城市流动人口回流意愿的空间分异及影响因素》，《地理研究》第8期。

[13] 郝大明，2015，《1978-2014年中国劳动配置效应的分离与实证》，《经济研究》第7期。

[14] 李兵、郭冬梅、刘思勤，2019，《城市规模、人口结构与不可贸易品多样性——基于"大众点评网"的大数据分析》，《经济研究》第1期。

[15] 李江一、仇童伟、李涵，2021，《农地确权影响农户收入的内在机制检验——基于中国家庭金融调查的面板证据》，《南京农业大学学报》（社会科学版）第4期。

[16] 李静、孙亚运、邓茛茛，2021，《高铁时代的小城市发展——基于人口空心化的研究》，《财经研究》第9期。

[17] 李兰冰、姚彦青、张志强，2020，《农村劳动力跨部门流动能否缩小中国地区收入差距?》，《南开经济研究》第4期。

[18] 李明、郑礼明，2021，《回不去的家乡? ——教育公共品供给与人口回流的实证研究》，《金融研究》第4期。

[19] 李志刚、刘达、林赛南，2020，《中国城乡流动人口"回流"研究进展与述评》，《人文地理》第1期。

[20] 刘海洋、刘玉海、袁鹏，2015，《集群地区生产率优势的来源识别：集聚效应抑或选择效应?》，《经济学》（季刊）第3期。

[21] 刘晓光、张勋、方文全，2015，《基础设施的城乡收入分配效应：基于劳动力转移的视角》，《世界经济》第3期。

[22] 刘学军、赵耀辉，2009，《劳动力流动对城市劳动力市场的影响》，《经济学》（季刊）第2期。

[23] 陆铭、高虹、佐藤宏，2012，《城市规模与包容性就业》，《中国社会科学》第10期。

[24] 曲玥、蔡昉、张晓波，2013，《"飞雁模式"发生了吗? ——对1998-2008年中国制造业的分析》，《经济学》（季刊）第3期。

[25] 王春杨、兰宗敏、张超、侯新烁，2020，《高铁建设、人力资本迁移与区域创新》，《中国工业经济》第12期。

[26] 王桂新、黄祖宇，2014，《中国城市人口增长来源构成及其对城市化的贡献：1991–2010》，《中国人口科学》第 2 期。

[27] 王丽莉、乔雪，2019，《我国人口迁移成本、城市规模与生产率》，《经济学》（季刊）第 1 期。

[28] 吴耀国、李双强、杜江，2020，《抢到人还是留住人：城市"抢人"政策的效果评估》，《财经科学》第 11 期。

[29] 伍山林，2016，《农业劳动力流动对中国经济增长的贡献》，《经济研究》第 2 期。

[30] 夏怡然、陆铭，2015，《城市间的"孟母三迁"——公共服务影响劳动力流向的经验研究》，《管理世界》第 10 期。

[31] 邢春冰、贾淑艳、李实，2013，《教育回报率的地区差异及其对劳动力流动的影响》，《经济研究》第 11 期。

[32] 许召元、李善同，2008，《区域间劳动力迁移对地区差距的影响》，《经济学》（季刊）第 1 期。

[33] 姚先国、冯履冰、周明海，2021，《中国劳动力迁移决定因素研究综述》，《中国人口科学》第 1 期。

[34] 姚枝仲、周素芳，2003，《劳动力流动与地区差距》，《世界经济》第 4 期。

[35] 叶宸辰、唐斌斌、刘林平，2018，《中国贫困县划分精度商榷——基于夜间灯光数据的检验》，《中国农业大学学报》（社会科学版）第 5 期。

[36] 叶文平、李新春、陈强，2018，《远流动人口对城市创业活跃度的影响：机制与证据》，《经济研究》第 6 期。

[37] 张川川、朱涵宇，2021，《新型农村社会养老保险参与决策中的同群效应》，《金融研究》第 9 期。

[38] 张国峰、李强、王永进，2017，《大城市生产率优势：集聚、选择还是群分效应》，《世界经济》第 8 期。

[39] 张国建、佟孟华、李慧、陈飞，2019，《扶贫改革试验区的经济增长效应及政策有效性评估》，《中国工业经济》第 8 期。

[40] 张楠、张栋浩、李建军、卢洪友，2020，《长期减贫的未雨绸缪——来自扶贫改革试验区的证据》，《财贸经济》第 3 期。

[41] 张伟丽、晏晶晶、聂桂博，2021，《中国城市人口流动格局演变及影响因素分析》，《中国人口科学》第 2 期。

[42] 种照辉、覃成林、叶信岳，2018，《城市群经济网络与经济增长——基于大数据与网络分析方法的研究》，《统计研究》第 1 期。

[43] 周迪、王明哲，2019，《改革进活力：国家扶贫改革试验区政策的经济效应研究》，《中国农村观察》第 6 期。

［44］周皓，2021，《中国人口流动模式的稳定性及启示——基于第七次全国人口普查公报数据的思考》，《中国人口科学》第3期。

［45］周慧珺、傅春杨、龚六堂，2022，《人口流动、贸易与财政支出政策的地区性配置》，《中国工业经济》第2期。

［46］周茂、李雨浓、姚星、陆毅，2019，《人力资本扩张与中国城市制造业出口升级：来自高校扩招的证据》，《管理世界》第5期。

［47］周申、尹靖华，2021，《城市国际市场潜力与流动人口的区位选择》，《世界经济文汇》第3期。

［48］ Chan K. W. 2010. "The Household Registration System and Migrant Labor in China: Notes on a Debate." *Population and Development Review*, 36(2): 357–364.

［49］ Chen X., Nordhaus W. D. 2011. "The Value of Luminosity Data as a Proxy for Economic Statistics." *Proceeding of the National Academy of Sciences*, 108(21): 8589–8594.

［50］ Combes P. P., Duranton G., Gobillon L., Puga D., Roux S. 2012. "The Productivity Advantages of Large Cities: Distinguishing Agglomeration from Firm Selection." *Econometrica*, 80(6): 2543–2594.

［51］ Dahlberg M., Eklof M., Fredriksson P., Jofremonseny J. 2012. "Estimating Preferences for Local Public Services Using Migration Data." *Urban Studies*, 49(2): 319–336.

［52］ Démurger S. 2001. "Infrastructure Development and Economic Growth: An Explanation for Regional Disparities in China?" *Journal of Comparative Economics*, 29(1): 95–117.

［53］ Dixon J. 1982. "The Community-based Rural Welfare System in the People's Republic of China: 1949–1979." *Community Development Journal*, 17(1): 2–12.

［54］ Du Y., Cai F. 2005. "The Transition of the Stages of Poverty Reduction in Rural China." *China Rural Survey*, 5: 2–9.

［55］ Dustmann C., Okatenko A. 2014. "Out-migration, Wealth Constraints, and The Quality of Local Amenities." *Journal of Development Economics*, 110: 52–63.

［56］ Elvidge C., Sutton P., Ghosh T., Ghosh T., Tuttle B., Baugh K., Bhaduri B., Bright E. 2009. "A Global Poverty Map Derived from Satellite Data." *Computers and Geosciences*, 35(8): 1652–1660.

［57］ Guo Y., Zhou Y., Cao Z. 2018. "Geographical Patterns and Anti-Poverty Targeting Post-2020 in China." *Journal of Geographical Sciences*, 28(12): 1810–1824.

［58］ Guo Y., Zhou Y., Liu Y. 2019. "Targeted Poverty Alleviation and Its Practices in Rural China: A Case Study of Fuping County, Hebei Province." *Journal of Rural Studies*, https://doi.org/10.1016/j.jrurstud.2019.01.007.

［59］ Henderson J. V., Storeygard A., Weil D. N. 2012. "Measuring Economic Growth from

Space."*American Economic Review*, 102(2): 994–1028.

[60] Ho S. P. S. 1995. "Rural Non–agricultural Development in Post–reform China: Growth, Development Patterns, and Issues."*Pacific Affairs*, 68(3): 360–391.

[61] Hodler R., Raschky P. A. 2014. "Regional Favoritism." *The Quarterly Journal of Economics*, 129(2): 995–1033.

[62] Lin J. Y. 1990. "Collectivization and China's Agricultural Crisis in 1959–1961." *The Journal of Political Economy*, 98(6): 1128–1152.

[63] Lin J. Y.1992."Rural Reforms and Agricultural Growth in China."*The American Economic Review*, 82(1): 34–51.

[64] Lin J. Y., Cai F., Li Z. 1998."Competition, Policy Burdens, and State–owned Enterprise Reform."*American Economic Review*, 88(2): 422–427.

[65] Liu Y., Guo Y., Zhou Y. 2017. "Poverty Alleviation in Rural China: Policy Changes, Future Challenges and Policy Implications."*China Agricultural Economic Review*, https://doi.org/10.1108/CAER–10–2017–0192.

[66] Luo B., Fu B. 2009."The Farmland Property Rights Deformity: The History, Reality and Reform."*China Agricultural Economic Review*, 1(4): 435–458.

[67] Michalopoulos S., Papaioannou E. 2013."Pre–colonial Ethnic Institutions and Contemporary African Development."*Econometrica: Journal of the Econometric Sociey*, 81(1): 113–152.

[68] Piazza A., Liang E. H. 1998. "Reducing Absolute Poverty in China: Current Status and Issues."*Journal of International Affairs*, 52(1): 253–273.

[69] Puga D. 2010. "The Magnitude and Causes of Agglomeration Economies." *Journal of Regional Science*, 50(1): 203–219.

[70] Qu F., Heerink N., Wang W. 1995."Land Administration Reform in China: Its Impact on Land Allocation and Economic Development."*Land Use Policy*, 12(3): 193–203.

[71] Wagner J. 2012. "International Trade and Firm Performance: A Survey of Empirical Studies Since 2006."*Review of World Economics*, 158(2): 235–267.

[72] Wang W., Cheng H., Zhang L. 2012."Poverty Assessment Using DMSP/OLS Night–time Light Satellite Imagery at A Provincial Scale in China."*Advances in Space Research*, 49 (8): 1253–1264.

[73] Wang Y., Wang B. 2016."Multidimensional Poverty Measure and Analysis: A Case Study from Hechi City,China."*Springer Plus*, 5(1): 642.

（责任编辑：张容嘉）

新型城镇化、城乡破壁与农业增长

汪雨雨　　赵增力　　姚万军[*]

摘　要：提高劳均农业生产率是保证粮食稳定供给、收敛城乡发展差距的关键。本文基于2003~2020年县域面板数据，使用交叠双重差分法研究了新型城镇化政策对县域劳均农业生产率的影响并得出了以下结论：第一，新型城镇化政策使当地农业额外增长5.6%，促进了县域劳均农业生产率的提高。第二，新型城镇化政策推动了农村劳动力流出，依靠机械投入替代劳动力投入的作用机制促进了农业生产率的提高，对具备农业规模生产条件的平原地区的劳均农业生产率促进作用更为显著。第三，改善农村交通基础设施的政策无法直接提高劳均农业生产率，但能通过与新型城镇化政策相结合进一步促进劳动力流动，增强了新型城镇化政策效应。研究认为"以人为核心、以县域为载体"的新型城镇化政策是促进农业增长、实现城乡融合发展的可行路径，应进一步通过优化制度体制，破除城乡二元结构，以县域为载体推动要素城乡流动，促进农业增产增效及城乡融合的加深加固。

关键词：新型城镇化　农业生产率　劳动力流动　城乡融合

* 汪雨雨（通讯作者），讲师，天津师范大学经济学院，电子邮箱：yuyu1946@163.com；赵增力，硕士研究生，天津师范大学经济学院，电子邮箱：zhaozenglizzl@163.com；姚万军，副教授，南开大学经济学院，电子邮箱：wanjun-yao@nankai.edu.cn。本文获得国家社会科学基金重大项目（19ZDA047）、天津市教委科研计划项目成果（2022SK066）的资助。感谢匿名审稿专家的宝贵意见，文责自负。

一 问题提出及文献评述

人口规模庞大是实现中国社会主义现代化的巨大优势，同时也使我国面临粮食安全、人口老龄化等挑战。中国用约占全球9%的耕地面积养活了全球约18%的人口，在农业产出量上我国已经是农业大国，但从农业产出效率来看我国还明显低于主要发达国家。世界银行的调查数据显示，2018年我国劳均农业增加值为3830美元，明显低于美国的79055美元、日本的24169美元、荷兰的80779美元。[1]我国农业生产经营人员约为3.14亿人，约是美国的100倍，从事农业生产的经营户有2.35万户，户均耕地面积仅相当于美国的0.25%。[2]党的二十大报告明确提出"加快建设农业强国"的战略目标，进一步提高劳均农业生产率，推进农业规模化、生产种植方式机械化对保障我国粮食安全，助力经济高质量发展，实现我国从农业大国迈向农业强国具有重要意义。

劳均农业生产率较低、人地关系高度紧张制约着我国农业发展，农业生产中存在"内卷化"，即单位劳动投入报酬递减规律（黄宗智，2020）。随着工业化快速推进，城镇地区出现大量非农就业机会，农村剩余劳动力流向非农部门，农业生产中的劳动力比重不断下降。"二元结构"理论指出，只要工业部门支付高于农民平均收入的工资，农村剩余劳动力就会从传统农业部门源源不断地转移至现代工业部门，传统农业部门因劳动力减少而边际产出不断增加，直至两部门的劳动生产率达到相对均衡状态（Lewis，1954）。而我国农村劳动力大量转移，但两部门的劳动生产率并未在市场化进程中实现自然收敛，存在理论与现实相悖的情况。农业产值比重下降程度大于农业就业比重，以及现实中各种制度障碍等非市场因素的存在，导致农业劳动生产率较低、产业间劳动生产率无法趋同（蔡昉，2018；马晓河和杨祥雪，2023）。

已有研究围绕土地、劳动力、农资投入等农业生产要素流动与分配对

---

[1] 数据来源于2018年《世界银行报告》。

[2] http://www.stats.gov.cn/sj/tjgb/nypcgb/qgnypcgb/202302/t20230206_1902105.html.

我国劳均农业生产率较低的原因进行了分析。我国农村以"小农经济"为主的生产方式，导致农业耕地细碎化、经营分散化和规模不经济等问题，小规模生产经营方式有悖于现代农业规模化、集约化的发展要求，限制了劳均农业生产率的提高（余航等，2019），加上"人多地少"的基本农情导致我国农业生产劳动力占比较高，需要不断释放农村劳动力、推动农民非农就业或本地创业，促进劳动力从边际收益较低的农业部门流出，降低农业生产中的劳动力比重，从而提高我国劳均农业生产率（骆永民等，2020；黄宗智，2020）。随着农村劳动力不断流出、农业机械化的推进，农业生产中出现了资本替代劳动力进行生产的现象，当农业就业人口比重下降幅度大于农业产值比重，就能带来劳均生产率的提高，推动产业间的劳动生产率趋同（蔡昉，2018；刘进等，2023）。

农业生产要素流动促进了农业规模化、集约化生产（郑淋议，2023）。市场发展有利于促进资源有效配置，但市场通常只能在要素进入流转阶段后发挥作用，农户是否参与市场交易仍需要政策激励和制度保障。城乡户籍制度是阻碍劳动力转移的制度性障碍，干扰了经济发展规律，阻挠了产业间的劳动生产率趋同（蔡昉，2018）。促进农村劳动力流动不仅要消除城乡间要素流动的市场障碍，还要逐步消除农村人口融入城镇生活的"认同距离"，破除城乡户籍制度壁垒，以保障农民工各项基本权益（罗必良和耿鹏鹏，2023）。截至2021年，中国常住人口城镇化率达64.7%，而户籍人口城镇化率仅为46.7%，与常住人口城镇化率存在18个百分点的缺口意味着有2亿多农民工没有获得城镇户口，无法享受与城镇居民同等的公共服务。[①]进城务工农民由于缺乏生活保障仍以半工半耕的形式保留着自耕地，阻碍了农地流向其他农业生产经营主体，影响了农业机械化、规模化发展。

受要素价格差异和潜在报酬差异影响，城乡间要素趋于流动。在不同阶段表现为农业人口和劳动力陆续流入城镇、城镇要素下乡"反哺"农业，最终共同推动城乡发展走向融合，新型城镇化政策正是破除城乡制度壁垒、驱动要素流动、经济高质量发展的重要动力（李兰冰等，2020）。

---

① 数据来自《中国统计年鉴2021》。

2013年党的十八届三中全会发布的《中共中央关于全面深化改革若干重大问题的决定》提出"解决好人的问题是推进新型城镇化的关键"，在以生产要素为核心的"物"的基础上首次确立以"人"为核心的新型城镇化政策（解安和林进龙，2023）。党的二十大报告提出，新型城镇化作为推动经济高质量发展的重要政策，"要坚持农业农村优先发展，坚持城乡融合发展，推进以人为核心的新型城镇化，推进以县城为重要载体的城镇化建设"，明确了新型城镇化的发展方向和政策目标。2023年1月23日发布的中央一号文件强调要继续推进县域城乡融合，深入"推进县域农民工市民化，建立健全基本公共服务同常住人口挂钩、由常住地供给机制"。①将县域作为落实新型城镇化政策的重要载体，保障农民工享有和城镇居民同等的各项公共服务，有序推动试点地区户籍制度改革，是加速农村土地流转、扩大耕地面积、通过机械化生产方式实现农业发展的前提条件。

传统城镇化政策更关注土地要素流动，强调进一步深化农村土地流转制度改革，通过农村土地流转来促进劳动力和土地的有效配置，从而达到城乡融合发展的目的（宋宜农，2017），而新型城镇化政策围绕"以人为核心、以县域为载体"深化户籍制度改革，以促进农业转移人口市民化数量和质量提升为主要任务目标。随着农村劳动力流出，农用生产机械替代传统要素成为农业生产的必然趋势（Huang等，2012）。增加要素投入和提高生产效率是促进农业增长的两种不同方式，依靠加大要素投入来拉动的农业增长不可持续，且与新型城镇化政策目标相悖。摒弃过去由单位土地面积承载过多的劳动力导致"内卷化"的小农经济生产方式②（黄宗智，2020），通过农业生产规模化、机械化，提高农业生产率从而驱动农业增长，是保障粮食供给稳定的关键。

已有文献对新型城镇化的实践模式、建设进程、发展目标等进行了梳理与阐释，为落实新型城镇化政策提供了学理支撑（朱鹏华和刘学侠，

---

① 详见中国农业农村部《中共中央 国务院关于做好2023年全面推进乡村振兴重点工作的意见》。

② "内卷化"的小农经济是因农业生产总量的增加被更快的农业人口增加所蚕食而出现的经济现象。

2023；罗必良和耿鹏鹏，2023；方创琳和赵文杰，2023）。许多研究对城镇化是否有利于缩小城乡收入差距展开了讨论，但由于模型、数据和方法差异得出的结论并不统一（周心怡等，2021；李宾和马九杰，2014；陆铭和陈钊，2004）。还有文献揭示了城镇化的要素资源配置效应和生产率效应，城镇化带来的集聚效应促进了要素流动，要素流向生产率高的企业从而提高了要素的配置效率（张军涛和黎晓峰，2019）。陈强远和梁琦（2014）基于劳动力要素的异质性假设认为转型经济体的城镇化必须以高生产率和高技术产业作为支撑，大城市的技术比较优势是吸引劳动力流入的根本原因。新型城镇化通过优化劳动力结构及加快劳动力流动显著缓解了劳动力错配现象（吴青山等，2022）。也有文献评估了新型城镇化对城市经济发展（姜安印和杨志良，2020）、区域经济质量（郭晨和张卫东，2018）等方面政策实施效果的影响，但目前将新型城镇化政策实施作为推动劳动力流动的外生冲击进而关注新型城镇化与劳均农业生产率关系的研究较少。

另外，本文还与农业增长、劳动生产率的研究相关。从长期来看需要形成由工业化、城镇化驱动的农业增长长效机制，刘生龙等（2009）基于省际面板数据分析得出，西部大开发通过基建投资促进了西部地区的经济增长，对该地区工业发展起到了推动作用，同时增加了土地使用集中度，通过农业总产量的增加促进了农业增长（Li 等，2021）。张启正等（2022）认为革命老区规划政策能提升劳动生产率，为当地农业带来4.33%的额外增长。还有一些学者从资源配置角度对农业生产率进行了研究，Adamopoulos 等（2022）认为土地资源误配影响了中国农业生产率，冒佩华等（2015）认为农地无论是转入还是转出都能显著提升农业劳动生产率。土地确权政策的实施促使了资本投入提升了20%，人口老龄化背景下农机投入替代劳动力投入，有利于提升农业生产率（孙琳琳等，2020）。中国户籍制度约束导致劳动力市场扭曲，若能消除劳动力市场扭曲，则中国劳均产出将提高19.53%（盖庆恩等，2013），若能同时消除国内劳动力市场扭曲和降低对外贸易成本，中国农业部门的劳动生产率将进一步提高（盖庆恩等，2019）。

新型城镇化政策的实施促进了劳动力跨区域流动，为农业机械化、规模化发展创造了条件，提高了农业生产率，但也可能因农业部门人口外流、农业生产人员平均质量下降而导致农村产业"空心化"、人口老龄化，对农业生产造成冲击。土地流转带来的农业生产率提高，不一定能抵消人口外流带来的因务农人员平均素质降低而导致的农业生产率降低，即农业人口流失导致的劳均农业生产率降低，部分抵消由土地配置效率提高而引发的劳均农业生产率提高（余航等，2019）。由地区间和城乡间发展差距引起的人口外流可能会给农业部门带来负面影响，同时还可能出现农户撂荒、弃耕等现象，对农业生产造成不利影响。Ren 等（2023）认为人口老龄化会使农业产出和劳动生产率下降，而新型农业生产经营主体的发展则有利于提高农业生产率，原因在于新型农业生产经营主体吸纳了更多的年轻农民参与规模化生产，同时增加了农机投入、显著提高了劳动生产率。上述文献围绕农村劳动力流动与农业生产率做了许多有益的研究，但现有研究中不仅缺乏关于新型城镇化政策对劳均农业生产率影响的评估，而且忽略了以县域农业增长为研究对象的相关分析。

本文在收集整理各项数据基础上形成了 2003~2020 年县域层面的面板数据库，采用交叠双重差分法研究了新型城镇化政策对县域农业增长的影响及其内在机制，边际贡献主要体现在以下三个方面：第一，将"以人为核心、以县域为载体"作为新发展阶段落实新型城镇化战略的重要着力点，从县域角度考察了新型城镇化政策对农业劳动生产率的影响，为加速县域城乡融合发展提供了理论和经验依据。第二，构建了异质性农户模型，解释了新型城镇化政策如何通过农机投入替代劳动力投入的机制促进农业增长。在理论框架中加入劳动力流动因素，考察劳动力流出后进行土地流转和不进行土地流转的情景下，农业生产受到的影响差异。在理论模型基础上提出研究假说并进行实证分析检验。第三，异质性检验部分认为改善农村交通基础设施无法直接提高劳均农业生产率，但能通过与新型城镇化政策相结合进一步促进劳动力流动，增强新型城镇化政策效应，起到推动农业增长的作用。

二 模型构建与理论框架

新型城镇化政策促进了劳动力流动，而农业劳动力流动直接影响了农业生产情况。本文构建农户异质性模型，说明新型城镇化政策背景下劳动力流动对农业生产的影响。孙琳琳等（2020）用农户模型讨论了土地确权政策通过土地流转以及缓解信贷约束等机制对农机投资产生的影响，但并未考虑劳动力流动情况。本文讨论的核心是"以人为核心"的新型城镇化政策对劳均农业生产率的影响，因此在已有参考文献的基础上（Adamopoulos 和 Restuccia，2014；孙琳琳等，2020）将劳动力流动因素纳入生产函数，以是否发生土地流转作为模型分析的不同情景（条件），对新型城镇化政策推动农村劳动力转移，并通过"机械投入替代劳动力投入"机制促进劳均农业生产率提高予以说明。

假定 t 期的农村户籍人口为 N_t^r，城镇户籍人口为 N_t^u，从进城务工的农村人口 N_t^m，总人口数为 $N_t = N_t^r + N_t^u + N_t^m$，城镇化比例为 $S_u = \dfrac{N_t^u}{N_t}$。如果城乡人口增长率相同且都为 n，则第 $t + 1$ 期总人口为 $N_{t+1} = N_t(1 + n)$。投入劳动力、土地和资本技术进行生产，假设农户的生产函数为 C-D 函数形式：

$$y_t = (A_t)^{1-\gamma}\big[K_t^{\alpha}(N_t^r)^{\beta}L^{\rho}\big]^{\gamma} \qquad \alpha + \beta + \rho = 1 \qquad \gamma < 1 \qquad (1)$$

其中，y_t 为 t 期农户种植生产的产出函数；A_t 表示 t 期社会平均农业全要素生产率；K_t 为 t 期农机投入；N_t^r 为农业生产劳动力投入；L 为用于农业生产的土地面积，$L = L + L_r$，L_r 为农户间流转的土地面积，$L_r > 0$ 表示农户存在土地转入情况，$L_r < 0$ 表示农户存在土地转出情况。$\gamma \in (0, 1)$ 为控制参数，α、β、δ 分别表示机械、劳动力和土地之间的替代弹性。

假设市场为完全竞争，生产价格为 p_t，市场利率水平为 i，农业生产投资在 t 期产生、在 $t + 1$ 期完全报废并需要新的农机投资。那么两期决策的目标函数为：

$$\max \zeta = y_t p_t + \frac{f(I)}{1+i} y_t p_t - K_t + i(W_t + S_t - K_t) - E_t(N_t^m) + E_r L \tag{2}$$

式中，y_t 为当期农业产出；$\frac{f(I)}{1+i} y_t p_t$ 为第二期产出的当期折现，$f(I)$ 表示农户在下一期仍留在农村从事农业生产的概率，反映农村劳动力的流动情况。W_t 为农户的非农收入，S_t 为农户个人存款，$W_t + S_t - K_t$ 为农户剩余资金，$E_t(N_t^m)$ 表示当 $N_t^m > 0$、存在非农就业时进城务工农民的费用支出，包括往返交通费、城镇生活成本等；E_r 表示地租，当农户转出土地时 $E_r > 0$ 表示地租收入，当农户转入土地时 $E_r < 0$ 表示土地租金支出。此时农户进行农业生产投资的约束条件为：

$$\text{s.t.} \begin{cases} K_t \leqslant W_t + S_t \\ K_t \geqslant 0 \\ N_t^r \geqslant 0 \\ L \geqslant 0 \end{cases}$$

1. 存在土地流转

新型城镇化政策促使农业剩余劳动力流出，当劳动力的流动促进土地流转，即 $L_r \neq 0$ 时，农户存在土地转出或者转入情况，在农户利益最大化目标下资本、土地和劳动力要素应满足以下一阶条件：

$$\frac{\partial \zeta}{\partial K_t} = \left\{ \left[1 + \frac{f(I)}{1+i} \right] p_t \right\} \gamma (A_t)^{1-\gamma} \left[K_t^\alpha (N_t^r)^\beta L^\rho \right]^{\gamma-1} \alpha K_t^{\alpha-1} (N_t^r)^\beta L^\rho - (1+i) = 0 \tag{3}$$

$$\frac{\partial \zeta}{\partial L} = \left\{ \left[1 + \frac{f(I)}{1+i} \right] p_t \right\} \gamma (A_t)^{1-\gamma} \left[K_t^\alpha (N_t^r)^\beta L^\rho \right]^{\gamma-1} \rho K_t^\alpha (N_t^r)^\beta L^{\rho-1} + E_r = 0 \tag{4}$$

根据一阶条件，用式（3）和式（4）求出最优单位土地资本比为：

$$\frac{K_t^*}{L^*} = -\frac{\alpha E_r}{\rho(1+i)} \tag{5}$$

$L_r < 0$ 说明农户存在土地转出情况，若土地部分转出则外出务工农民保持兼业情况，对于存在土地转出的农户来说 $L + L_r < L$，实际经营的土地规模要小于农户本来的土地面积，此时 $E_r > 0$。

接着分析新型城镇化政策实施后对土地流转农户的农业生产的影响，将式（5）$\dfrac{K_t^*}{L^*} = -\dfrac{\alpha Er}{\rho(1+i)}$ 带入式（3）中得到式（6），求导后得出式（7）：

$$L^* = \left[1 + \frac{f(I)}{(1+i)}\right]^{\frac{1}{1-\alpha\gamma-\rho\gamma}}\left[\frac{p_t\alpha\gamma}{(1+i)}\right]^{\frac{1}{1-\alpha\gamma-\rho\gamma}} A_t^{\frac{1-\gamma}{1-\alpha\gamma-\rho\gamma}}\left[\frac{-\alpha E_r}{\rho(1+i)}\right]^{\frac{\alpha\gamma-1}{1-\alpha\gamma-\rho\gamma}}(N_t^\gamma)^{\frac{\beta\gamma}{1-\alpha\gamma-\rho\gamma}} \quad (6)$$

$$\frac{\partial L^*}{\partial f(I)} = \frac{1}{1-\alpha\gamma-\rho\gamma}\left[1 + \frac{f(I)}{(1+i)}\right]^{\frac{\alpha\gamma+\rho\gamma}{1-\alpha\gamma-\rho\gamma}}\frac{1}{(1+i)}\left[\frac{p_t\gamma\alpha}{(1+i)}\right]^{\frac{1}{1-\alpha\gamma-\rho\gamma}}$$
$$A_t^{\frac{1-\gamma}{1-\alpha\gamma-\rho\gamma}}\left[\frac{-\alpha E_r}{\rho(1+i)}\right]^{\frac{\alpha\gamma-1}{1-\alpha\gamma-\rho\gamma}}(N_t^\gamma)^{\frac{\beta\gamma}{1-\alpha\gamma-\rho\gamma}} \quad (7)$$

当新型城镇化政策实施后农村劳动力流出，农户在追求利益最大化目标下，通过土地流转来减小由劳动力减少而对农业生产带来的影响，得出关系式（8）：

$$\frac{\partial y_t}{\partial f(I)} = \frac{\partial y_t}{\partial L^*} \cdot \frac{\partial L^*}{\partial f(I)} \quad (8)$$

农业产量随土地要素投入的增加而增加，因此 $\dfrac{\partial y_t}{\partial L^*} > 0$，当农户存在土地转出情况时 $E_r > 0$，式（7）中 $\dfrac{\partial L^*}{\partial f(I)} < 0$，此时式（8）$\dfrac{\partial y_t}{\partial f(I)} < 0$，说明新型城镇化造成农村人口外流，农户通过土地转出来减少耕地面积从而抵消农业劳动力减少的影响，降低农业产量。当农户存在土地转入情况而需要支付土地租金时，$E_r < 0$ 则 $\dfrac{\partial L^*}{\partial f(I)} > 0$，此时 $\dfrac{\partial y_t}{\partial f(I)} > 0$，说明当新型城镇化政策促进农村人口外流时，部分边际生产效率较高的农户通过租入更多的土地来扩大农业生产规模，提高农业产量。

2.不存在土地流转

土地流转还受到要素市场、流转价格、产权稳定等多重因素的影响，新型城镇化政策虽然推动了农村人口流出，但农户不一定选择将农地进行流转，可能存在撂荒或继续在自有耕地上进行农业生产等情况。农地出现弃耕时，即 $L = 0$，说明农户不从事农业生产，因此对劳均农业生产率不会产生影响。另一部分农户外出务工的同时不进行土地流转，为半工半耕的农业兼业户，由于不存在农地流转情况，为便于分析，假设这部分农户土地要素投入 $L = 1$，此时农户生产函数为 $y_t = (A_t)^{1-\gamma}\left[K_t^\alpha(N_t^r)^{1-\alpha}\right]^\gamma$，由于不存在土地流转 $E_t = 0$，农户的利润最大化目标函数如式（9）所示：

$$\max \zeta = y_t p_t + \frac{f(I)}{1+i} y_t p_t - K_t + i(W_t + S_t - K_t) - E_t(N_t^m) \tag{9}$$

根据一阶条件，求出农户最优劳均机械投入为式（12）：

$$\frac{\partial \zeta}{\partial N_t^r} = \left\{\left[1 + \frac{f(I)}{1+i}\right]p_t\right\}\gamma(A_t)^{1-\gamma}\left[K_t^\alpha(N_t^r)^{1-\alpha}\right]^{\gamma-1}(1-\alpha)K_t^\alpha(N_t^r)^{-\alpha} + E_t = 0 \tag{10}$$

$$\frac{\partial \zeta}{\partial K_t} = \left\{\left[1 + \frac{f(I)}{1+i}\right]p_t\right\}\gamma(A_t)^{1-\gamma}\left[K_t^\alpha(N_t^r)^{1-\alpha}\right]^{\gamma-1}\alpha K_t^{\alpha-1}(N_t^r)^{1-\alpha} - (1+i) = 0 \tag{11}$$

$$\frac{K_t^*}{(N_t^r)^*} = -\frac{\alpha E_t}{(1-\alpha)(1+i)} \tag{12}$$

式（12）是根据农户利益最大化目标函数一阶条件得出的农户最优劳均机械投入程度，$\frac{K_t^*}{(N_t^r)^*} < 0$。新型城镇化政策实施后农户最优劳均机械受进城务工成本影响，E_t 越大说明进城务工成本越高，那么留在农村进行农业生产的劳动力数量就越多，即 N_t^r 越大，由于农业生产中的劳动力投入和农机投入存在相互替代关系，此时农机投入就越少。

根据式（12）$\frac{K_t^*}{(N_t^r)^*} = -\frac{\alpha E_t}{(1-\alpha)(1+i)}$，代入式（10）中消除 K_t^* 得到式（13）：

$$(N_t^r)^* = \left[\frac{\alpha}{(1+i)}\right]^{\frac{\alpha\gamma}{1-\gamma}}\left[-\frac{(1-\alpha)}{E_t}\right]^{\frac{1-\alpha\gamma}{1-\gamma}}A_t(p_t\gamma)^{\frac{1}{1-\gamma}}\left[1 + \frac{f(I)}{1+i}\right]^{\frac{1}{1-\gamma}} \tag{13}$$

由式（13）可得出式（14），说明新型城镇化政策实施后务农人口减少：

$$\frac{\partial (N_t^r)^*}{\partial f(I)} = \left[\frac{\alpha}{(1+i)}\right]^{\frac{\alpha\gamma}{1-\gamma}} \left[-\frac{(1-\alpha)}{E_t}\right]^{\frac{1-\alpha\gamma}{1-\gamma}} A_t (p,\gamma)^{\frac{1}{1-\gamma}}$$

$$\frac{1}{1-\gamma}\left[1+\frac{f(I)}{1+i}\right]^{\frac{1}{1-\gamma}-1} \left(\frac{1}{1+i}\right) < 0 \qquad (14)$$

新型城镇化政策的实施降低了农民外出务工的成本，如为农民工解决居住问题、帮助农民工对接用工单位等政策。因此得到以下两个基本事实 $\frac{\partial E_t}{\partial f(I)} < 0$，即新型城镇化政策的实施减少了农村劳动力进城务工的支出。 $\frac{\partial E_t}{\partial N_t^r} > 0$ 说明随着 E_t 进城务工的支出的增加，农户选择增加农业生产中的劳动力投入，农村劳动力迁移的成本越小，农业生产的劳动力投入就越少。

农机投入会增加农业产出，即 $\frac{\partial y_t}{\partial K_t} > 0$，而农业机械化和农业劳动力存在相互替代的负向关系，$\frac{\partial K_t}{\partial N_t^r} < 0$，新型城镇化政策减少了农业生产中的劳动力投入，$\frac{\partial N_t^r}{\partial f(I)} < 0$，通过机械化投入替代外出就业劳动力，从整体上提高了农业机械化生产水平，因此新型城镇化政策推动农业增长的机制为： $\frac{\partial y_t}{\partial f(I)} = \frac{\partial y_t}{\partial K_t} \cdot \frac{\partial K_t}{\partial N_t^r} \cdot \frac{\partial N_t^r}{\partial f(I)} > 0$。

消除制度壁垒是要素跨区域流动的前提（李兰冰等，2020），新型城镇化成为破除城乡二元结构制度藩篱的重要动力，不仅促进了劳动力流动，也为资本下乡从事大规模的机械化农业生产创造了条件。农业剩余劳动力从农村流出促进了农地流转，推动了农业规模化生产，农业机械投入，一部分用于替代外流的农业劳动力，另一部分是用于满足规模化生产带来的农机使用需求增加，起到了提高农业生产水平、促进农业增长的效果。

劳动力外流也可能导致农户弃耕或农业生产规模缩小，造成农业产量下降、劳均农业生产率降低等问题。青壮年劳动力的外流使农业部门的劳动力结构趋于老龄化，老龄化的小农家庭更偏向于放弃耕地、缩小农业生产规模、减少机械以及化肥等农资投入。但新型农业生产经营主体，如家庭农场、合作社以及工业化农场的发展则扩大了农业生产规模、提高了机械化水平、促进了劳动生产率的提高（Ren等，2023）。从县域层面考察新型城镇化政策实施对劳均农业生产率的影响，既包括劳动力流出带给家庭农业生产的影响，还包括城乡要素资源双向流动对规模农业生产经营主体的影响，更能体现我国农业生产发展趋势。因此，本文提出新型城镇化作为破除城乡二元结构壁垒的重要动力，有利于促进农业剩余劳动力转移，增加农业机械投入，提高我国县域劳均农业生产率、促进农业增长的假说。

三 政策背景与研究设计

（一）政策背景

20世纪80年代到21世纪10年代初，我国的城镇化建设取得了瞩目的成就，但也积累了一系列问题与矛盾，城镇化建设过程中摊大饼式的"外延式扩张"和"土地城镇化"有悖于以人为本和可持续发展的理念；[①]"城乡分治"和"重城轻乡"的城镇偏向型政策不惜牺牲农村、农民利益发展城镇，造成发达的城市与凋敝的乡村共存的场景。[②]为解决城镇化快速发展过程中积累的问题与矛盾，党的十七大报告提出走中国特色城镇化道路，明确要"走集约、智能、绿色、低碳的新型城镇化道路"。在此基础上，党的十八大报告进一步提出了以人为核心的新型城镇化战略，并在中央城镇化工作会议上完善和深化了新型城镇化的内涵。2014年3月国务院正式出台了《国家新型城镇化规划（2014—2020年）》，明确了新型城镇化的发展路径、主要目标和战略任务。同年出台了《国家新型城镇化综合试点方案》，选取了62个地区（区、县、镇）开展新型城镇化综合试点。2015~2016年国家发展和改革委员会进一步公布了第二批和第三批新型城镇化综合试点名单，分别选取了73个地区（区、县、镇）和111个地区（区、县、镇）作为试

---

① http://www.gov.cn/xinwen/zb_xwb01/2014-03/19/content_2641511.htm.

② http://theory.people.com.cn/n/2013/0415/c49154-21132673.html.

点地区。

表1梳理了自新型城镇化概念提出以来，围绕新型城镇化颁布的相关文件及其具体内容。基于上述政策，结合2014年国务院发布的《国家新型城镇化综合试点方案》及后续发布的相关政策，以及2022年7月国家发改委实施的《"十四五"新型城镇化实施方案》的详细内容，将新型城镇化政策促进劳动力流动、打破城乡制度壁垒、推动农业生产效率提高的相关内容归纳为以下方面。

表1　新型城镇化相关会议或政策、报告发布时间梳理

发布时间	会议或政策、报告	主要内容
2012年11月	党的十八大报告	坚持走中国特色新型工业化、信息化、城镇化、农业现代化道路
2013年12月	中央城镇化工作会议	要以人为本，推进以人为核心的城镇化
2014年3月	《国家新型城镇化规划（2014—2020年）》	推进符合条件的农业转移人口落户城镇；推进农业转移人口享有城镇基本公共服务；建立健全农业转移人口市民化推进机制
2014年12月	《国家新型城镇化综合试点方案》	2014年、2015年和2016年分3批将246个县（市、区）列为试点，作为实施新型城镇化战略的先行军和破旧立新的突破口
2015年11月	《关于公布第二批国家新型城镇化综合试点地区名单的通知》	
2016年11月	《关于公布第三批国家新型城镇化综合试点地区名单的通知》	
2019年3月	《2019年新型城镇化建设重点任务》	放宽落户条件、推动1亿非户籍人口进城
2020年4月	《2020年新型城镇化建设和城乡融合发展重点任务》	强调以县城为重要载体的新型城镇化，促进城乡协调发展
2022年7月	《"十四五"新型城镇化实施方案》	把推进农业转移人口市民化作为新型城镇化的首要任务

第一，新型城镇化政策以"农业转移人口市民化"为首要目标，有序推进户籍制度改革以及城乡基本公共服务均等化。2014年国务院发布的《国家新型城镇化综合试点方案》提到要建立健全以居住证为载体的基本公共服务制度，出台具体可操作的农业转移人口落户标准，明确常住人口城镇化率的增长目标。随着各试点地区具体落户办法的制定，"大力推进在城镇稳定就业和生活的农业转移人口举家进城落户，保障其与城镇居民享有同等权利"等政策实施，新型城镇化政策成为促进农村剩余劳动力转移、打破城乡户籍制度壁垒的强劲外力。

第二，完善城乡发展一体化机制，促进城乡间劳动力、土地、资本等要素资源的自由流动。除了促进劳动力流动外，新型城镇化政策提出要引导土地流向新型农业经营主体、农业规模生产户，促进农业生产现代化发展。同时建立财政转移支付同农业转移人口市民化挂钩机制，省级政府举债使用方向向试点地区倾斜，构建城镇化投融资机制，以城乡协调发展和共同繁荣为目标引导资本合理配置。新型城镇化政策通过健全城乡统一的要素流通、市场监管等制度机制充分发挥以工促农、以城带乡、城乡融合的作用，进一步破除城乡间市场制度壁垒。

第三，顺应就近、就地人口流动趋势，将县域作为城乡融合发展的切入点，推进以县城为载体的新型城镇化建设。与大中城市相比，县城拥有靠近家乡、房价和生活成本低等优势，农民到县城买房子、向县城集聚的现象已经很普遍。赋予县级政府部门更多资源整合使用的自主权，强化县城综合服务能力，发挥县城在促进人口流动与经济活动均衡分布时的优势，突出县城作为城市与农村过渡带的作用。促进县乡功能的衔接互补，增强县城对农村劳动力的吸引力，就近就地城镇化成为新发展阶段吸收就业、降低跨区域流动成本、推动城乡破壁的重要着力点。

第四，通过提高农业转移人口劳动技能素质、强化随迁子女基本公共教育保障等措施，提高农业转移人口市民化质量。农村劳动力流出主要是对工作机会、公共服务等的需求，本质上是对美好生活的向往（陆铭和李鹏飞，2023）。从吸引农民工到留住农民工，从"提高农业转移人口市民化程度"到"提高农业转移人口市民化质量",体现了新发展阶段新型城镇化以人为本的核心内容。新型城镇化政策通过深化户籍制度改革、促进城乡间要素资源双向流动、发展县域城镇化、提高农业转移人口市民化质量等具体措施,不仅成为破除城乡户籍制度的外生冲击,同时也转化为城乡破壁的内生动力。

(二)模型设定

参考既有文献研究根据分批次入选的试点地区,选用交叠双重差分模型(Staggered Difference in Differences)分析新型城镇化建设对农业生产的影响,模型具体设定如下:

$$y_{it} = \alpha + \beta Policy_{it} + \delta Controls_{i0} \times T + \gamma_i + \tau_t + \varepsilon_{it} \tag{15}$$

式(15)中,i 代表个体(县);t 代表年份;y_{it} 是指县域劳均农业生产率,本文参考已有研究用劳均第一产业增加值表示;$Policy_{it}$ 为核心解释变量,指代新型城镇化试点地区,如果 i 县在 t 年成为新型城镇化试点地区则取值1,否则取值0;系数 β 表示新型城镇化试点政策对农业生产效率的影响,是本研究关注的重点;$Controls_{i0}$ 表示模型中的控制变量,具体包括县级经济发展水平、人口密度、工业发展水平、产业结构升级、人均财政支出、信息化水平以及县域海拔高度。

双重差分模型的设定中,事后可变控制变量的引入可能会影响模型估计系数的一致性(黄炜等,2022),因此借鉴Li等(2016)的研究,在基准回归中使用事前控制变量与时间趋势 T 的交互项作为控制变量,控制试点政策发生前不同地区可能存在的时间趋势差异,从而保证核心解释变量满足条件独立分布。新型城镇化试点是从2014年开始,选取2012年的控制变量作为事前控制变量加入模型。γ_i 表示个体(县级)固定效应,用以控制个体(县级)层面不随时间推移而变化的差异;τ_t 表示时间层面的固定效应,用以控制时间层面不随个体变化而变化的差异。ε_{it} 为随机误差项。为了更好地控制异方差和时间序列相关的影响,在回归过程中进一步将稳健标准误差聚类到县级层面。

（三）变量选择

本文的被解释变量为劳均农业生产率，参考已有研究（张启正等，2022）用该县第一产业增加值与第一产业从业总人数之比计算得出县域劳均第一产业增加值来表示。[①]劳均第一产业增加值能充分反映劳动力投入数量与新增农业产值之间的关系，是衡量地区农业生产效率与农业发展水平的重要经济指标。

核心解释变量指是否为新型城镇化试点县，表示县城是否在数据对应年度被选为新型城镇化试点地区，若是则取值为 1，否则取值 0。由于新型城镇化试点地区的选取并非属于完全随机的自然实验，需要进一步控制可能影响入选为新型城镇化试点地区及影响农业劳动生产率的其他因素。根据已有研究的分析（龚斌磊等，2022；吴青山等，2022），本文选取了经济发展水平、人口密度、工业发展水平、产业结构升级、信息化水平、人均财政支出、县域海拔高度作为控制变量，进一步提高结论识别的可信度。

（四）数据来源和描述性统计

本文研究数据为中国 2003~2020 年县域层级的面板数据，主要来自 EPS（Express Professional Superior）数据库，原始数据来自各县历年统计年鉴。实证分析中使用的"县域海拔高度"数据来自游珍等（2018）的研究中对外公开的数据，县域之间的球面距离是根据高德地图获取各县所在经纬度整理计算得出。

样本中剔除了 2003~2020 年新设、撤销、合并以及行政区域面积发生变化的县级单位，原因是行政区域的面积调整会使相关经济指标突变，无法准确识别新型城镇化带来的政策效果。同时本文还剔除了样本期间县域农业劳动生产率缺失严重的数据样本，最终获得 2130 个县（区、市）2003~2020 年共 35842 个数据样本，表 2 为变量的描述性统计。

---

① 本研究中第一产业从业总人数包括从事农、林、牧、渔业的农业生产经营人数。

表2 描述性统计

变量	定义	均值	标准差	观测值
劳均农业生产率	第一产业增加值/第一产业从业人数（万元/人）	0.517	1.180	35741
新型城镇化试点	当年是否入选新型城镇化试点地区（是=1，否=0）	0.094	0.292	40056
人口密度	2012年县人口数量/行政区域面积（万人/公里²）	0.033	0.043	37747
经济发展水平	2012年县人均地区生产总值（万元）	3.332	3.553	39832
工业发展水平	2012年县人均规模以上工业总产值（万元）	1.148	0.775	37996
产业结构升级	2012年县第三产业增加值/GDP（%）	0.334	0.114	39960
信息化水平	2012年县固定电话接入数（万）	0.133	0.097	37870
人均财政支出	2012年县人均财政支出（万元）	0.599	0.492	39832
县域海拔高度	县域平均海拔高度（千米）	1.174	1.380	40056

注：所有以货币计价的单位均以2003年不变价统计；由于新型城镇化试点地区开始于2014年，选取2012年的控制变量作为事前变量进行分析，可以更好地反映政策前各地区之间的差异，避免新型城镇化政策的施行对试点县域控制变量造成影响，以保证核心解释变量满足条件独立分布。

四 实证结果

（一）基准回归结果

表3报告了实证模型式（9）估计得出的回归结果。第（1）列为仅控制个体和时间双向固定效应的回归结果，第（2）列为加入事前控制变量与时间趋势的回归结果。估计结果显示，新型城镇化试点的估计系数分别在1%和5%的统计性水平上显著促进了劳均农业生产率的提高，即劳均第一产业增加值增长。相较于未被选入新型城镇化试点地区的县域，新型城镇化试点地区在政策实施后的劳均农业生产率明显提升，表明新型城镇化政策促进了劳均农业生产率的提高。

表3　新型城镇化对农业生产效率影响的估计结果

变量	(1) 劳均农业生产率	(2) 劳均农业生产率
新型城镇化试点	0.084***	0.056**
	(0.025)	(0.023)
控制变量×时间		是
时间固定效应	是	是
个体固定效应	是	是
样本量	35738	34204
R²值	0.814	0.823

注：*、**、***分别表示在10%、5%、1%的水平上显著，括号内为稳健性标准误。

我国第一产业就业人口比例从 2012 年的 33.49% 下降至 2021 年的 22.87%，农业就业人数递减的同时城镇就业人数明显增加。① 庞大的人口基数和不断下降的第一产业就业人口比例要求不断提高劳均农业生产率以保障我国农产品的稳定供给。回归结果显示，新型城镇化政策实施促进了农业劳均产出提高 5.6%，根据政策发生前 2013 年的农业劳均产出均值 19431.09 元可以得出，处理组的农业劳均产出大约增长了 1082.31 元，相对于 2013 年我国农村居民人均可支配收入 9429.6 万元，新型城镇化政策实施带来的农业劳均产出增加值大约占农村居民人均可支配收入的 11.5%，具有较为明显的经济意义。

新型城镇化显著提高了劳均农业生产率的原因体现在以下两方面。一方面，政策的有效实施降低了劳动力跨部门流动的转换成本。劳动力从农业部门转移到非农部门可能面临信息和制度摩擦，无法预知长期的流动回报以及无法支付短期的迁移成本，从而使得这部分劳动力处于农业部门，而新型城镇化政策的实施，尤其是明确提出了常住人口城镇化率和户籍人口城镇化率的增长目标，② 以及保障农民工的各项基本权益

① http://zdscxx.moa.gov.cn：8080/nyb/pc/index.jsp.

② 2014 年国务院发布《国家新型城镇化综合试点方案》，提出到 2020 年实现常住人口城镇化率和户籍人口城镇化率增长 8~10 个百分点。

和满足其对公共服务需要，吸引了更多农业劳动力的转移。另一方面，缓解了农业部门和非农部门除劳动力外，技术、资本等要素资源的错配问题。农业生产中存在边际生产效率较低的剩余劳动力，工业部门快速发展增加了非农就业机会，同时积累了一定的技术与资本，工业发展中积累的资金、技术流向农村，反哺农业生产，促进了农民增收，新型城镇化政策也成为驱动其他要素在城乡间流动的重要动力。

（二）平行趋势检验

基准回归结果显示新型城镇化政策实施能提高试点地区的劳均农业生产率，但试点地区与非试点地区可能在政策实施之前就存在劳动生产率的差异。若样本无法满足双重差分模型的平行趋势假定，无法确认处理组与控制组在政策实施前具有相同的变化趋势，就难以准确识别劳均农业生产率的提高是不是由新型城镇化政策实施带来的。为考察新型城镇化政策实施前是否具有平行趋势，本文使用事件分析法（Event Study Model）进行检验，具体形式如下：

$$y_{it} = \alpha + \beta_k \sum\nolimits_{k \geqslant -8'}^{4'} D_{it} + \delta Controls_{i0} + \gamma_i + \tau_t + \varepsilon_{it} \tag{16}$$

式（6）中，D_{it} 代表新型城镇化政策实施当年及实施前后的多个窗口期；t_0 代表新型城镇化试点实施的当年；k 代表新型城镇化政策实施前后的第 k 年；$k = -8'$，-7，-6，-5，-4，-3，-2，-1，1，2，3，$4'$；其中 $-8'$ 代表政策实施前第8年及以前的年份，$4'$ 表示政策实施后第4年及以后的年份。本文将新型城镇化政策实施的前一年作为基准组，不放入回归模型中。

图1绘制了采用事件分析法所得到的 β_k 的估计系数和95%水平下的置信区间。可以看出，新型城镇化政策所覆盖的处理组在政策实施前的年份并未与控制组之间出现显著差异，说明基准回归中所使用的双重差分模型能够通过平行趋势检验。而在政策实施之后，参数 β_k 的估计值出现了逐渐增大并且拒绝了 β_k 为0的原假设，说明新型城镇化对劳动农业生产率的提高作用随着时间的推移而呈现逐步增加的趋势。

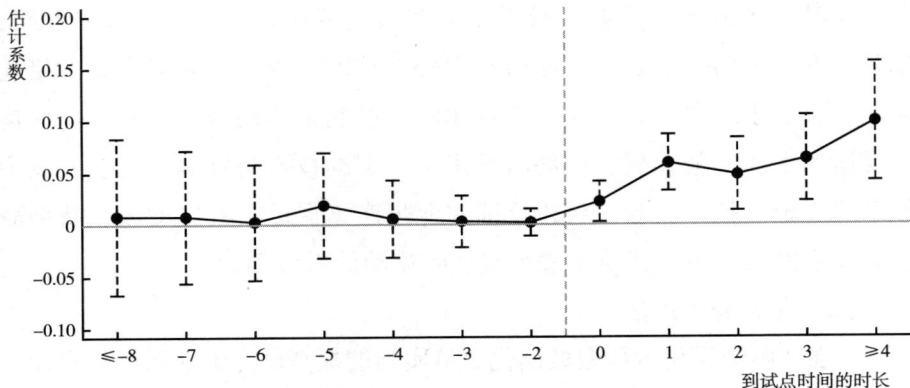

图1 平行趋势检验

（三）安慰剂检验

为进一步排除其他政策和不可观测的随机因素的干扰影响，确保劳均农业生产率的提高是由新型城镇化政策实施带来的，本文参照相关研究（石大千等，2018；龚斌磊等，2022），使用交叠 DID 安慰剂检验方法进行检验。将使用包含处理组和控制组的全样本数据，随机抽取与现实试点地区数量相同个数的样本县作为处理组，并随机抽取年份作为其受处理年份，进而估计出一个错误的估计系数 β_{false}。由于随机抽取的伪处理组不会对劳均农业生产率产生促进作用，其估计系数服从均值为 0 的正态分布。图2绘制了重复进行500次随机抽样后估计系数 β_{false} 的核密度图，可以看出 β_{false} 满足了均值为 0 的正态分布，且均落在实际检验的估计系数（虚线）的左侧，符合安慰剂检验的预期结果，说明其他政策和不可观测因素对基准回归结果不造成明显影响。

（四）异质性处理效应的检验与解决

基准回归中使用的交叠 DID 包含多个不同的处理时点，能够有效地消除由其他因素和当期趋势带来的混淆处理效应，使研究结果更加稳健（Baker 等，2022）。但即使在满足平行趋势的条件下，交叠 DID 的异质性处理效应可能使得双向固定效应（TWFE）估计量产生偏误，并且出现截然相反的因果效应（Athey 和 Imbens，2022；Callaway 和 Sant'Anna，2020；Chaisemartin 和 Haultfoeuille，2023；Goodman-Bacon，2021；Brousyak 和 Jaravel，2021），本文进一步使用这些方法对基准回归估计所得系数的异质性处理效应进行诊断和解决。

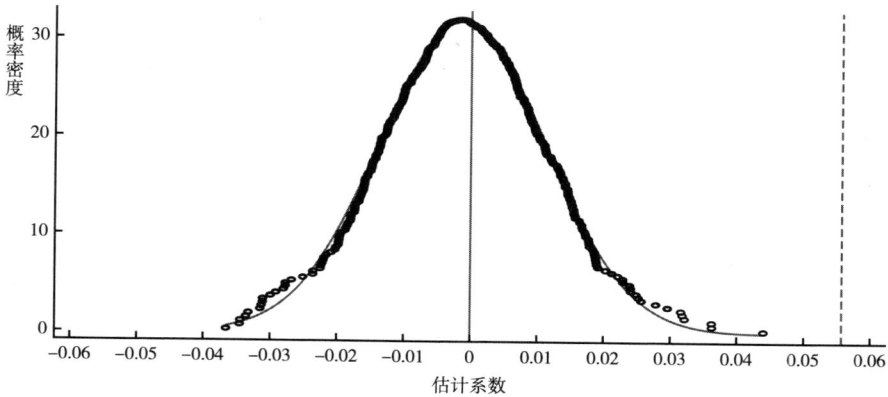

图2　安慰剂检验

　　首先使用Goodman-Bacon（2021）提出的Bacon分解法在不加入控制变量的情况对双向固定效应估计结果进行分解，根据组群规模和处理变量的方差将总的DID估计效应分为三组（见表4）：①"先实施新型城镇化试点地区 vs 后实施新型城镇化试点地区"；②"后实施新型城镇化试点地区 vs 先实施新型城镇化试点地区"；③"实施城镇化试点地区 vs 从未实施新型城镇化试点地区"。分解结果如表4所示，Bacon分解法给出不加入控制变量情况下总估计系数与表3中不加入控制变量估计结果间的差异并不明显。"后实施新型城镇化试点地区 vs 先实施新型城镇化试点地区"这一类对照组2×2DID所估计出的系数为负，说明基准回归中的总估计系数存在异质性处理效应，并且该效应导致了负权重问题。"坏控制组"的权重仅占0.6%，对总估计系数的可靠性不产生实质影响，"坏控制组"会降低总估计量，即低估新型城镇化对农业生产效率的提高作用。

表4　Bacon分解检验结果

类别	平均DID估计量	权重
先处理 vs 后处理	0.552	0.014
后处理 vs 先处理	−0.101	0.006
处理 vs 从未处理	0.083	0.980
DID总估计量	0.080***	(0.010)

注：*、**、***分别表示在10%、5%、1%的水平上显著，括号内为稳健性标准误。

本文依次使用群组—时间加权的平均处理效应（Callaway 和 Sant'Anna，2020）、插补估计（Imputation）的平均处理效应（Borusyak 等，2021）和多期多个体双重差分的平均处理效应（Chaisemartin 和 Haultfoeuille，2023）三种方法重新进行了基准回归，回归结果如表 5 所示，结果均能在 1% 的显著水平上通过统计性检验，说明在充分考虑了异质性处理效应带来的估计偏误后，基准回归的结论仍然具有稳健性。

表 5 多种平均处理效应检验结果

变量	(1)	(2)	(3)	(4)	(5)	(6)
	群组—时间加权的平均处理效应		插补估计的平均处理效应		多期多个体双重差分的平均处理效应	
新型城镇化试点	0.049***	0.057***	0.092***	0.084***	0.014***	0.012***
	(0.014)	(0.018)	(0.025)	(0.024)	(0.006)	(0.007)
控制变量		是		是		是
个体固定效应	是	是	是	是	是	是
年份固定效应	是	是	是	是	是	是
样本量	35833	34302	35842	34308	5381	5114

注：*、**、***分别表示在 10%、5%、1% 的水平上显著，括号内为稳健性标准误。

（五）排除政策溢出效应的影响

双重差分的识别假设中个体处理稳定性假设（SUVTA）要求试点政策只对处理组产生影响，对控制组不产生影响，即不存在政策溢出效应。考虑到新型城镇化政策在实施过程中可能会对相邻区域产生影响，无法满足个体处理稳定性假设，因此需要进一步排除政策溢出效应的影响。本文采取以下两种做法解决政策带来的溢出效应。

首先，参考 Jia 等（2020）和龚斌磊等（2022）的做法，通过限定样本范围以避免政策的溢出效应。具体而言，剔除了与新型城镇化试点地区相距 20 公里和 30 公里以内的县，同时采用空间断点回归的做法，将样本聚焦距离试点地区 150 公里以内的县，从而提高处理组和对照组的可比性。表 6 中第（1）列和第（2）列汇报了在限定样本范围后分别剔除与试点地区相距 20 公里和 30 公里以内的县的回归结果，可以看出，新型城镇化政策对劳均农业生产率的估计系数在1%的统计性水平上显著为正，与基准结果保持一致性。

表6　排除政策溢出效应的影响

变量	DID		Fuzzy DID	
	（1）	（2）	（3）	（4）
新型城镇化试点	0.082***	0.078***	0.269**	0.006*
	(0.019)	(0.019)	(0.023)	(0.018)
控制变量×时间	是	是		
个体固定效应	是	是	是	是
年份固定效应	是	是	是	是
样本量	27759	26026	34308	34308

注：*、**、***分别表示在10%、5%、1%的水平上显著，括号内为稳健性标准误。

其次，通过改变估计方程模型，使用Chaisemartin等（2019）提出的模糊双重差分法（Fuzzy Difference-in-differences）来处理政策溢出效应。模糊双重差分允许处理组和控制组同时受到政策影响，只需要受政策影响程度不同即可。在明确处理组和控制组中个体受到政策的不同处理程度（须为有序变量）后，[①]模糊双重差分通过估计政策生效后的局部平均处理效应的加权差值来确定政策的效用。

本文通过定义两种不同的政策外溢方式，验证基准回归结论的可靠性。第一，定义政策外溢效应与行政边界是否接壤相关。政策实施后试点地区受到的政策影响程度 $D_1 = 2$，与试点地区接壤的非试点地区受到的处理效应 $D_1 = 1$，与试点地区并不接壤的非试点地区受到的处理效应 $D_1 = 0$。第二，本文假定政策外溢效应受控制组到最近处理组之间地理距离的影响，按照地理距离进行划分，定义政策实施后处理组受政策影响程度 $D_2 = 5$，控制组中与处理组相距50公里及以内的县受到政策的影响程度 $D_2 = 4$，与处理组相距50~100公里的县受到政策的影响程度 $D_2 = 3$，与处理组相距100~200公里内的个体受到政策的影响程度 $D_2 = 2$，与处理组相距200公里以外的县受

_____

① 在De Chaisemartin等（2019）给出的估计命令中，只有政策对个体的影响程度为有序变量（Ordered Variable）时才能进行估计。

到政策的影响程度 $D_2 = 1$。在定义出有序的处理组变量 D_1、D_2 后，使用模型（17）进行模糊双重差分估计：

$$y_{it} = \alpha + \beta_1 G_t + \beta_2 G_{t-1} + \beta_3 T + \beta_4 D + \varepsilon_{it} \tag{17}$$

式（17）中，G_t 表示样本是否开始受到处理（是=1，反之=0），G_{t-1} 表示 G_t 的前一期，T 是年份变量，D 是有序处理变量。模糊双重差分的估计结果如表 6 中第（3）列和第（4）列所示。其中第（3）列和第（4）列分别估计的是 $D = D_1$ 和 $D = D_2$ 时局部平均处理效应的加权差值，结果显示新型城镇化政策对劳均农业生产率的估计系数分别在 5% 和 10% 的统计性水平上显著为正，说明即使存在溢出效应也不会影响基准回归的可靠性。

（六）稳健性检验

1.替换被解释变量

为了进一步验证新型城镇化政策实施对提高劳均农业生产率的作用的稳健性，本文用县域劳均第一产业产值、县域劳均粮食产量作为被解释变量替换基准回归中"县域劳均第一产业增加值"进行回归分析。表 7 中第（1）列和第（2）列报告了替换被解释变量后的回归结果，可以看出，新型城镇化政策对县域劳均第一产业总产值以及劳均粮食产量的估计系数分别在 5% 和 1% 的统计性水平上显著为正，与本文基准回归中所得结论保持一致。

表7　稳健性检验

变量	（1）	（2）	（3）	（4）	（5）	（6）
新型城镇化试点	0.055**	0.037***	0.070***	0.039**	0.074***	0.060**
	(0.018)	(0.011)	(0.023)	(0.018)	(0.014)	(0.023)
控制变量×时间	是	是	是	是	是	
处理组×时间					是	
处理组×时间²					是	
控制变量×年份						是
个体固定效应	是	是	是	是	是	是
年份固定效应	是	是	是	是	是	是
样本量	25191	26412	30792	27699	33842	33842
R²值	0.932	0.955	0.822	0.831	0.823	0.824

注：*、**、***分别表示在10%、5%、1%的水平上显著，括号内为稳健性标准误。

2.剔除特殊地区样本

样本县的选取也可能会影响结论的稳健性，本文进行两种样本县的筛选以验证基准回归结论的稳健性。一是剔除北京、天津、上海、重庆、青海、西藏和新疆地区的样本县。剔除北京、天津、上海、重庆是因为这四个直辖市管理体制的特殊性，在经济发展水平、政策自主权、官员考核等方面相比其他地区存在较大差异。剔除青海、西藏、新疆地区样本是因为这些地区的自然地理和社会经济状况明显异于其他地区。二是剔除了由省政府直管或地市政府代管的省辖县，相较于一般县而言，省辖县在目标定位、职能机构和财政权力等方面存在较大差异。表7中第（3）列汇报了剔除北京、上海、天津、重庆、青海、西藏和新疆地区样本的回归结果，第（4）列汇报了剔除省辖县样本后的回归结果，可以看出，新型城镇化政策的系数在1%和5%的统计性水平上仍显著为正，进一步验证了基准回归中的结论并不受样本筛选的影响。

3.加入处理组的时间趋势项

本文在基准回归中引入了控制变量与时间趋势的交乘项，并且平行趋势检验也验证了处理组与控制组在政策实施前并没有明显差异。但为了更严格的控制其他因素，本文将进一步引入处理组和控制组的时间趋势，以验证结果的可靠性。参照刘斌等（2022）的研究，本文在基准回归中加入处理组与时间趋势的一次项和二次项的交乘项，以赋予模型更灵活的时间趋势假定。表7中第（5）列汇报了同时加入处理组与时间趋势一次项和二次项的回归结果，可以看出，即使通过多种方式控制处理组的时间趋势，新型城镇化政策实施对提高劳均农业生产率的作用仍十分显著。

4.加入事前控制变量

为避免事后可变控制变量对估计系数一致性的影响，现有文献在使用事前控制变量控制政策前处理组与控制组之间差异时的常见做法有两种：一种是在回归中加入事前控制变量与时间趋势 T 的交互项，另一种是在回归中加入事前控制变量与时间虚拟变量的交互项。本文在基准回归部分采用了第一种做法，接下来将采用第二种做法进一步验证结果的可靠性。表7中第（6）列汇报了使用加入事前控制变量与年份虚拟变量交互项的回归结果，可以发现，相较于基准回归结果而言，使用该方法估计所得的系数增大且更加显著。

5.排除同时期其他政策干扰

为排除其他政策对研究结论造成的干扰，通过梳理同时期可能对农业生产造成影响的相关政策，在模型中加入脱贫攻坚、电子商务进农村、"宽带中国"等政策以验证本研究结论的稳健性。受 2013 年精准扶贫政策影响，为改善贫困地区经济发展情况，在政策支持下流入这些地区的要素资源相对集中。资本流入农业生产部门促进了农业生产规模化、机械化，进而影响劳均农业生产率，这可能影响本文估计结果，因此本文将 2013 年及之后的国家级贫困县取值 1，否则取值 0，并加入模型进行检验。此外互联网的普及、电子信息技术的使用对农业生产也产生了深远影响，在新型城镇化政策实施期间商务部于 2014 年开展的"电子商务进农村综合示范县"项目，以及 2014 年工业和信息化部、国家和发展改革委员会印发的《关于实施"宽带中国"2014 专项行动的意见》，对试点地区进行了财政资金补贴、大力推动当地数字基础设施建设，这些政策可能从农业机械投入、农业生产经营方面对农业生产产生影响。因此按照 2014 年、2015 年、2016 年、2017 年分批次确立的电子商务进农村试点县的名单，以及"宽带中国"战略在 2014 年、2015 年、2016 年公布的试点地区名单，将对应时间入选为试点地区的样本取值 1，反之取值 0，并加入模型以控制其他政策对劳均农业生产率产生的影响。

结果如表 8 所示，在逐步加入同期可能会影响劳均农业生产率的相关政策、事前控制变量、双向固定效应后发现，新型城镇化政策仍然在 5% 的统计性水平上显著地提高了劳均农业生产率。结合前文的安慰剂检验，可以认为同期其他政策（事件）因素并不影响本文基准回归结论的稳健性。

表 8　排除其他政策干扰的稳健性检验

变量	(1) 劳均农业生产率	(2) 劳均农业生产率	(3) 劳均农业生产率	(4) 劳均农业生产率
新型城镇化试点	0.053**	0.048**	0.049**	0.047**
	(0.023)	(0.021)	(0.022)	(0.021)
国家级贫困县	−0.015			−0.034
	(0.034)			(0.028)

变量	(1) 劳均农业生产率	(2) 劳均农业生产率	(3) 劳均农业生产率	(4) 劳均农业生产率
电子商务进农村		0.033		0.037*
		(0.029)		(0.020)
"宽带中国"			0.028	0.021
			(0.030)	(0.021)
控制变量×时间	是	是	是	是
个体固定效应	是	是	是	是
时间固定效应	是	是	是	是
样本量	33842	33842	33842	33842
R^2值	0.823	0.823	0.823	0.823

注：*、**、***分别表示在10%、5%、1%的水平上显著，括号内为稳健性标准误。

五　机制检验及异质性分析

基准模型的回归结果表明新型城镇化政策对劳均农业生产率提高具有显著的促进作用。结合新型城镇化政策的内容，认为新型城镇化政策通过促进农业生产中减少劳动力投入、增加机械化投入，提高了农业发展水平。

（一）机制检验

1.新型城镇化政策推动第二、第三产业发展

工业部门迅速扩张的"拉力"与农业生产较低的回报率产生的"推力"促进了城乡间劳动要素的流动。农业生产中存在大量剩余劳动力，劳动力流出与否，取决于城镇工业、服务业部门是否能提供充足的就业机会。农村剩余劳动力离开农业生产领域，通常会进入第二、第三产业从事非农劳动，因此通过新型城镇化与城镇第二、第三产业从业人数之间的关系检验得出，新型城镇化政策促进了城镇第二、第三产业的发展，带来就业机会的增加，体现了政策吸引农村劳动力离开农业生产领域流向第二、第三产业的拉力效果。

表9分别使用城镇化率、第二、第三产业从业人数以及增加值作为被解释变量进行回归，结果显示新型城镇化政策的实施，在1%的统计性水平上显著提高了城镇化率，使城镇化率提高了1.5%。表9的第（2）~（5）列表明新型城镇化政策显著提高了第二、第三产从业人数和增加值，说明新型城镇化政策促使农村剩余劳动力从第一产业流向第二、第三产业，促进了城乡劳动人口流动，减少了农业部门的剩余劳动力。

表9 新型城镇化与第二、第三产业发展

变量	城镇化率	ln（第二产业从业人数）	ln（第三产业从业人数）	ln（第二产业增加值）	ln（第三产业增加值）
	(1)	(2)	(3)	(4)	(5)
新型城镇化试点	0.015***	0.162***	0.119***	0.067***	0.033**
	(0.005)	(0.047)	(0.032)	(0.020)	(0.013)
控制变量×时间	是	是	是	是	是
时间固定效应	是	是	是	是	是
个体固定效应	是	是	是	是	是
样本量	30702	18770	18803	33756	35166
R^2值	0.856	0.898	0.898	0.947	0.974

注：*、**、***分别表示在10%、5%、1%的水平上显著，括号内为稳健性标准误。

2.新型城镇化与农业生产劳动投入、机械化生产的关系

农村剩余劳动力从农业生产领域流出、城镇工业资本下乡"反哺"农业，可以缩小城乡收入差距，推动城乡融合发展。农民选择到非农部门就业不仅要考虑收入因素，还要考虑移动成本，包括交通费用支出、生活成本，同时也包括离开熟悉环境损失的社会资本。能否融入当地享有和户籍居民同等的公共服务，如医疗、教育、社会保障等，都会影响农村劳动力跨区域流动的选择。

新型城镇化政策强调以"人"为本的核心目标，通过建立转移人口市民化成本分担机制、完善农民工城镇生活的基本公共服务、加快农业迁移人口市民化等进一步打破城乡壁垒，促进以劳动力为核心的包括土地、技术、资本等要素的流动。表10将农业劳动力投入和机械化投入作为被解释

变量，汇报了新型城镇化政策实施与两者之间的关系，检验新型城镇化政策推动农业劳动力流出后是否可以促进农业生产的资本深化，增加农业生产中的农机投资。第（1）和第（2）列结果显示新型城镇化政策通过减少农业生产中的劳动力投入、增加机械化投入，促进了农业生产效率的提高。第（3）列显示新型城镇化政策对播种土地面积没有显著影响，说明政策是通过机械投入替代劳动力投入来提高人均生产效率从而促进农业发展，而不是通过增加土地要素投入来推动农业发展的。

表10　新型城镇化与农业劳动力、机械化投入

变量	(1) ln(农业劳动力投入)	(2) ln(机械化投入)	(3) ln(播种土地面积)
新型城镇化试点	−0.035***	0.077***	−0.004
	(0.008)	(0.015)	(0.014)
控制变量×时间	是	是	是
时间固定效应	是	是	是
个体固定效应	是	是	是
样本量	33842	31337	26389
R^2值	0.984	0.947	0.963

注：*、**、***分别表示在10%、5%、1%的水平上显著，括号内为稳健性标准误。

（二）异质性分析

前文以全样本数据证明了新型城镇化政策推动了劳均农业生产率的提高。由于不同新型城镇化试点地区的农业生产条件存在明显差异，进一步分样本讨论新型城镇化政策对不同地区的不同生产规模的粮食产区的影响是否具有差异性，有助于不同地理环境和生产条件的地区因地制宜地制定政策。

1.新型城镇化政策对不同地形农业增长影响的异质性分析

机制检验部分表明，新型城镇化政策通过机械使用代替劳动力来提高劳均农业生产率。但农业机械的使用对地形和地貌有一定要求，地势平坦地区农业机械化的普及率较高。新型城镇化政策对劳均农业生产率的影响

可能因试点地区地形地势的不同而存在差异，因此使用新型城镇化试点与地形起伏度（县域最高海拔–最低海拔）的交互项对劳均农业生产率进行回归，结果如表 11 中第（1）列所示，新型城镇化试点与地形起伏度的交互项系数在 1% 的统计性水平上显著为负，为–0.111，说明新型城镇化试点对地势起伏较小县域的劳均农业生产率具有更加显著的促进作用。根据国家地理区域划分，将属于东北平原、华北平原、长江中下游平原和关中平原的县域统一定义为平原地区，将其他地区定义为非平原地区进行分组检验，回归结果如表 11 中第（2）列和第（3）列所示，新型城镇化试点对平原地区的劳均农业生产率有着显著的促进作用，而对非平原地区的劳均农业生产率的影响则不显著，说明新型城镇化政策对提高劳均农业生产率的作用受当地地形影响，对有利于开展机械操作地区的劳均农业生产有显著的促进作用。

表 11 新型城镇化政策对不同地形农业增长的影响

变量	劳均农业生产率		
	(1)	(2)	(3)
		平原地区	非平原地区
新型城镇化试点	0.143***	0.152***	−0.032
	(0.028)	(0.037)	(0.027)
新型城镇化试点×地形起伏度	−0.111***		
	(0.017)		
控制变量×时间	是	是	是
时间固定效应	是	是	是
个体固定效应	是	是	是
样本量	33842	11899	21943
R^2值	0.823	0.823	0.823

注：*、**、***分别表示在 10%、5%、1% 的水平上显著，括号内为稳健性标准误。

表 11 的结论也验证了新型城镇化政策通过机械投入替代劳动力投入促进劳均农业生产率提高的影响机制。相对于非平原地区，平原地区更适合进行大

规模的农业生产活动，有利于开展机耕、机播等机械作业。新型城镇化政策对平原地区的劳均农业生产率的影响更为显著，说明对有利于发展规模农业生产的地区可以依靠资本投入提高机械化水平进而促进农业发展。而无法开展规模化农业生产的非平原地区则适合通过增加其他要素投入，如农药、化肥，不同地区在制定新型城镇化的具体政策时，可以结合农业生产特色，因地制宜地推动农业发展。

2.新型城镇化政策对不同粮食主产县农业增长影响的异质性分析

粮食主产县通常农业生产种植面积较大进而形成了规模化种植方式。生产规模以及农业生产条件的不同可能会使政策效果产生差异，以粮食主产区作为划分依据，进一步分析新型城镇化政策对不同农业生产规模的县域产生的影响。按照2009年国务院出台的《全国新增1000亿斤粮食生产能力规划（2009—2020）》，从13个粮食主产省和11个非粮食主产省分别选取了680个和120个粮食主产县，合计800个。将选出的800个粮食主产县取值1，其余县取值0，通过新型城镇化试点和粮食主产县交互项和分组回归的方式考察新型城镇化政策对不同粮食主产县劳均农业生产率的影响。

回归结果如表12所示，第（1）列汇报了新型城镇化试点与粮食主产县交互项的回归结果，结果显示新型城镇化试点与粮食主产县交互项的系数为0.153，在1%的统计性水平上显著为正，说明新型城镇化试点对粮食主产县劳均农业生产率的作用更显著。表12中第（2）列和第（3）列汇报了分组回归结果，第（2）列为粮食主产县，回归结果显示新型城镇化政策显著促进了粮食主产县劳均农业生产率的提高，系数为0.124。第（3）列回归结果显示新型城镇化政策仅对粮食主产县的劳均农业生产率提高起到促进作用，对非粮食主产县的劳均农业生产率提高的促进作用则不明显。平原地区以及农业生产规模更大的粮食主产县，更易于开展农业机械化生产，也进一步验证了本文提出的新型城镇化政策是通过"机械投入增加"的作用机制促进了农业生产增长。

表12　新型城镇化政策对不同粮食主产县农业增长的影响

变量	劳均农业生产率		
	（1）	（2）	（3）
	全样本	粮食主产县	非粮食主产县
新型城镇化试点	−0.014	0.124***	−0.014
	(0.032)	(0.025)	(0.034)
新型城镇化试点×粮食主产县	0.153***		
	(0.039)		
控制变量×时间	是	是	是
时间固定效应	是	是	是
个体固定效应	是	是	是
样本量	33842	11434	22408
R^2值	0.823	0.847	0.822

注：*、**、***分别表示在10%、5%、1%的水平上显著，括号内为稳健性标准误。

3.新型城镇化政策对不同交通成本地区农业增长影响的异质性分析

许多研究证实了城乡二元体制限制了城乡之间人口的流动与迁移（陆铭和陈钊，2004），然而在制度因素之外，交通效率的提高对促进劳动力流动也具有十分重要的作用（余泳泽和潘妍，2019）。政策制度的有效发挥离不开交通等基础设施的完善，由交通不便等导致的较高的移动成本是阻碍城乡要素流动的要因，较远的地理距离和较高的运输成本增加了农民外出务工的不确定性。根据地区特征、交通状况的差异，结合新型城镇化政策对劳均农业生产率的影响进行研究，能够分析城乡壁垒究竟是由制度障碍导致的还是由地理距离障碍导致的。

交通等基础设施建设被认为是引发城乡收入差距的重要原因，交通效率的提高有助于促进劳动力流动。2015年5月交通运输部印发《关于推进"四好农村路"建设的意见》，[①]要求在2020年之前全国基本建成覆盖县、乡、村三级的农村物流交通网络，具备条件的建制村要全部通客车，实现"建好、管好、护好、运营好"的"四好农村路"总目标。交通运输部根据各县公路建设情况每年评选出"四好农村路"示范县，并给予相应的财政

---

① https://www.mot.gov.cn/zhengcejiedu/sihaoncl/xiangguanzhengce/201808/t20180810_3056482. html.

奖励。各地区考核评定标准、细则、指标虽有差异，但相较于未被选中的地区，"四好农村路"示范县的交通网络效率更高，农民出行更加便利。根据交通运输部和各省交通运输厅2017年、2018年、2019年公布的全国"四好农村路"示范县城名单，与样本县数据进行匹配，将本年入选为"四好农村路"示范县的样本取值1，否则取值0，进行回归分析。

回归结果如表13所示，第（1）列是"四好农村路"示范县对劳均农业生产率的估计结果，研究表明入选"四好农村路"示范县，即交通效率提高并未显著影响劳均农业生产率。第（2）列显示了新型城镇化试点和"四好农村路"示范县交互项的回归结果，可以看出新型城镇化试点与"四好农村路"示范县交互项的系数显著为正，说明同时入选为新型城镇化试点及"四好农村路"示范县的地区对劳均农业生产率提高起显著促进作用，改善交通、降低迁移成本能够增强新型城镇化政策效果，但仅仅依靠交通设施的改善则无法起到提高劳均农业生产率、促进农业增长的作用。

表13　新型城镇化政策对交通成本不同地区农业增长的影响

变量	（1）劳均农业生产率	（2）劳均农业生产率
"四好农村路"示范县	0.043	−0.060*
	(0.039)	(0.036)
新型城镇化试点		0.034
		(0.021)
新型城镇化试点×"四好农村"路示范县		0.265***
		(0.069)
控制变量×时间	是	是
个体固定效应	是	是
年份固定效应	是	是
样本量	33842	33842
R^2值	0.823	0.823

注：*、**、***分别表示在10%、5%、1%的水平上显著，括号内为稳健性标准误。

4.新型城镇化政策对不同落户门槛地区农业增长的异质性分析

新型城镇化政策通过"按照户籍制度改革要求调整户口迁移政策，出台具体可操作的农业转移人口和其他常住人口落户标准"等一系列任务的制定，建立了农业转移人口市民化成本分担机制，成为破除城乡户籍壁垒的重要动力。为进一步剔除户籍制度对劳动力流动产生的异质性影响，本研究使用的数据来自西南财经大学经济与管理研究院公共经济与行为研究平台和中国家庭金融调查与研究中心联合公布的中国城市落户门槛指数（China Hukou Registation Index，CHRI）①，选用新型城镇化政策实施前 2000~2013 年的普通就业落户门槛指数，将样本分成高门槛组、低门槛组进行异质性分析。

表 14 显示新型城镇化政策对高门槛地区的劳均农业生产率具有显著提高作用。高门槛地区基础设施更加完善，就业机会较多，但就业规范、落户成本也较高。新型城镇化政策实施，比如以居住证形式保障常住人口的基本权益、降低落户门槛为普通就业者提供落户机会等具体政策的制定，对更高门槛地区的劳动力流动起到更为显著的促进作用。当高门槛地区放宽落户标准、降低落户要求时，该地区农村剩余劳动力从农业生产领域转移到非农领域的就业机会增加，促进了农业劳动人口流动，同时显著提高了该地区县域劳均农业生产率。结论同时验证了新型城镇化政策在"紧紧围绕人的城镇化，推进农业转移人口市民化进程"的主要任务目标下对促进县域内劳动力流动起到了较强的促进作用。

表 14 新型城镇化政策对不同落户门槛地区农业增长的影响

变量	被解释变量：劳均农业生产率	
	低门槛组	高门槛组
新型城镇化试点	0.037	0.086**
	(0.062)	(0.041)
控制变量×时间	是	是
个体固定效应	是	是
年份固定效应	是	是
样本量	4768	4703
R^2 值	0.807	0.849

注：*、**、***分别表示在 10%、5%、1%的水平上显著，括号内为稳健性标准误。

---

① 该指数根据就业、住房、投资等不同类别的落户安排和不同级别的城市分别构造相应的落户门槛指数，根据本文的相关研究主题，选用普通就业落户门槛指数进行异质性分析（张吉鹏和卢冲，2019）。

六 研究结论及政策启示

实现社会主义现代化强国目标离不开农业强国建设。党的二十大报告中强调"全面建设社会主义现代化国家,最艰巨最繁重的任务仍在农村"。面对我国人多地少的资源禀赋,加快提高我国农业生产效率,形成农业规模化、机械化生产方式,对保障我国粮食安全、助力农村经济高质量发展、实现我国从农业大国迈向农业强国具有重要意义。

本文使用2003~2020年县域层级的面板数据,通过交叠双重差分模型检验了新型城镇化政策对我国劳均农业生产率产生的影响,并对其作用机理进行了分析,得出以下结论:第一,新型城镇化政策为当地农业带来了5.6%的额外增长,促进了县域农业生产效率的提高,本文通过一系列稳健性检验验证了结论的可靠性。第二,新型城镇化政策促进农业增长是由机械投入替代劳动力投入进而促进劳均生产率提高带来的,且新型城镇化政策对具备农业规模化生产条件的平原地区提高劳均农业生产率的促进作用更为明显。第三,异质性检验部分发现破除城乡制度壁垒是促进劳动力流动的关键,改善农村交通基础设施的政策无法直接提高农业生产率,但通过与新型城镇化政策相结合,进一步促进了劳动力流动、增强了新型城镇化的政策效应,农村交通条件的改善、迁移成本的降低能够起到强化新型城镇化政策效果的作用。

根据研究结论得出如下政策建议。

首先,进一步消除城乡制度壁垒,通过户籍改革、提高政府公共服务能力等方式保障城镇常住人口的基本权益。新型城镇化促使生产要素在城乡之间进行高效配置,这种跨区域的人口流动需要政府提供制度保障、有效治理城乡市场环境,同时为流动人口提供基本的医疗保险等公共服务。不断完善土地、户籍、医疗、教育、住房等方面的机制体制,建立城乡统一大市场,促进土地、技术、资本等要素在城乡间流动。

其次,提升农业现代化水平,通过新型农业生产经营方式的推广提高农业生产效率、推动农业增长,从而促进经济高质量发展。改变传统农业劳动密集型生产方式，通过工业的快速发展来反哺农村，充分发挥以工促农、以城带乡的作用，依靠资本下乡来增加农机投资、提高农业生产资本深化程度，加大农业机械投入，避免因农村剩余劳动力流出而导致农村产业"空心化"等问题。提高劳均农业生产率以确保粮食产品的稳定供给，以农业现代化的生产经营方式来促进农户增收以及农村经济发展，这对于实现农业强国目标具有重要意义。

最后，以县城为载体，推动新型城镇化战略落地落实。"十四五"期间在新型城镇化过程中应充分发挥县城作为城乡过渡地区的重要作用，发挥县域经济的优势，建设成为吸纳农村剩余劳动力的主阵地，发挥协调城乡融合发展、全面统筹推进城乡基本公共服务、构建新型工农城乡关系的重要作用。应充分结合地形地貌、气候环境等区域差异，因地制宜地开展规模农业经营、提高农业机械化水平。新型城镇化政策的落地落实离不开基础设施的完善，在建设城乡统一要素市场、促进生产要素流动的同时，改善交通条件以降低劳动力迁移成本，更好地提升新型城镇化政策的效果。

参考文献

[1] 蔡昉，2018，《农业劳动力转移潜力耗尽了吗?》，《中国农村经济》第9期。

[2] 陈强远、梁琦，2014，《技术比较优势、劳动力知识溢出与转型经济体城镇化》，《管理世界》第11期。

[3] 方创琳、赵文杰，2023，《新型城镇化及城乡融合发展促进中国式现代化建设》，《经济地理》第2期。

[4] 盖庆恩、方聪龙、朱喜、程名望，2019，《贸易成本、劳动力市场扭曲与中国的劳动生产率》，《管理世界》第3期。

[5] 盖庆恩、朱喜、史清华，2013，《劳动力市场扭曲、结构转变和中国劳动生产率》，《经济研究》第5期。

[6] 龚斌磊、张启正、袁菱苒等，2022，《革命老区振兴发展的政策创新与效果评估》，《管理世界》第8期。

[7] 郭晨、张卫东，2018，《产业结构升级背景下新型城镇化建设对区域经济发展质量的影响——基于PSM-DID经验证据》，《产业经济研究》第5期。

［8］黄炜、张子尧、刘安然，2020，《从双重差分法到事件研究法》，《产业经济评论》第2期。

［9］黄宗智，2020，《小农经济理论与"内卷化"及"去内卷化"》，《开放时代》第4期。

［10］姜安印、杨志良，2020，《新型城镇化建设与城市经济高质量增长——基于双重差分法的实证分析》，《经济问题探索》第3期。

［11］李宾、马九杰，2014，《劳动力转移、农业生产经营组织创新与城乡收入变化影响研究》，《中国软科学》第7期。

［12］李兰冰、高雪莲、黄玖立，2020，《"十四五"时期中国新型城镇化发展重大问题展望》，《管理世界》第11期。

［13］刘斌、李秋静、李川川，2022，《跨境铁路运输是否加快了中国向西开放？——基于城市—产品层面的经验证据》，《管理世界》第8期。

［14］刘进、贾杰斐、许庆，2023，《农机购置补贴如何影响小农户农机社会化服务获得——基于全国农村固定观察点数据的分析》，《中国农村经济》第2期。

［15］刘生龙、王亚华、胡鞍钢，2009，《西部大开发成效与中国区域经济收敛》，《经济研究》第9期。

［16］陆铭、陈钊，2004，《城市化、城市倾向的经济政策与城乡收入差距》，《经济研究》第6期。

［17］陆铭、李鹏飞，2023，《区位与分工：论统一大市场建设下的县域城镇化》，《农业经济问题》第1期。

［18］骆永民、骆熙、汪卢俊，2020，《农村基础设施、工农业劳动生产率差距与非农就业》，《管理世界》第12期。

［19］罗必良、耿鹏鹏，2023，《理解县域内的城乡融合发展》，《南京农业大学学报（社会科学版）》第1期。

［20］马晓河、杨祥雪，2023，《城乡二元结构转换过程中的农业劳动力转移——基于刘易斯第二转折点的验证》，《农业经济问题》第1期。

［21］冒佩华、徐骥、贺小丹等，2015，《农地经营权流转与农民劳动生产率提高：理论与实证》，《经济研究》第11期。

［22］石大千、丁海、卫平等，2018，《智慧城市建设能否降低环境污染》，《中国工业经济》第6期。

［23］宋宜农，2017，《新型城镇化背景下我国农村土地流转问题研究》，《经济问题》第2期。

［24］孙琳琳、杨浩、郑海涛，2020，《土地确权对中国农户资本投资的影响——基于异质性农户模型的微观分析》，《经济研究》第11期。

［25］吴青山、吴玉鸣、郭琳，2022，《新型城镇化对劳动力错配的影响：理论分析与经验辨识》，《经济评论》第5期。

［26］习近平，2020，《国家中长期经济社会发展战略若干重大问题》，《求是》第21期。

［27］习近平，2022，《坚持把解决好"三农"问题作为全党工作重中之重 举全党全社会之力推动乡村振兴》，《求是》第7期。

［28］解安、林进龙，2023，《新型城镇化：十年总结与远景展望》，《河北学刊》第1期。

［29］游珍、封志明、杨艳昭，2018，《中国1km地形起伏度数据集》，《全球变化数据学报（中英文）》第2期。

［30］余航、周泽宇、吴比，2019，《城乡差距、农业生产率演进与农业补贴——基于新结构经济学视角的分析》，《中国农村经济》第10期。

［31］余泳泽、潘妍，2019，《高铁开通缩小了城乡收入差距吗？——基于异质性劳动力转移视角的解释》，《中国农村经济》第1期。

［32］张吉鹏、卢冲，2019，《户籍制度改革与城市落户门槛的量化分析》，《经济学（季刊）》第4期。

［33］张军涛、黎晓峰，2019，《中国的城镇化与资源配置效率——基于生产率分布视角的分析》，《经济问题探索》第5期。

［34］张启正、袁菱苒、胡沛楠等，2022，《革命老区振兴规划对农业增长的影响及其作用机理》，《中国农村经济》第7期。

［35］郑淋议，2023，《农村土地制度改革视域下的共同富裕研究——以产权开放为分析线索》，《中国经济学》第2辑。

［36］周心怡、李南、龚锋，2021，《新型城镇化、公共服务受益均等与城乡收入差距》，《经济评论》第2期。

［37］朱鹏华、刘学侠，2023，《以人为核心的新型城镇化：2035年发展目标与实践方略》，《改革》第2期。

［38］Adamopoulos T., Restuccia D. 2014. "The Size Distribution of Farms and International Productivity Differences." *The American Economic Review*, 104（6）：1667-1697.

［39］Adamopoulos T., Brandt L., Leight J., et al. 2022. "Misallocation, Selection, and Productivity：A Quantitative Analysis with Panel Data from China." *Econometrica*, 90（3）：1261-1282.

［40］Athey S., Imbens G. W. 2022. "Design-based Analysis in Difference-in-differences Settings with Staggered Adoption." *Journal of Econometrics*, 226(1)：62-79.

［41］Baker A. C., Larcker D. F., Wang C. C. Y. 2022. "How Much should We Trust Staggered Difference-in-differences Estimates？" *Journal of Financial Economics*, 144（2）：370-395.

［42］ Borusyak K., Jaravel X., Spiess J. 2021. "Revisiting Event Study Designs: Robust and Efficient Estimation." arXiv preprint arXiv:2108.12419,2021.

［43］ Callaway B., Sant'Anna P. H. C. 2020. "Difference-in-differences with Multiple Time Periods." *Journal of Econometrics*, 225(2): 200-230.

［44］ De Chaisemartin C., D'Haultfoeuille X. 2023. "Two-way Fixed Effects and Differences-in-differences with Heterogeneous Treatment Effects: A Survey." *The Econometrics Journal*, 26(3): C1-C30.

［45］ De Chaisemartin C., D'Haultfoeuille X., Guyonvarch Y. 2019. "Fuzzy Differences-in-differences with Stata." *The Stata Journal*, 19(2): 435-458.

［46］ Goodman-Bacon A. 2021. "Difference-in-differences with Variation in Treatment Timing." *Journal of Econometrics*, 225(2): 254-277.

［47］ Huang J., Gao L., Rozelle S. 2012. "The Effect of Off-farm Employment on the Decisions of Households to Rent out and Rent in Cultivated Land in China." *China Agricultural Economic Review*, 4(1): 5-17.

［48］ Jia J., Ma G., Qin C., et al.2020. "Place-based Policies, State-led Industrialisation, and Regional Development: Evidence from China's Great Western Development Programme." *European Economic Review*, 123: 103398.

［49］ Lewis W. A. 1954. "Economic Development with Unlimited Supplies of Labour." *The Manchester School of Economic and Social Studies*, 22(2): 139-191.

［50］ Li P., Lu Y., Wang J. 2016. "Does Flattening Government Improve Economic Performance? Evidence from China." *Journal of Development Economics*, 123(11): 18-37.

［51］ Li P., Tian Y., Wu J., Xu W. 2021. "The Great Western Development Policy: How It Affected Grain Crop Production, Land Use and Rural Poverty in Western China." *China Agricultural Economic Review*, 13(2):319-348.

［52］ Ren C., Zhou X., Wang C., et al.2023. "Ageing Threatens Sustainability of Smallholder Farming in China." *Nature*, 616(7955):96-103.

（责任编辑：陈星星）

农村电子商务建设能促进农民消费吗？

——来自电子商务进农村综合示范政策的准实验证据

杨新宇　　朱玉春*

摘　要： 在新发展阶段，突破扩大农村消费的瓶颈、释放农村消费潜力已经成为畅通国内经济大循环和促进经济高质量发展的重要力量。以政府引导的农村电子商务建设为提振农村居民消费提供了可行的新路径。本文基于2011~2019年县域面板数据，借助电子商务进农村综合示范政策这一准实验，运用多期双重差分法，考察政府引领的农村电子商务建设对农民消费的影响及相关机制。研究发现：电子商务进农村综合示范政策能使农村居民消费水平提升约2.4%；作用渠道分析表明，电子商务进农村综合示范政策主要通过增加农民收入、破除数字技术使用障碍、降低贸易成本三方面促进农村居民消费水平提升；异质性分析表明，在经济欠发达和电子商务欠发达的县域政策处理效应更大，说明该政策对农村消费福利的影响具有包容性。因此，应持续加强农村电子商务建设，在提高农村地区电子商务覆盖率的基础上，完善电子商务基础设施和相关公共服务，持续优化农村消费环境，为农民消费提供持续动力。

关键词： 电子商务　农村居民消费　准实验　数字鸿沟　贸易成本

---

*　杨新宇，硕士研究生，西北农林科技大学经济管理学院，电子邮箱：xinyuyang@nwafu.edu.cn；朱玉春（通讯作者），教授，西北农林科技大学经济管理学院，电子邮箱：zhuyuchun321@126.com。本文获得国家社会科学基金重大项目（22&ZD113）的资助。感谢匿名审稿专家的宝贵意见，文责自负。

一　引言与文献综述

推动构建以国内大循环为主体、国内国际双循环相互促进的新发展格局是党和国家根据当前国内外形势判断所做出的重大战略部署（江小涓和孟丽君，2021）。在当前中国经济面临需求收缩、供给冲击、预期转弱三重压力的情况下，进一步构建完善的内需体系是保障经济平稳的"压舱石"（王小华等，2022）。然而，中国居民消费率不仅长期低于世界平均水平，而且呈现持续下滑趋势。2011~2021年中国居民消费率从46.72%下降到38.37%，而世界平均消费率保持在55.56%左右[①]。在长期的城乡二元结构背景下，中国农村地区人口规模较大，农村居民消费水平较低，城乡消费差距持续扩大（李国正和艾小青，2017）。2019年，中国农村人口占总人口的37.29%，农村消费占居民总消费的比例却不到25%，城乡人均消费支出差距增加至19518元。[②]这说明农村消费水平偏低，拉低了中国整体消费水平，但更说明对于扩大内需、培育完善内需体系而言，农村是最广阔的增量空间（唐仁健，2021）。2021年中共中央、国务院发布的《关于全面推进乡村振兴加快农业农村现代化的意见》指出，构建新发展格局，潜力后劲在"三农"，迫切需要扩大农村需求，畅通城乡经济循环。2022年中共中央、国务院发布的《扩大内需战略规划纲要（2022—2035年）》指出，应从实施乡村建设行动、完善乡村市场体系、丰富乡村经济多样性和构建城乡融合机制等方面挖掘农村内需潜力。因此，在新发展格局下，探究提振农村居民消费的可行路径不仅能增强国内大循环的内生动力，还能有力应对国内经济发展的各类挑战。

在数字经济时代，收入固然是制约农村居民消费的重要因素，但更重要的是农村地区的数字鸿沟和贸易成本问题。农村地区与零售业发达的城市中心和物流中心之间距离较远，农民购买产品面临较高的信息搜寻成本

[①]　世界发展指标（WDI）数据库，https：//datatopics.worldbank.org/world-development-indicators/。

[②]　国家统计局，https：//data.stats.gov.cn/。

和运输成本。农村居民人力资本和数字素养偏低，也难以利用电子商务平台进行消费活动。除此以外，中国农村地区人口规模较小，零售商的进入成本偏高，因而农村地区的商品流通渠道较少，农民可选购的商品种类也较为缺乏（刘根荣，2017）。近年来，电子商务逐步改善了农村地区的消费环境，为提振农民消费提供了可行路径。电子商务重新塑造了消费的时空关系与交互关系，使供给方与交易方实现直接联通，促进线上与线下消费并轨，降低了农村地区消费的贸易成本。电子商务相关基础设施能帮助农民破除数字技术使用壁垒。在农村电商不断发展的过程中，政府政策支持起到了重要作用（杨旭和李竣，2017）。例如，2014年商务部、财政部和国务院扶贫办共同实施了电子商务进农村综合示范政策（以下简称"综合示范政策"）。综合示范政策以健全农村电子商务支撑服务体系、扩大农村电子商务应用领域、提升农村电子商务应用能力为主要目标，自政策实施以来中国农村电商蓬勃发展，农村地区消费环境不断改善。2014~2019年，中国农村人均消费水平从8365元增长到15382元，年均增长率为10%左右[①]。综合示范政策为本文探讨农村电子商务建设对农村居民消费的影响及其机制提供了契机。

以综合示范政策为代表的农村电子商务建设使电子商务加速嵌入农村生产生活，与之相关的文献有三支：第一支文献聚焦电子商务对农民经济福利的影响，第二支文献主要关注电子商务对农村地区发展不平等的影响，第三支文献主要对综合示范政策的效果进行评价。

关于电子商务对农民经济福利的影响，既有研究认为电子商务能降低城乡间交易成本和信息搜寻成本，并扩大农村产品销售市场规模，进而促进农民增收（秦芳等，2022）。电子商务具有"去中介化"的特点，能打破中间商在城乡交易中占据的垄断地位，降低城乡间交易成本，实现城乡供需高效匹配（邱子迅和周亚虹，2021；汪阳洁等，2022）。小农户与大市场之间的信息不对称和结构性矛盾是农户在生产和销售过程中面临的最大难题，电子商务为生产者和消费者提供了实时的产品信息，降低了供求双方

---

① 国家统计局，https://data.stats.gov.cn/。

的信息搜集成本,缓解了城乡间的信息不对称矛盾,不仅使农户的生产决策更加及时、准确、高效(Sampath 等,2018),还使消费者能够详细了解产品相关信息,增强用户黏性,扩大农村产品销售市场规模(Shimamoto等,2015;马彪等,2021)。电子商务在我国脱贫攻坚战略中也发挥了重要作用,地方政府与电商企业合作,利用电子商务为贫困地区进行"数字赋能",解决了农村贫困地区农产品的生产、流通和营销问题,探索出了一条"电商扶贫"的道路(王胜等,2021)。此外,数字金融发展还能进一步缓解农民融资约束,提升电子商务助农效率(周亚虹等,2023)。对农村消费而言,电子商务渗入农村地区加剧了线上与线下交易渠道之间的竞争,降低了农村地区物价水平,使农村地区能获得物美价廉的商品(Couture 等,2021)。除此以外,在农村物流体系日益完善的背景下,农村与城市的消费环境趋同,农民可购买到更多的商品,促进农民消费结构升级(刘根荣,2017)。Luo 等(2019)将阿里巴巴县域电子商务指数与中国家庭追踪调查(CFPS)数据匹配,发现电子商务发展能促进农村地区消费。赵佳佳等(2022)发现数字乡村建设能显著提升农村居民人均消费水平,尤其对享受型消费的促进作用最大。

大量研究表明,电子商务能显著增进农民福利,但也加剧了农村地区发展不平等的现象(杨柠泽等,2018)。随着我国加大对农村地区互联网基础设施建设的投入,电子商务在农村地区的接入差异逐步减小。然而,不同人群在数字技术的接受程度和使用能力方面的差距逐渐拉大,具体包括对数字技术的偏好和了解程度,以及数字技术的使用技能、程度和方式等所造成的数字能力鸿沟(许竹青等,2013)。农户间的异质性使数字技术福利难以在农户之间均等分配,造成数字收益鸿沟,原因在于,农户在生产生活中是否使用电子商务会受到人力资本、物质资本和社会资本的影响(Luo 和 Niu,2019),而农户的电子商务受益水平也取决于其各种资本所组成的互联网资本组合(邱泽奇等,2016)。Fafchamps 等(2012)利用随机干预实验的方法证明信息通信技术仅能改变高人力资本农户的农产品生产行为,曾亿武等(2018)则指出电子商务扩大了农村内部的收入差距。数字鸿沟引致的机会和结果不平等加剧了社会资源分配的不平等,最终作为新驱动因素再次加深数字鸿沟，引起新的不平等，不利于实现共同富裕（陈梦根和周元任，2022）。

现有关于综合示范政策的研究主要有两个方向：一是关于综合示范政策的实施效果，主要关注综合示范政策对县域经济增长（王奇等，2021）、农民收入（唐跃桓等，2020；Peng等，2021）、农民创业（涂勤和曹增栋，2022）和农村电子商务发展（易法敏等，2021）的影响。二是与本文密切相关，关注综合示范政策对农村居民消费的影响。Couture等（2021）利用综合示范政策实施的契机，在中国3省8县共100个村庄通过设立村级电子商务服务点开展随机实验来识别电商发展对农户消费的影响。结果显示，村级电子商务服务点促进了农民消费，但对老年及受教育程度低的群体的效果不大。王奇等（2022）利用中国家庭金融调查数据验证了执行综合示范政策能促进农户网络消费，并且能缓解农村消费不平等问题。

诚然，上述文献为本文提供了理论依据与实证参考，但仍存在进一步深化分析的空间。一是相关研究虽然对电子商务能促进农民消费的观点达成共识，但其中的研究多将综合示范政策实施背景下建设的农村电子商务服务点作为核心自变量，而真正研究综合示范政策影响农村居民消费的文献相对有限。二是既有研究侧重于识别农村电子商务建设对农村居民消费的影响，对以综合示范政策为代表的农村电子商务建设对农村居民消费的影响机制的探讨较少涉及。三是已有文献大多使用短期微观调查样本进行研究，而以综合示范政策为代表的农村电子商务建设已实施9年并遍及全国一半以上的县，需要用长期全国性数据进行实证分析，已有研究使用的数据存在样本观察期过短，缺乏对政策长期效应和时间动态效应的观察。鉴于此，本文采用多期双重差分法（Time-Varying DID）研究综合示范政策的农村居民消费效应，并探究其作用渠道和异质性影响。研究发现：第一，综合示范政策能够显著促进农村居民消费水平提升。第二，综合示范政策通过农民增收、破除数字技术使用壁垒和降低贸易成本三条路径提升农村居民消费水平。第三，在经济欠发达和农村电子商务欠发达的县域综合示范政策的农村居民消费效应更大，说明以综合示范政策为代表的农村电子商务建设对农村居民消费的影响具有包容性。

与已有研究相比,本文可能的边际贡献是:首先,本文评估了政府引领的农村电子商务建设的农村居民消费效应。虽然已有研究评估了电子商务在经济增长(王奇等,2021)、生产效率(余文涛和杜博涵,2022)、居民收入(Luo和Niu,2019)、居民消费(唐学朋等,2023)、创业活动(王金杰等,2019)等方面的影响,但多是假设电子商务发展和扩散源于市场内生动力,而在农村地区,电子商务的接入及相关基础设施建设多是由相关政策引导完成的(肖开红等,2019)。基于此,本文从综合示范政策的视角切入,利用县域宏观数据,使用多期双重差分法考察政府引领的农村电子商务建设如何影响农村居民消费,可有效避免遗漏变量及测度误差等内生性问题的干扰,准确评估农村电子商务建设对农村居民消费的影响,为中国农村电子商务建设的经济效益提供了新证据。其次,政策引领的农村电子商务建设不仅包括将电子商务引入农村,还包括电子商务服务点、农村现代物流、农村电子商务培训等相关配套基础设施建设及培训活动。本文从综合示范政策的具体任务出发,检验了农村电子商务建设背景下增加农民收入、破除数字技术使用障碍和降低贸易成本三个作用渠道对农村居民消费的影响。最后,以往研究发现电子商务建设在城乡之间及农村内部会加剧数字不平等(邱泽奇等,2016;曾亿武等,2018)。本文研究发现政策引领的农村电子商务建设在经济欠发达和农村电子商务欠发达县域的政策效应更大。这一结果不仅为电子商务发展对数字不平等的影响提供了新经验证据,而且对推动农村包容性发展和缩小城乡消费差距而言有一定的现实意义。

二 政策回顾与理论假说

(一)政策回顾

2014年以来,为加快电子商务在农村地区的发展,推动电子商务成为农村经济发展的新引擎,商务部、财政部和国务院扶贫办共同实施了电子商务进农村综合示范政策。政策规定,每个被列入名单的县不仅可获得中央财政支持资金,还可获得地方政府配套资金。自2015年起,历年中央一号文件都提出要不断推动"电子商务进农村"，2016年，国务院扶贫办等16个部门发布《关于促进电商精准扶贫的指导意见》，提出将电子商务与扶贫工作深度融合，在有条件的贫困县和贫困村实现电子商务进农村综合示范全覆盖，说明政府主导的农村电子商务建设更偏向贫困地区。综合示范政策主要任务和资金支持重点主要有三点（见表1）：其一，健全农村电子商务支撑服务体系。构建农村现代商贸体系，整合县域商贸物流快递资源，发展网络购物、电子交易、在线支付相协同的物流配送服务，支持农村商业网点和商贸企业数字化转型，完善物流信息综合服务平台等；整合县域农村流通网络资源，完善县、乡、村三级物流配送体系，提高快递物流企业在乡镇和村级电商服务网点的覆盖率，打造一批具有农村特色产品网络销售功能的服务网点。其二，扩大农村电子商务应用领域。在促进城市产品下行方面，建设县域电子商务服务中心和村级电子商务服务点，完善农村商业网点网购、电子结算、送取货等便民服务功能，打通农村电子商务"最后一公里"。在促进农村产品上行方面，主要推动县域农业生产组织化、标准化和品牌化，建设农产品冷链体系和追溯体系；支持农产品电商营销服务体系建设，并与电子商务企业合作，利用电子商务平台开展农产品促销活动。其三，提高农民电子商务应用能力，对农民、农业企业合作社、涉农企业、返乡创业群体等人群进行电子商务科普培训及应用培训。该政策相关具体措施对农村居民消费可能存在的影响渠道如下。

第一，综合示范政策中助推农业产业发展及扩大农产品网络销售渠道的措施有助于农民增收，进而促进农村消费。第二，建立农村电子商务服务点并完善其生活服务功能，以及农村电子商务培训，有助于帮助难以利用电子商务平台进行消费的农民解决其在产品检索、在线支付、取件验货等方面的困难，破除农村居民数字技术使用壁垒，进而促进农村居民消费。第三，电子商务及其配套体系接入农村有助于降低因市场规模、市场距离而造成的过高的运输成本和信息成本，增强农村地区的市场可及性，使农村消费品种类更加丰富，进而促进农村居民消费。

从政策推行的广度来看，截至2021年，电子商务进农村综合示范项目已经累计支持1338个县，占比将近全国县级行政区的一半。从政策实施效果看，截至2020年，示范县累计建成县级电商公共服务中心和物流配送中心2120个，村级电商服务站点13.7万个。全国农村电商已达到1520.5万家，农村网络零售额达到1.79万亿元，带动农村就地创业就业3000万人以上[1]。就消费而言，2016~2018年，中国农村家庭网络购物平均支出从470.86元增长到510.51元[2]。以上说明综合示范政策不仅提高了农村地区电子商务和现代物流的覆盖度，还促进了农村居民消费水平提升，但具体的影响程度和影响机制仍需要实证检验。

表1　电子商务进农村综合示范政策的主要内容

政策目标	具体执行任务
健全农村电子商务支撑服务体系	构建农村现代商贸体系。地方政府与电商平台和物流企业合作，在农村地区发展网络购物、电子交易、在线支付相协同的物流配送服务
	整合县域农村流通网络资源。建立县、乡、村三级物流配送机制，提高快递物流企业在乡镇和村级电商服务网点的覆盖率
扩大农村电子商务应用领域	推动城市产品下行。建设县域电子商务服务中心，提升村级电子商务服务点在行政村级别的覆盖率；改造村级电子商务服务点，使之具有网络购物、缴费支付、取送货品等基本服务功能
	促进农村产品上行。推动县域农业生产组织化和标准化，建立农产品销售上行的冷链体系和追溯体系；支持农村产品营销策划、网络促销、品牌培育、质量认证等农产品营销服务体系建设
提升农民电子商务应用能力	针对农民、农村合作社、涉农企业提供普及性电子商务培训
	针对农村青年等有电子商务创业需求的群体，提供相应的增值培训

资料来源：根据2014~2019年电子商务进农村综合示范相关政策文件和商务部政绩考核文件整理而得。

---

[1] https://dzswgf.mofcom.gov.cn/news/phone/23/2021/12/m-1639442498315.html.
[2] 根据西南财经大学中国家庭金融调查与研究中心的中国家庭金融调查（CHFS2017、2019）数据计算而得。

（二）综合示范政策影响农民消费的作用渠道分析

综合示范政策通过多种途径为农村进行数字赋能，促进农村居民收入水平提升、破除数字技术使用壁垒、降低贸易成本，有利于农村居民消费水平提升。基于以上逻辑，本文构建了综合示范政策对农村居民消费影响的理论分析框架（见图 1）。

首先，综合示范政策能提升农民收入水平，进而促进农民消费。无论是凯恩斯的绝对收入理论，还是弗里德曼的持久收入假说，都将收入视为影响消费行为的重要因素。对中国农村居民而言，收入增长困难是制约消费长期存在的瓶颈。农村电子商务建设在全国范围内逐步推开为农民增收提供了新渠道。农村电子商务支撑服务体系建设有利于解决农村产品销售市场的信息不对称问题。近年来，地方政府在执行综合示范政策过程中除加强县域农村物流体系建设外，还通过与淘宝、京东、拼多多等优质电商平台合作获取市场需求等相关信息，并指导发展地方特色农业产业，使农业生产更符合市场需求。扩大农村电子商务应用领域有利于拓展农产品销售渠道，助力农产品顺畅流通。为拓展农产品网络销售渠道，地方政府整合资源，促进电商相关的服务渠道及特色农业发展配套服务下沉，形成了完整的农村电商和产业服务体系（崔凯和冯献，2018）。例如，地方政府引领建设电子商务服务专业团队，开展品牌注册、网上推广运营等专业网络营销，并推动符合要求的农业经营主体开展网络销售。为了农产品能够更顺利地进入网络销售市场，地方政府还鼓励农产品生产过程中注重质量标准并建立网络销售的冷链体系和追溯体系。除此以外，开展电子商务培训有助于提升农民关于使用电子商务的知识和技能，推动更广泛的电商创业。综合以上分析可以认为，综合示范政策为农产品网络营销和农村产业发展提供了良好的政策环境，有力地拓展了农产品销售渠道及增加了农产品附加值，促进了农民增收（唐跃桓等，2020）。农村电商发展带来的增收效应，缓解了农民消费对收入的敏感性，拓展了农民消费支出收入约束边界，从而整体提高了农民消费水平。

其次，综合示范政策能打破数字技术使用壁垒，进而促进农民消费。以电子商务为代表的数字技术对增进居民福利而言具有强技术偏向性，进而产生数字鸿沟（Akerman 等，2015）。数字鸿沟反映了不同经济条件的个人、家庭在获取与使用通信技术方面的差距，可分为"数字接入鸿沟""数字能力鸿沟""数字收益鸿沟"三类（陈梦根和周元任，2022）。在数字经济发展背景下，数字鸿沟使农村地区、中西部山区等发展相对落后地区的人群难以享受到数字红利（陈梦根和周元任，2023）。有研究表明，人力资本差异是产生数字鸿沟的重要原因之一（Hargittai，2005），年轻人和受教育程度更高的人更喜欢使用互联网和电商平台进行社交、购物等活动（Chinn 和 Fairlie，2007）。中国农村居民受教育程度普遍偏低、人口老龄化严重，在利用电子商务进行消费时面临信息检索和在线支付等障碍，对线上购买产品的质量不信任，难以接受利用电子商务平台进行消费活动（Counter 等，2021）。同时，农民的数字素养相对缺乏，对在线支付等购物方式有排斥感（刘根荣，2017）。Luo 和 Niu（2019）指出在中国农村地区，只有部分年轻、学历较高、有电子商务知识的家庭使用电子商务的程度较高。因此，促进农民消费，不仅需要宽带、电信等"硬基础设施"支持，更需要电商检索服务、代购代收服务等"软基础设施"支持，从而推动农民利用电子商务进行消费活动。由此可见，帮助农民破除数字技术使用障碍是提升农民消费水平的关键。综合示范政策通过建设村级电子商务服务点和开展农村电子商务培训两种途径来解决该问题。国家标准化管理委员会制定的《农村电子商务服务站（点）服务与管理规范》中要求，电子商务服务站能提供网上购物信息，提供网上代购商品、代收快递服务，协调村民解决有关购物过程中产生的各种问题[①]。建设电子商务服务点有助于帮助农民解决商品搜索、在线支付等问题。综合示范政策还要求县级政府对农民进行电子商务培训，包括普及电子商务相关知识、电子商务实操培训等内容。已有研究发现，教育能够帮助人力资本低的人打破数字技术使用壁垒，促进数字技术使用（Kämpfen 和 Maurer，2018）。农村电子商务培训也有助于农民更快地掌握使用电商平台所需的相关技能，促进农民消费。

---

① 参见《商务部办公厅关于印发〈农村电子商务服务规范〉（试行）和〈农村电子商务工作指引〉（试行）的通知》，http://www.mofcom.gov.cn/article/h/redht/201607/20160701366836.shtml。

最后，综合示范政策能够降低因市场规模及市场距离而造成的过高的贸易成本，促进农民消费。传统贸易模式下销售商在市场规模较小的农村地区面临极高的平均成本，而在市场规模较大的城市中心地区平均成本相对较小（Fan等，2018）。例如，当沃尔玛、家乐福等国外零售企业进入中国市场时，一般将门店设于城市中心地区。因此，在中国农村地区零售业发展相对薄弱，仅有小型市场、小卖部、集会等，可供消费者选择的商品种类较少，价格也相对偏高。并且，对于居住在农村地区的消费者而言，距离零售市场较远及快递服务网络不完善使供求双方面临极高的信息搜寻成本和运输成本。电子商务进入农村后销售商可以通过电商网络平台连接全国市场，使零售商可以不设立线下销售点就可与消费者交易，扩大了企业的潜在市场规模及农村居民可消费产品种类，增强了农村市场的可及性（刘根荣，2017）。电子商务还可使农村消费者随时浏览最新产品信息并与零售商谈判，进而降低信息搜索成本及合同摩擦成本。农民通过电子商务平台获得了海量销售信息，商品信息可获性提升有利于改善农村的消费环境。综合示范政策的实施有利于行政村建设农村物流体系，降低了因市场距离而产生的过高的运输成本和时间成本（王奇等，2022）。Couture等（2021）的研究发现农村电商发展破除了农村物流障碍，促使农民消费。除此以外，村级电商服务点的建设也让缺乏智能设备和数字技能的农民能够及时浏览网购平台的相关商品信息，并利用服务点代购代付功能购买商品。因此，综合示范政策促进了农村电子商务发展，有助于缓解交易中的市场规模与市场距离等约束，满足农村家庭多样化消费需求，进一步促进农民消费。

基于上述理论分析，本文提出以下假设：

假设1：综合示范政策能够促进农民消费。

假设2a：综合示范政策通过提升农民收入水平进而促进农民消费。

假设2b：综合示范政策能帮助农民破除数字技术使用壁垒进而促进农民消费。

假设2c：综合示范政策能降低农村地区贸易成本进而促进农民消费。

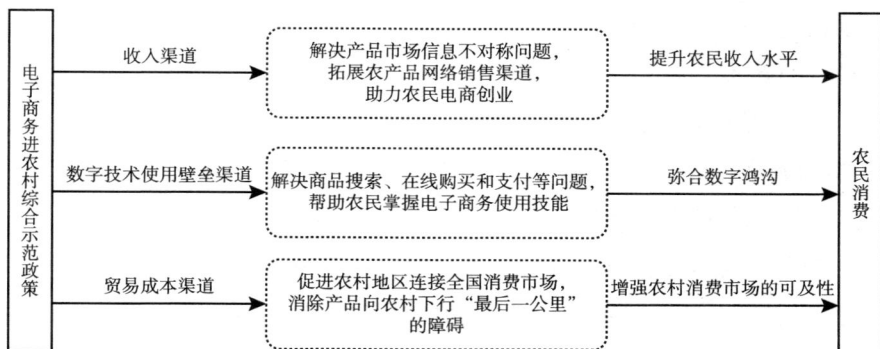

图1 理论分析框架

三 研究设计

（一）样本选择与数据来源

本文所使用的经济类数据（县域农村人均消费支出、农村人均可支配收入、人均GDP、第一产业增加值占GDP比重、第二产业增加值占GDP比重、金融机构年末贷款余额、财政预算支出、中学在校生比例）来源于《中国县市经济社会统计年鉴》、相关省/地级市和县级统计年鉴以及县域国民经济与社会发展统计公报，所有经济类变量均以基期2010年各省份CPI进行消胀处理。各年电子商务进农村综合示范试点县名单来源于商务部官方网站。信息进村入户工程试点名单及实施年份来自农业农村部官方网站。国家级贫困县名单来自国务院扶贫办在2012年公布的《国家扶贫开发工作重点县名单》[①]。县域淘宝村数据来源于阿里研究院官方网站。县域人口特征类数据（人均教育年限、劳动年龄人口比例）来源于《中国2010年人口普查分县资料》。县市地理距离数据利用各县及地级市政府所在地的经纬度坐标来计算直线距离。对在样本窗口期内（2011~2019年）"撤县设市"和"撤县设区"的单位，视为同一单位。最终，构建了2011~2019年中国21省

[①] http：//www.gov.cn/gzdt/2012-03/19/content_2094524.htm.

166个地级市的1010个县的非平衡面板数据集，①共计8625个观测值，样本县中共有546个县成为综合示范县。

（二）变量选取与说明

被解释变量（*lnconsume*）：农村居民人均消费支出的对数值。2013年国家统计局对居民消费的统计口径进行了调整，但由于二者差异较小，且可通过时间固定效应消除部分差异，本文对二者不做区分。

核心解释变量（*treat*）：该变量的估计系数是识别综合示范政策效应的重要指标，表示综合示范政策对农民消费影响的净效应。

控制变量（*control*）：由于部分县域发展因素会对农民消费产生影响，本文在基准回归以及后续回归分析中加入了一系列反映县域经济、金融、财政、教育等特征的控制变量，选取控制变量如下。第一，县域经济发展水平和县域产业结构可影响农村剩余劳动力转入城市情况，对农村居民消费产生重要影响。一般而言，区域非农产业越发达，居民消费水平越高。本文用县域人均GDP对数值（*lngdp*）衡量县域经济发展水平，用第一产业增加值占GDP比重（*findustry*）和第二产业增加值占GDP比重（*sindustry*）衡量县域产业结构。第二，县域金融发展不仅对经济发展起到促进作用，还能缓解居民流动性约束，进而促进居民消费，故引入县域存贷款水平变量，用县域金融机构年末存贷款余额对数值（*lnfinance*）表示。第三，中国地方政府在经济活动中扮演着重要角色，但是政府财政支出对居民消费的影响效应一直存在争议，故将县域财政预算支出对数值（*lnfiscal*）引入回归模型作控制变量。第四，政府提供教育可能对居民消费产生影响，本文引入教育水平变量，用县域中学在校生人数占户籍人口比重（*school*）表示。由于国家级贫困县（*poverty*）为商务部选取综合示范县的重要标准，本文也将其纳入控制变量。

相关变量描述性统计如表2所示。

---

① 由于部分省/地级市的农民消费指标缺失，本文收集整理了21个省份的县级数据，具体包括云南、内蒙古、北京、四川、宁夏、安徽、山东、陕西、广东、广西、江苏、河北、河南、浙江、湖北、湖南、甘肃、福建、贵州、重庆、陕西。

表 2 基本变量描述性统计

变量	变量说明	均值	标准差	最大值	最小值	观测值
$lnconsume$	县域农村人均消费支出（元）对数	8.811	0.439	11.423	7.025	8625
$treat$	综合示范政策	0.178	0.382	1	0	8625
$lngdp$	县域人均 GDP（元）对数	9.833	0.759	12.644	8.000	1010
$findustry$	第一产业增加值占 GDP 比重（%）	0.021	0.102	0.430	0.017	1010
$sindustry$	第二产业增加值占 GDP 比重（%）	0.466	0.147	0.773	0.119	1010
$lnfinance$	县域金融机构年末贷款余额（万元）对数	12.735	1.256	16.524	8.103	1010
$lnfiscal$	县域财政预算支出（万元）对数	11.893	0.560	14.284	10.210	1010
$school$	县域中学在校生人数/户籍人口（人/万人）	9.964	0.874	11.950	5.844	1010
$poverty$	是否为国家级贫困县	0.282	0.450	1	0	1010

（三）模型设定与识别假设检验

本文以综合示范政策在全国部分县域交错实施作为准实验，采用多期双重差分法考察综合示范政策对农民消费的影响，回归方程如式（1）所示。另外，为处理多期双重差分模型存在的处理效应中的负权重和异质性问题，后文使用了最新提出的解决处理效应异质性问题的稳健估计方法。

$$\ln(consume_{it}) = \alpha_1 treat_{it} + \mu_i + \eta_t + \varepsilon_{it} \tag{1}$$

其中，$\ln(consume_{it})$ 为 i 县 t 年的农民消费支出对数；$treat_{it}$ 是本文的关键自变量，表示县域是否被选为综合示范试点县，若 i 县在 t 年被选为综合示范试点县，则 $treat_{it}$ 在 t 年及以后所有的年份都取值 1。相应地，对被选为综合示范试点县前或者在样本区间内从未被选为综合示范试点县的样本，虚拟变量都取值 0。μ_i 表示个体固定效应，η_t 表示时间固定效应，ε_{it} 为随机误差项。本文将县域层面的政策冲击作为准实验，因此本文标准误的估计为县域聚类稳健标准误。

式（1）仅是简单比较示范县和非示范县之间在政策实施前后的农民人均消费水平的差异。双重差分法要求处理组与对照组的因变量及其影响因素的时间变化趋势一致（Angrist 和 Pischke，2009）。若综合示范县的选择在各县之间不随机或处理组与对照组之间的因变量及其影响因素的时间变化趋势不一致，这一识别假设也会受到威胁，从而说明综合示范政策实施后处理组与对照组人均农民消费增长的差异可能是由试点选择因素或其他县域特征差异导致的。因此，本文先对综合示范县的选择方式进行讨论。就申请支持的申报程序而言，根据综合示范政策，首先由商务部等部门分配各省份的示范县名额；其次，各省份通过竞争性分配的方式选出开展综合示范政策的县，并向中央部门推荐；最后，商务部等部门再根据申报材料进行审核并确认综合示范县名单。就政策支持对象的选择角度而言，自2015年起，综合示范政策开始重点支持老少边穷地区的农村电子商务发展；2017年后又提出为适应脱贫攻坚要求，将综合示范县名额向国家扶贫开发工作重点县、集中连片特殊困难县和部分革命老区倾斜。无论是从申报程序还是从政策支持对象选择的角度而言，综合示范县的确定都表现出选择性。因此，在政策实施前，处理组与对照组之间在因变量及其相关影响因素的时间变化趋势上可能不一致。

为验证上述观点，本文对综合示范政策实施前（2011年）的处理组和对照组在农民人均消费支出水平、影响综合示范政策试点县选择变量及影响农民人均消费水平的县域特征变量方面的差异进行检验，结果见表3。2014~2019年被确定为综合示范政策试点县的进入第（1）列的处理组，非示范县进入第（2）列的对照组，第（3）列为处理组与对照组之间的差异。

从表3第（1）列结果可看出，在国家级贫困县的分布上，处理组有50.1%的县为国家级贫困县，而对照组中仅有2.6%的县为国家级贫困县，说明综合示范政策在试点对象的选择上确实向贫困地区倾斜。从表3第（3）列结果可发现，处理组与对照组之间在县域农民人均消费支出、县域人均GDP、第一产业增加值占GDP比重、第二产业增加值占GDP比重、县域金融机构年末存贷款余额、县域财政预算支出、县域中学在校生比例上都存在差异，且大部分变量对照组平均值低于对照组，这说明试点选取标准变量及其他县域特征变量对有效识别政策效应和满足平行趋势假定构成了威胁。

为解决试点选取标准和遗漏变量可能对有效识别产生干扰的问题，本文参照Li等（2021）、王奇等（2021）和黄炜等（2022）的研究将基准模型进行拓展，在式（1）基础上进一步控制试点选择变量及影响农民消费的相关期初县域特征变量与不同时间函数的交互项，分别为期初县域特征变量及试点选择变量与时间趋势的交互项、期初县域特征变量及试点选择变量与时间固定效应的交互项，最终的基准回归模型设定如下：

$$\ln(consume_{it}) = \alpha_1 treat_{it} + \gamma \left[control_{2011,i} \times f(T) \right] + \theta \left[poverty_i \times f(T) \right]$$
$$+ \mu_i + \eta_t + \varepsilon_{it} \tag{2}$$

其中，$control_{2011,i}$表示2011年县域特征控制变量，$poverty_i$表示成为综合示范县前是不是国家级贫困县的试点选择变量，$f(T)$表示关于时间函数。

表3　处理组与对照组政策试点前（2011年）差异描述性统计

变量	处理组 (1)	对照组 (2)	处理组—对照组 (3)
试点选择标准变量			
poverty	0.501 (0.021)	0.026 (0.007)	0.475*** (0.014)
县域特征变量			
lnconsume	8.245 (0.016)	8.585 (0.016)	−0.337*** (0.023)
lngdp	9.525 (0.032)	10.195 (0.029)	−0.670*** (0.043)
findustry	0.233 (0.004)	0.164 (0.004)	0.069*** (0.006)
sindustry	0.425 (0.006)	0.514 (0.006)	−0.089*** (0.009)
lnfinance	11.788 (0.022)	12.016 (0.027)	−0.228*** (0.034)
lnfiscal	12.374 (0.049)	13.159 (0.049)	−0.784*** (0.067)
school	5.079 (0.064)	5.311 (0.065)	0.233*** (0.091)
观测值	546	464	−

注：括号内为标准误，*、**、***分别表示估计结果在10%、5%、1%水平上显著。

四　估计结果及分析

(一) 基准回归结果

本文利用多期双重差分法考察了综合示范政策对农民消费的影响，基准回归结果如表 4 中第（1）~（3）列所示，结果都显示综合示范政策促进了农民消费，验证了假设 1。表 4 第（1）列报告了仅控制个体和时间固定效应下的回归结果，表明综合示范政策在 1% 的水平上显著提升了农民消费水平。第（2）~（3）列进一步控制期初县域特征变量及试点选择变量与不同时间函数形式的交互项，以缓解政策变量的内生性问题及遗漏变量问题。第（2）列控制期初县域特征变量及试点选择变量与时间趋势的交互项，第（3）列控制期初县域特征变量及试点选择变量与时间固定效应的交互项，回归结果均发现综合示范政策显著提升了农民消费水平。

表 4 中第（3）列的结果控制了期初县域特征变量及试点选择变量与时间固定效应的交互项，更加灵活地控制了时间趋势形式，模型设定较为严格，但仍体现出综合示范政策对农民消费产生显著正向影响。基于审慎原则，后文的分析围绕第（3）列结果展开。类似分析方法可参考 Li 等（2021）的研究。此外，第（3）列结果显示电子商务进农村综合示范政策县的农民人均消费提升了 2.4%。2011~2019 年样本县的农民年均消费为 8826 元，因此，该政策对当地农民消费的贡献约为 212 元。

表4　电子商务进农村综合示范对农村居民消费的影响

解释变量	被解释变量：*lnconsume*		
	(1)	(2)	(3)
treat	0.062***	0.024**	0.024**
	(0.010)	(0.010)	(0.010)
期初控制变量×*T*	否	是	否
试点选择变量×*T*	否	是	否
期初控制变量×时间固定效应	否	否	是
试点选择变量×时间固定效应	否	否	是

续表

解释变量	被解释变量：lnconsume		
	（1）	（2）	（3）
个体固定效应	是	是	是
时间固定效应	是	是	是
观测值	8625	8625	8625
调整 R^2 值	0.727	0.740	0.745

注：*、**、***分别表示估计结果在 10%、5%、1%水平上显著，括号内为聚类在县级层面的稳健标准误。

（二）稳健性检验

1.平行趋势检验及动态效应分析

多期双重差分法能有效识别政策效应的主要前提是处理组和对照组的因变量在政策实施前满足相同的时间趋势，即只有实验组与控制组在政策干预之前的农村人均消费变化趋势一致，才可将控制组视为反事实参照。因此，为检验平行趋势假设，本文参照 Beck 等（2010）的做法，使用事件分析法（Event Study）进行了平行趋势检验，回归方程为：

$$\ln(consume_{it}) = \sum_{k=-7+, k\neq-1}^{5} \alpha_k treat_{it}^k + \gamma \left[control_{2011,i} \times f(T) \right]$$
$$+ \theta \left[poverty_i \times f(T) \right] + \mu_i + \eta_t + \varepsilon_{it} \tag{3}$$

其中，i 和 t 分别代表县域和年份。$treat_{it}^k$ 为综合示范政策实施前后年份虚拟变量，赋值如下：设 e_i 表示 i 县成为综合示范试点县的具体年份，若 $t-e_i=k$，$k \in [-7, 5]$，则 $treat_{it}^k=1$，否则为 0；如果 $k \leqslant -7$，则 $treat_{it}^{-7}=1$，[①]否则为 0，并将 $k=-1$ 设定为基准期，在式（3）中，除 $treat_{it}^{-1}$ 变量外，其余变量与式（2）一致。从平行趋势假设的条件出发，若 $k<0$ 的参数估计值不显著异于 0，则表明满足平行趋势假设。

式（3）的结果系数大小及 95% 置信区间如图 2 所示。回归结果显示，所有在综合示范政策实施前的估计系数均不显著且接近于 0，无法拒绝各个

---

① 由于 2019 年成为综合示范试点县的仅有 73 个，为平衡处理组与对照组的数量，将政策实施前 8 年的处理组计入政策实施前 7 年的处理组。

县域在综合示范政策实施前农民消费变化的时间趋势不存在差异的假设。与此同时，可以观察到，在政策实施当年及政策实施后的部分年份估计系数显著异于0，且估计系数随时间的推移而逐渐增加，说明综合示范政策能促进农民消费增长。为更进一步地确认事前估计系数都不显著异于0，本文还在平行趋势检验的基础上对事前变量的估计系数联合显著性进行检验，结果显示F统计量值为1.68，P值为0.122，说明平行趋势检验中事前估计系数联合不显著，满足平行趋势假设。

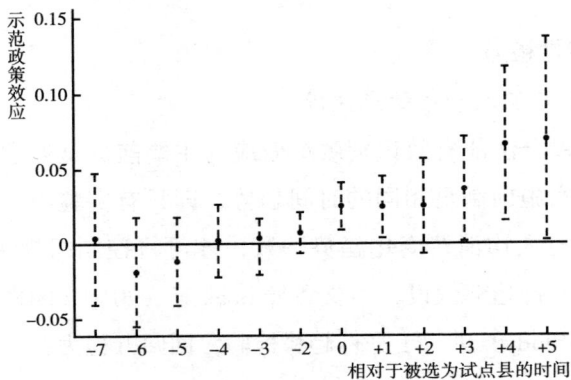

图2　平行趋势检验

2.安慰剂检验

为进一步确认是否有其他遗漏变量导致估计偏误，本文通过随机设定处理组进行安慰组检验。具体来说，本文通过在样本中随机选取547个样本，作为"伪处理组"，并保持入选综合示范县年份分布相同。由于综合示范县是随机抽取而得，因此，这些县样本是检测不出政策效应的。换言之，使用"伪处理组"进行回归，结果应该是不显著的，且回归系数接近于0，与基准回归结果存在显著差异。本文基于上述思路重复2000次随机生成过程，并在图3汇报了随机生成实验组的估计系数分布情况，结果表明，回归系数均值接近于0，基准回归系数0.024在图3的系数分布中属于异常值。因此，可以判定估计结果通过了安慰剂检验，没有因遗漏变量而引发明显的估计偏误。

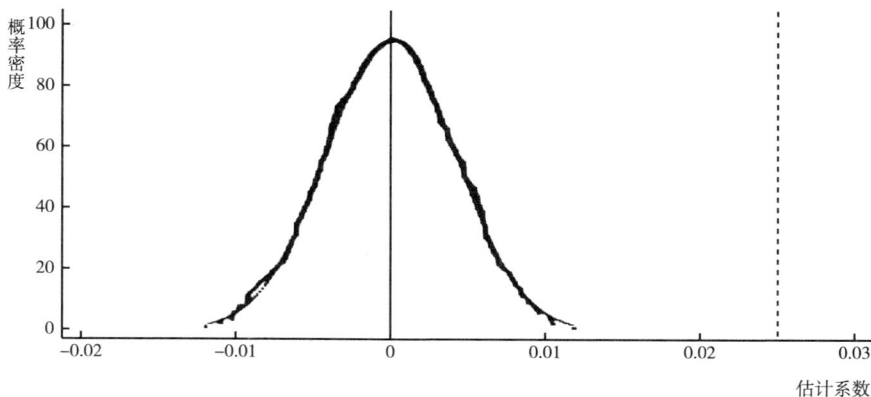

图3　安慰剂检验

3.PSM-DID方法

综合示范试点县是先由各县申报再由省级部门和中央部门进行选择的结果，且处理组中有明显的扶贫县域特征。因此本文针对综合示范试点县的选择无法做到完全随机。此外，处理组和对照组的农民消费水平也可能受其他不可观测变量的影响。为避免可能的样本选择偏误问题及混淆因素问题，本文参照唐跃桓等（2020）及易法敏等（2021）的做法，在使用PSM（倾向得分匹配法）的基础上再利用多期双重差分法进行估计：一方面，本文将样本期内被设立为综合示范县的地区作为处理组，使用Logit模型估计倾向得分，回归方程如下：

$$\text{Logit}(treat_i = 1) = \alpha_i + \beta control_{2011,i} + \gamma_i poverty_i + \varepsilon_i \tag{4}$$

其中，$treat_i=1$表示i县被选为综合示范县，$control_{2011,i}$是式（2）中的期初县域控制变量；$poverty_i$为该县是否为国家级贫困县。采用核匹配法和临近2项匹配法对实验组进行逐年匹配，试图减少处理组与对照组之间的差异。使用PSM-DID方法必须通过"平衡性检验"和"共同支撑检验"以保证匹配质量，匹配后结果表明，各年样本的处理组和对照组的偏差明显减少，绝大部分样本满足共同支撑假设。

另一方面，在剔除不满足相关假设的样本后，本文使用多期双重差分法重新估计示范政策对农民消费水平的影响，表5结果显示无论是使用核匹配法还是临近2项匹配法，综合示范政策均有利于提升农村居民消费水平。这表明本文的模型估计结果是稳健的。

4. 异质性效应处理

在利用多期双重差分模型识别政策效应时，处理组样本受到处理的时间并不相同，先受到政策冲击的处理组在后续冲击中将成为控制组。因此，双重固定效应下的多期双重差分的估计系数为各受处理样本在各时间点上处理效应的加权平均值，尽管权重总和为1，但很可能出现"负权重"问题，导致回归结果并不稳健（Goodman-Bacon，2021）。本文依据 Chaisemartin 等（2020）提出的方法讨论负权重占比，发现1537个权重中，1454个权重为正权重，83个为负权重，标准差的估计结果分别为0.043与0.293，均接近于0，说明"同质性处理效应"的假设并不稳健。为解决异质性处理效应问题，本文参考 Chaisemartin 和 D'Haultfoeuille（2020）、Borusyak 等（2021）的方法，得到了考虑多期双重差分法处理异质性时的回归结果，如表5所示，综合示范政策对农民消费的影响仍然显著为正，因此结果稳健。[1]

表5　考虑多期双重差分法处理效应异质性的结果

方法	考虑处理效应异质性的结果
Chaisemartin 和 D'Haultfoeuille（2020）	0.014[*] (0.008)
Borusyak 等（2021）	0.030[**] (0.014)

注：*、**、***分别表示估计结果在10%、5%、1%水平上显著，括号内为聚类在县级层面的稳健标准误。

5. 其他稳健性检验

除了上述稳健性检验外，本文还通过其他方法进行稳健性检验。其一，更换断点时间。为进一步确定农民消费是受综合示范政策影响的。本文将政策实施时间起点提前1年进行回归。若农民消费水平提升是由其他政策引起

---

① 因 Chaisemartin 和 D'Haultfoeuille（2020）与 Borusyak 等（2021）的 stata 命令中无法控制政策试点选择变量及期初县域特征变量与时间固定效应的交互项，该部分控制变量为试点选择变量及期初县域特征变量与时间趋势的交互项。

的，那么采用伪虚拟变量进行回归，也会得出类似结论。表6中第（3）列的回归结果显示，伪虚拟变量估计系数未通过显著性检验，进一步确认农民消费水平的提升是由综合示范政策导致的。其二，我国政府除在农村地区进行电子商务建设外，还积极推广"信息进村入户工程"，设立农村信息服务站，为农民提供代购、代缴等便民服务，这也可能对农民消费产生影响，该政策可能对准确识别综合示范政策对农民消费的影响产生威胁。为此，本文在式（4）中进一步控制了"信息进村入户工程"政策虚拟变量。回归结果显示综合示范政策的回归系数发生明显变化，"信息进村入户工程"政策系数不显著。其三，考虑到部分示范县样本实施时间较短可能造成的偏误，本文剔除了2019年入选的示范县再进行回归，结果见表6中第（5）列，综合示范政策的影响效应仍为正。其四，缩短样本窗口期。本文选取2012~2018年作为样本窗口期重新进行回归，表6中第（6）列的回归结果显示，综合示范政策仍能显著提升农民消费水平。

表6　稳健性检验

| 解释变量 | 被解释变量：lnconsume | | | | | |
	Kernel（1）	Nei-2（2）	更换断点时间（3）	控制其他政策（4）	不含2019年试点样本（5）	缩短窗口期（6）
treat	0.019*（0.011）	0.019*（0.011）	0.012（0.010）	0.025**（0.010）	0.024**（0.011）	0.024**（0.010）
期初控制变量×时间固定效应	是	是	是	是	是	是
试点选择变量×时间固定效应	是	是	是	是	是	是
个体固定效应	是	是	是	是	是	是
时间固定效应	是	是	是	是	是	是
观测值	7646	7644	8625	8625	7977	6781
调整 R^2 值	0.737	0.737	0.745	0.746	0.741	0.746

注：*、**、***分别表示估计结果在10%、5%、1%水平上显著，括号内为聚类在县级层面的稳健标准误。

（三）作用渠道检验与异质性分析

1.提升收入渠道

农村电子商务为农民的自我发展和收入增长提供了内生动力。地方政府在执行综合示范政策过程中通过建设农村电子商务支撑服务体系解决了农民市场信息不对称和农业产业发展问题，农村电子商务的应用扩展了农产品网络销售渠道并助力农产品在网络购物平台顺利流通，农村电子商务培训有助于提升农民使用电子商务创业的技能。上述措施优化了农村发展电子商务的环境，使越来越多获得数字赋能的农民能够接受并更有效地使用电子商务，从而实现增收。总之，综合示范政策能持续促进农民收入增长，进而促进农民消费。本文借鉴江艇（2022）关于作用机制分析的思路进行机制分析，通过构建如下回归方程考察综合示范政策对农村居民收入的影响：

$$\ln(income_{it}) = \alpha_1 treat_{it} + \gamma \left[control_{2011,i} \times f(T) \right] + \theta \left[poverty_i \times f(T) \right] + \mu_i \\ + \eta_t + \varepsilon_{it} \tag{5}$$

其中，$\ln(income_{it})$ 代表 i 县 t 年农村居民人均可支配收入，其余变量与式（2）相同，回归结果如表7中第（1）列所示，说明综合示范政策显著提高了农民收入，进而促进农民消费，验证假设2a。

2.破除数字技术使用壁垒渠道

地方政府在执行综合示范政策的过程中通过建设电子商务服务点和开展电子商务培训两种方式帮助农民破除数字技术使用壁垒，克服网络交易障碍，进而促进农民消费。既有研究发现，人力资本对消费者是否使用电子商务平台有显著影响，人力资本水平较高的人具备较高的知识水平，更愿意接受且更容易使用电子商务平台进行消费（Qi 等，2018；Luo 和 Niu，2019）。对人力资本水平较低的农民而言，数字技术使用壁垒成为提升其消费水平的硬约束。限于数据原因，本文无法设计一个完美的方法证明综合示范政策能够帮助农民破除数字技术使用壁垒进而促进消费。但若综合示范政策能够帮助农民解决难以接受网络购物和网络购物技能匮乏的问题，则可以看到，在农村人力资本水平越低的县域，综合示范政策对农民消费的促进作用更大，在农村人力资本水平越高的县域，综合示范政策对农民消费的促进作用更小。本文借鉴王奇等（2022）的思路，兼顾县域人力资本数据的可得性，将县域平均人口受教育水平（edu）、县域老龄人口比例（order）和县域劳动年龄人口比例（labor）作为县域农村人力资本水平的代理变量，通过在基准回归方程中加入人力资本与综合示范政策交互项以间接检验该机制。由于数据来源于《中国2010年人口普查分县资料》，人力资本变量被固定效应所吸收，仅汇报了综合示范政策及其与人力资本水平交互项对农民消费的影响。回归结果如表7中第（2）~（4）列所示，县域平均人口受教育水平交互项显著为负，县域老龄人口比例交互项显著为正，县域劳动年龄人口比例交互项为负，但不显著。基于此，本文进一步依据县域劳动年龄人口比例中位数将样本组分成两组分别进行回归，结果如表7中第（5）~（6）列所示，县域劳动年龄人口比例低的政策效应更大。以上分析间接验证了假说2b。

表7 机制检验 I

解释变量	被解释变量：lnconsume					
	（1）农民收入	（2）县域平均人口受教育水平	（3）县域老龄人口比例	（4）县域劳动年龄人口比例	（5）县域劳动年龄人口比例高	（6）县域劳动年龄人口比例低
treat	0.010** (0.004)	0.273*** (0.071)	0.024** (0.010)	0.205 (0.136)	0.004 (0.017)	0.042*** (0.013)
treat×edu		−0.030*** (0.009)				
treat×order			0.008* (0.004)			
treat×labor				−0.253 (0.191)		
期初控制变量×时间固定效应	是	是	是	是	是	是
试点选择变量×时间固定效应	是	是	是	是	是	是
个体固定效应	是	是	是	是	是	是

续表

解释变量	被解释变量：lnconsume					
	(1)	(2)	(3)	(4)	(5)	(6)
	农民收入	县域平均人口受教育水平	县域老龄人口比例	县域劳动年龄人口比例	县域劳动年龄人口比例高	县域劳动年龄人口比例低
时间固定效应	是	是	是	是	是	是
观测值	8625	8625	8625	8625	4137	4488
调整 R^2 值	0.919	0.745	0.744	0.745	0.699	0.788

注：*、**、***分别表示估计结果在10%、5%、1%水平上显著，括号内为聚类在县级层面的稳健标准误。

3.降低贸易成本机制

本文将市场规模与市场距离作为机制变量验证综合示范政策可以通过降低贸易成本进而促进农民消费。限于数据原因，本文也无法设计一个完美的方法证明综合示范政策能够帮助农民降低贸易成本进而促进消费。但如果上述假说成立则应该看到贸易成本较低（市场规模小、市场距离远）的县域的政策效应更大，贸易成本较高（市场规模大、市场距离近）的县域的政策效应更小。本文用市场规模和市场距离来衡量贸易成本，通过在基准回归模型中分别加入综合示范政策与市场规模交互项及综合示范政策与市场距离交互项来间接检验综合示范政策是否可以通过降低农村贸易成本进而促进农民消费。市场潜能（*potential*）以空间距离为权重将地区生产总值加总，衡量一个地区的潜在需求规模以及与市场接近程度，能够间接反映一个区域的贸易成本（Fan 等，2018；程名望等，2019）。本文利用 Harris（1954）测算市场潜能的方法，用地区生产总值衡量本地市场规模，市场潜能定义如下：

$$Potential_i = \sum_i \frac{GDP_{ij}}{Distance_{ij}} \quad i \neq j \tag{6}$$

其中，$Potential_i$ 为 i 县的市场潜能，GDP_{ij} 为 j 县 t 年的地区生产总值，$Distance_{ij}$ 为 i 县到 j 县的直线距离。市场距离（*range*）利用县行政中心到所在地级市行政中心的距离对数值来表示。回归结果如表8中第（1）~（4）列所示，市场潜力与综合示范政策的交互项为负但不显著，市场距离与综合示范政策的交互项显著为负。基于此，本文先求出各县域在样本窗口期内的市场潜力均值，再依据各县域市场潜力各年均值的中位数将样本组分成两组分别进行回归，结果如表8中第（2）~（3）列所示，市场潜力较小的县域，政策效应更大。以上分析间接验证了假说2c。

表8　机制检验 II

解释变量	被解释变量：lnconsume			
	(1)	(2)	(3)	(4)
	市场潜力	市场潜力低	市场潜力高	与所在地级市中心距离
treat	0.176	0.039***	0.010	0.125***
	(0.206)	(0.014)	(0.013)	(0.042)
potential	0.149***			
	(0.024)			
treat×potential	−0.017			
	(0.023)			
treat×range				−0.026**
				(0.010)
期初控制变量×时间固定效应	是	是	是	是
试点选择变量×时间固定效应	是	是	是	是
个体固定效应	是	是	是	是
时间固定效应	是	是	是	是
观测值	8625	4310	4315	8625
调整 R^2 值	0.748	0.748	0.752	0.745

注：*、**、***分别表示估计结果在10%、5%、1%水平上显著，括号内为聚类在县级层面的稳健标准误。

4.异质性分析

前文分析表明，综合示范政策能显著提高农民消费水平，本文进一步分析这种政策效应在不同区域间是否存在异质性。本文从县域经济发展水平和县域农村电商发展水平角度来考察综合示范政策对农民消费促进作用的异质性。如果综合示范政策帮助了经济发展水平较低和农村电子商务发展水平较低的县域，则会减少县域间的农民消费水平差距，说明综合示范政策的消费效应更具包容性。本文采用交互项模型进行异质性分析，即分别引入县域人均GDP对数、县域内是否有淘宝村（*taobao*）以及县域淘宝村密度（*density*）与综合示范交互项进行估计，结果如表9中第（1）~（3）列所示。在人均GDP高、有淘宝村及淘宝村密度高的县域，综合示范政策的促进作用反而更小。这说明，综合示范政策对经济欠发达及农村电子商务欠发达县域的市场信息流动及产品流通的促进作用更大，因此综合示范政策对经济和电子商务欠发达县域的农民消费的促进作用更大。以上异质性结果说明，政府引领的农村电子商务建设对农民消费的影响具有一定的包容性，对欠发达县域的农民消费的影响更大。

表9　异质性分析

解释变量	被解释变量：lnconsume		
	人均GDP （1）	淘宝村 （2）	淘宝村密度 （3）
treat	0.456*** (0.126)	0.034*** (0.011)	0.025** (0.010)
treat×ln*gdp*	−0.043*** (0.012)		
treat×*taobao*		−0.090*** (0.025)	
treat×*density*			−0.009** (0.004)
ln*gdp*	0.162*** (0.024)		
taobao		0.009 (0.014)	
density			0.000 (0.003)
期初控制变量×时间固定效应	是	是	是
试点选择变量×时间固定效应	是	是	是
个体固定效应	是	是	是
时间固定效应	是	是	是
观测值	8625	8625	8625
调整R²值	0.749	0.745	0.745

注：*、**、***分别表示估计结果在10%、5%、1%水平上显著，括号内为聚类在县级层面的稳健标准误。

五 结论与政策建议

中国农民消费长期低迷是完善内需体系和转换经济发展方式面临的主要瓶颈。政府出台了一系列旨在促进农民消费水平提升的政策。本文以电子商务进农村综合示范政策为准实验,利用多期双重差分方法分析了农村电子商务建设对农民消费的影响,研究发现:综合示范政策对促进农民消费水平提升有显著作用,该政策的实施使农民消费水平提升约2.4%,且经过一系列稳健性检验后依旧成立。作用渠道分析结果表明,综合示范政策引领的农村电子商务政策不仅可以促进农民收入水平提升,还可以破除因农民人力资本水平偏低而导致的数字技术使用壁垒,并缓解农村地区因市场规模和市场距离而导致的过高贸易成本问题,进而促进农民消费。异质性分析表明,该政策对经济欠发达及农村电子商务发展水平较低的地区均有较大的处理效应,也说明该政策对农民消费水平提升具有包容性。依据上述结论,本文提出以下政策建议。

第一,进一步发挥综合示范政策对农民消费的促进作用。本文研究结果表明,以综合示范政策引导的农村电子商务建设能有效拉动农民消费。因此,加大农村电子商务建设力度,持续改善农村地区消费环境。重视电子商务建设与提升农民消费水平相关举措的内在协调性,利用电子商务发展突破传统消费模式中交易双方的时空界限,不断深挖农村地区下沉市场,培育农村新型消费模式,形成促进农民消费的长效机制。持续优化农村新型消费环境,依托数字技术不断挖掘农村下沉市场,鼓励农村地区娱乐类、知识教育类、生活服务类等享受型消费和发展型消费,培育新型农村消费模式。

第二,依托电子商务发展培育农村产业发展的内生动力,促进农民增收致富,为促进农民消费提供坚实的基础。加强特色农产品品牌和标准建设,扩展优质农产品销售潜在市场。促进电商与龙头企业、农民合作社、种养大户、家庭农场等新型农业经营主体深度融合,围绕本地特色农业资源,发展具有本地特色的农业产业和生产基地,以此带动广大农户增收致富。建设覆盖农产品全过程的冷链系统和物流配送系统。培育农村电商创业带头人,加强对返乡农民工、大学生创业的资金、技术支持,提高农村创业转化率,促进非农就业。

第三，加强农村物流基础设施建设，增强农村电子商务的服务能力。一方面，畅通商品下乡及农产品进城双向流通渠道，鼓励电商企业和物流企业向农村地区下沉，降低城乡贸易成本。加快构建县、乡、村三级物流配送体系，尤其要推进县级配送中心、乡镇物流综合服务点和行政村物流配送点建设，并将综合示范政策与"快递下乡""快递到村"等工程予以统筹规划，优化快递网点与电子商务服务站的布局。另一方面，依托农村电子商务建设弥合数字鸿沟，提升农民数字素养。完善农村商业网点和电子商务服务点的商品检索、代购代收等消费辅助服务，帮助农民消除数字技术使用障碍。加强农民数字技能培训，包括智能手机应用、信息化基础技能、电商平台使用等内容，特别要提升年龄较大及受教育水平较低农民的数字素养，降低因自身禀赋而导致的消费排斥。增加电子商务产品的多样性，扩大潜在消费群体。同时，强化农村地区电子商务人才储备，通过综合示范政策培养一批懂技术、会经营、能管理的电子商务技术团队，创新电子商务生产及消费模式。

第四，异质性分析结果表明，政府推动的农村电子商务建设显著促进了欠发达地区的农民消费。目前，欠发达地区的电商发展仍面临较多问题。欠发达地区受到资源禀赋与自身发展能力等约束，电商基础设施薄弱，内生发展动力不足。在未来一段时间内，综合示范政策应继续向中西部地区、革命老区、集中连片特困区等电子商务发展基础薄弱的地区倾斜，减小电子商务接入的区域性差异。各级政府也应遵循市场化原则，制定激励政策，进一步强化电子商务在欠发达地区的推广与应用，促进农民的生产、消费。

参考文献

[1] 崔凯、冯献，2018，《演化视角下农村电商"上下并行"的逻辑与趋势》，《中国农村经济》第 3 期。

[2] 程名望、贾晓佳、仇焕广，2019，《中国经济增长（1978—2015）：灵感还是汗水?》，《经济研究》第 7 期。

[3] 陈梦根、周元任，2022，《数字不平等研究新进展》，《经济学动态》第 4 期。

[4] 黄炜、张子尧、刘安然，2022，《从双重差分法到事件研究法》，《产业经济评论》

第2期。

［5］陈梦根、周元任，2023，《数字经济、分享发展与共同富裕》，《数量经济技术经济研究》第10期。

［6］江小涓、孟丽君，2021，《内循环为主、外循环赋能与更高水平双循环——国际经验与中国实践》，《管理世界》第1期。

［7］江艇，2022，《因果推断经验研究中的中介效应与调节效应》，《中国工业经济》第5期。

［8］刘根荣，2017，《电子商务对农村居民消费影响机理分析》，《中国流通经济》第5期。

［9］李国正、艾小青，2017，《"共享"视角下城乡收入与消费的差距度量、演化趋势与影响因素》，《中国软科学》第11期。

［10］李怡、柯杰升，2021，《三级数字鸿沟：农村数字经济的收入增长和收入分配效应》，《农业技术经济》第8期。

［11］马彪、彭超、薛岩、朱信凯，2021，《农产品电商会影响我国家庭农场的收入吗?》，《统计研究》第9期。

［12］邱泽奇、张树沁、刘世定、许英康，2016，《从数字鸿沟到红利差异——互联网资本的视角》，《中国社会科学》第10期。

［13］邱子迅、周亚虹，2021，《电子商务对农村家庭增收作用的机制分析——基于需求与供给有效对接的微观检验》，《中国农村经济》第4期。

［14］秦芳、王剑程、胥芹，2022，《数字经济如何促进农户增收? ——来自农村电商发展的证据》，《经济学（季刊）》第2期。

［15］唐跃桓、杨其静、李秋芸、朱博鸿，2020，《电子商务发展与农民增收——基于电子商务进农村综合示范政策的考察》，《中国农村经济》第6期。

［16］唐仁健，2021，《扎实推进乡村全面振兴》，《求是》第20期。

［17］涂勤、曹增栋，2022，《电子商务进农村能促进农户创业吗? ——基于电子商务进农村综合示范政策的准自然实验》，《中国农村观察》第6期。

［18］唐学朋、余林徽、王怡萱、姚星，2023，《跨境电子商务与中国家庭福利——基于家庭消费视角的实证研究》，《数量经济技术经济研究》第11期。

［19］王金杰、牟韶红、盛玉雪，2019，《电子商务有益于农村居民创业吗? ——基于社会资本的视角》，《经济与管理研究》第2期。

［20］王胜、屈阳、王琳、余娜、何佳晓，2021，《集中连片贫困山区电商扶贫的探索及启示——以重庆秦巴山区、武陵山区国家级贫困县区为例》，《管理世界》第2期。

［21］王小华、马小珂、何茜，2022，《数字金融使用促进农村消费内需动力全面释放了吗?》，《中国农村经济》第11期。

[22] 王奇、牛耕、赵国昌，2021，《电子商务发展与乡村振兴：中国经验》，《世界经济》第12期。

[23] 王奇、李涵、赵国昌、牛耕，2022，《农村电子商务服务点、贸易成本与家庭网络消费》，《财贸经济》第6期。

[24] 汪阳洁、黄浩通、强宏杰、黄季焜，2022，《交易成本、销售渠道选择与农产品电子商务发展》，《经济研究》第8期。

[25] 许竹青、郑风田、陈洁，2013，《"数字鸿沟"还是"信息红利"？信息的有效供给与农民的销售价格———一个微观角度的实证研究》，《经济学（季刊）》第4期。

[26] 肖开红、雷兵、钟镇，2019，《中国涉农电子商务政策的演进——基于2001-2018年国家层面政策文本的计量分析》，《电子政务》第11期。

[27] 杨旭、李竣，2017，《县域电商公共服务资源投入与治理体系》，《改革》第5期。

[28] 杨柠泽、周静、马丽霞、唐立强，2018，《信息获取媒介对农村居民生计选择的影响研究——基于CGSS2013调查数据的实证分析》，《农业技术经济》第5期。

[29] 易法敏、孙煜程、蔡轶，2021，《政府促进农村电商发展的政策效应评估——来自"电子商务进农村综合示范"的经验研究》，《南开经济研究》第3期。

[30] 余文涛、杜博涵，2022，《电商平台应用与制造业企业全要素生产率——来自A股上市公司的经验证据》，《中国经济学》第2期。

[31] 曾亿武、郭红东、金松青，2018，《电子商务有益于农民增收吗？——来自江苏沭阳的证据》，《中国农村经济》第2期。

[32] 赵佳佳、孙晓琳、苏岚岚，2022，《数字乡村发展对农村居民家庭消费的影响——基于县域数字乡村指数与中国家庭追踪调查的匹配数据》，《中国农业大学学报（社会科学版）》第5期。

[33] 周亚虹、邱子迅、任欣怡、朱博鸿，2023，《数字金融的发展提高了电商助农的效率吗？——基于电子商务进农村综合示范项目的分析》，《数量经济技术经济研究》第7期。

[34] Agrist J. D., Pischke J. S. 2009. *Mostly Harmless Econometrics: An Empiricist's Companion*.Princeton：Princeton University Press.

[35] Akerman A., Gaarder I., Mogstad M. 2015. "The Skill Complementarity of Broadband Internet."*The Quarterly Journal of Economics*, 130(4)：1781-1824.

[36] Beck T., Levine R., Levkov A. 2010. "Big Bad Banks? The Winners and Losers from Bank Deregulation in the United States." *The Journal of Finance*, 65(5)：1637-1667.

[37] Borusyak K., Jaravel X., Spiess J. 2021. "Revisiting Event Study Designs：Robust and Efficient Estimation."mimeo.

[38] Chinn M. D., Fairlie R. W. 2007. "The Determinants of the Global Digital Divide：A

Cross-Country Analysis of Computer and Internet Penetration." *Oxford Economic Papers* , 59(1): 16-44.

[39] Couture V., Faber B., Gu Y., Liu L. 2021. "Connecting the Countryside via E-Commerce: Evidence from China." *American Economic Review: Insights* , 3(1): 35-50.

[40] De Chaisemartin C., D'Haultfoeuille X. 2020. "Two-way Fixed Effects Estimators with Heterogeneous Treatment Effects." *American Economic Review* , 110(9): 2964-2996.

[41] Fan J., Tang L., Zhu W., Zou B. 2018. "The Alibaba Effect: Spatial Consumption Inequality and the Welfare Gains from E-Commerce." *Journal of International Economics* , 114: 203-220.

[42] Gao Y., Zang L., Sun J. 2018. "Does Computer Penetration Increase Farmers' Income? An Empirical Study from China." *Telecommunications Policy* , 42(5): 345-360.

[43] Goodman-Bacon A. 2021. "Difference-in-differences with Variation in Treatment Timing." *Journal of Econometrics* , 225(2): 254-277.

[44] Kämpfen F., Maurer J. 2018. "Does Education Help 'Old Dogs' Learn 'New Tricks'? The Lasting Impact of Early-Life Education on Technology Use Among Older Adult." *Research Policy* , 47(6): 1125-1132.

[45] Harris C. D. 1954. "The Market as a Factor in the Localization of Industry in the United States." *Annals of the Association of American Geographers* , 44(4): 315-348.

[46] Hargittai E. 2005. "Survey Measures of Web-Oriented Digital Literacy." *Social Science Computer Review* , 23(3): 371-379.

[47] Luo X., Wang Y., Zhang X. 2019. "E-Commerce Development and Household Consumption Growth in China." World Bank Working Paper 8810.

[48] Luo X., Niu C. 2019. "E-Commerce Participation and Household Income Growth in Taobao Villages." World Bank Working Paper 8811.

[49] Li X., Guo H., Jin S., Ma L., Zeng Y. 2021. "Do Farmers Gain Internet Dividends from E-commerce Adoption? Evidence from China." *Food Policy* , 101: 102024.

[50] Leong C., Pan S. L., Newell L., Cui L. 2016. "The Emergence of Self-organizing E-commerce Ecosystems in Remote Villages of China: A Tale of Digital Empowerment for Rural Development" *MIS Quarterly* , 40(2): 475-484.

[51] Peng C., Ma B., Zhang C. 2021. "Poverty Alleviation Through E-commerce: Village Involvement and Demonstration Policies in Rural China." *Journal of Integrative Agriculture* , 20(4): 998-1011.

[52] Qi J., Zheng X., Guo H. 2018. "The Formation of Taobao Villages in China." *China Economic Review* , 53: 106-127.

［53］Shimamoto D., Yamada H., Gummert M. 2015. "Mobile Phones and Market Information: Evidence from Rural Cambodia." *Food Policy*, 57(11): 135–141.

［54］Sampath K. B. T., Shiva K. S. U. 2018. "The Digital Divide in India: Use and Non-use of ICT by Rural and Urban Students." *Technology and Sustainable Development*, 15(2): 156–168.

［55］Sun L., Abraham S. 2021. "Estimating Dynamic Treatment Effects in Event Studies with Heterogeneous Treatment Effects." *Journal of Econometrics*, 225(2): 175–199.

（责任编辑：唐跃桓）

中国海南自由贸易港风险防控体系构建研究

——以更高水平对外开放与国家经济安全利益平衡为视角

李　猛　赵若锦[*]

摘　要： 党的二十大报告针对更高水平对外开放明确提出，加快建设海南自由贸易港，实施自由贸易试验区提升战略。在海南建设中国特色自由贸易港是习近平总书记亲自谋划、亲自部署、亲自推动的改革开放重大举措，是中国式现代化新道路的重要表现。海南自由贸易港作为新时代改革开放新高地，实施更高水平对外开放是其鲜明特征和时代价值，2025年底前全岛封关运作更是为海南自由贸易港对标世界最高水平开放形态，稳步扩大规则、规制、管理、标准等制度型开放提供了大好机遇。然而，风险与机遇并存，海南自由贸易港在实施更高水平对外开放的同时，也将面临更大风险挑战，根据《海南自由贸易港法》，其面临的风险主要包括经济主权风险、国际投资风险、金融开放风险、数据跨境流动风险、优惠税制安全风险、生态和公共卫生安全风险等。因此，海南自由贸易港在建设过程中应以总体国家安全观为指引，在明晰开放发展与安全风险防控的辩证关系和内在逻辑的基础上，通过积极参与国际竞争与合作、加强防范外资安全风险、健全金融风险防控体系、促进数据跨境安全有序流动、精准全面防控税收风险、维护生态和公共卫生安全等举措，加快建立起与更高水

---

[*]　李猛（通讯作者），山东科技大学文法学院教授，山东省青年"泰山学者"，国际法学博士，理论经济学博士后，电子邮箱：jeasonlimeng@163.com；赵若锦，商务部国际贸易经济合作研究院副研究员，应用经济学博士，管理学博士后，电子邮箱：xiaoxi1210@126.com。本文获国家社会科学基金青年项目（18CJY046）的资助。感谢匿名审稿专家的宝贵意见，文责自负。

平对外开放相适应的风险防控体系，从而在安全风险可控前提下率先构建开放型经济新体制，推动形成全面开放新格局，打造中国更高水平对外开放的实践范例。

关键词：海南自由贸易港　更高水平对外开放　国际高标准经贸规则国家经济安全　风险防控

一　引　言

2023年是中国式现代化的开局之年，习近平总书记强调"开局之年扎实推进中国式现代化，要统筹好发展和安全"。在海南探索建设中国特色自由贸易港进程中，须要坚持底线思维，筑牢防范安全风险的防线，使之既能够通过深化制度创新推动开放发展，又能够切实维护国家经济安全，真正实现开放发展与国家经济安全之间的利益平衡。特别是近年来国际形势复杂多变，传统安全与非传统安全相互交织，建立健全风险防控体系是新发展阶段海南自由贸易港实施更高水平对外开放的基础保障，是积极参与全球经济竞争与合作的必然要求，是对接国际高标准经贸规则倒逼更深层次改革的迫切需要。

二　更高水平对外开放与安全风险防控的辩证关系和内在逻辑

（一）更高水平对外开放与安全风险防控之间的辩证关系

自2018年习近平总书记"4·13"重要讲话发表以来，海南自由贸易港不断深化改革开放，取得了令世人瞩目的辉煌成就，目前已进入政策制度体系建设和全面深化改革开放的重要阶段（李宜钊和魏诗强，2022）。近年来，我国正式申请加入《全面与进步跨太平洋伙伴关系协定》（CPTPP）、《数字经济伙伴关系协定》（DEPA）等国际高标准经贸协定，海南自由贸易港作为更高水平对外开放"试验田"，具备主动对接国际高标准经贸规则的先天条件，可为我国加入国际高标准经贸协定探索路径、积累经验，这也是"双循环"新发展格局下海南自由贸易港制度创新压力测试的新内涵。

所谓制度创新压力测试是指通过模拟真实环境和情境对新制度或政策进行全面测试和评估，以发现潜在的问题、风险和挑战，为制度创新提供参考和决策依据。

海南自由贸易港做好制度创新压力测试不仅能够为新一轮改革开放积累实践经验，同时也是实现更高水平对外开放与国家经济安全之间动态平衡的有效路径。具体而言，保障实现更高水平对外开放须要建立与之相适应的风险防控体系，以减少和避免由扩大对外开放对经济安全带来的潜在重大风险，而制度创新压力测试则是正确处理好"放"和"管"两者辩证关系的有力抓手（郭若楠，2022）。一方面，海南自由贸易港制度创新压力测试的本质意义是为深化改革开放进行压力测试，其主要作用在于以风险总体可控为前提，在局部领域和范围内"先行先试"能够有效促进投资贸易自由化、便利化的国际高标准经贸规则，探索实现更高水平对外开放的可行路径，为加速形成全面开放新格局设定安全防线、提供安全保障；另一方面，也要看到倘若无法借助制度创新压力测试实现更高水平对外开放，构建风险防控体系便失去了有价值的应用场景，"放"与"管"之间的协同性也将难以实现，因此更高水平对外开放是风险防控体系建设的主要目的和本质要求。总之，在海南自由贸易港不断深化制度创新压力测试中，应当坚持"放管并重、放管结合"的基本原则，正确认识和处理"放"与"管"之间的辩证统一关系，追求实现更高水平对外开放与经济安全风险可控之间的利益平衡。

为了在全岛封关运作条件下更好地以制度创新推进实现更高水平对外开放，须要进一步加强中央部门与海南自由贸易港当地政府之间的沟通协作，赋予海南自由贸易港更大自主改革权限，共同做好全面深化改革开放压力测试的制度设计（赵晋平，2022）。对于涉及 CPTPP、DEPA 等国际高标准经贸协定谈判的压力测试，须要在全面梳理协议文本内容的基础上，就谈判双方共同关切的高标准规则适用问题，制定海南自由贸易港"先行先试"的事项内容清单，在具备条件的领域率先进行规则对接的压力测试。现阶段，我国负责国际高标准经贸协定谈判的主管部门须要结合更高水平对外开放的本质要求以及海南自由贸易港建设发展的实际情况，科学规划

2025年全岛封关运作后海南自由贸易港制度创新压力测试的重点领域，加紧完善与制度创新压力测试匹配的风险防控体系，强化制度型更高水平对外开放的安全保障。

（二）更高水平对外开放与安全风险防控之间的内在逻辑

海南自由贸易港作为新时代改革开放新高地，将制度创新贯穿于自身建设发展的各领域和各环节，以体制机制创新为核心推进全面深化改革开放，目标是建设具有世界影响力的中国特色自由贸易港（迟福林等，2022）。但是，随着海南自由贸易港建设的不断深入，在取得重大改革创新成果的同时也面临着一系列风险挑战，为此须要坚持底线思维统筹好发展和安全的关系，加强对重大风险的识别和防范，探索建立与其自由开放属性相适应的风险防控体系。2021年6月颁布实施的《海南自由贸易港法》指明了海南自由贸易港在更高水平对外开放中面临的主要风险挑战，为海南自由贸易港风险防控体系搭建起基本制度框架[1]。在《海南自由贸易港法》中，更高水平对外开放、经济安全、法治保障、风险防控被放在一起加以设定和阐述，彼此之间相互交融、相互联系、相互影响，具有较高的关联度，凸显了更高水平对外开放、经济安全、法治保障和风险防控一体化运行的核心理念[2]。概括而言，更高水平对外开放是海南自由贸易港建设的关键任务，经济安全是海南自由贸易港稳定发展的必要前提，法治保障是海南自由贸易港行稳致远的基础条件，风险防控是海南自由贸易港守住不发

---

[1] 《海南自由贸易港法》第五十五条规定，"海南自由贸易港建立风险预警和防控体系，防范和化解重大风险。海关负责口岸和其他海关监管区的常规监管，依法查缉走私和实施后续监管。海警机构负责查处海上走私违法行为。海南省人民政府负责全省反走私综合治理工作，加强对非设关地的管控，建立与其他地区的反走私联防联控机制；在海南自由贸易港依法实施外商投资安全审查制度，对影响或者可能影响国家经济安全的外商投资进行安全审查；海南自由贸易港建立健全金融风险防控制度，实施网络安全等级保护制度，建立人员流动风险防控制度，建立传染病和突发公共卫生事件监测预警机制与防控救治机制，保障金融、网络与数据、人员流动和公共卫生等领域的秩序和安全"。

[2] 从《海南自由贸易港法》的主要内容分析，强调以投资贸易自由化便利化的更高水平对外开放为重点，以各类市场要素自由流通和现代产业体系构建为支撑，以特殊的优惠税制以及安全高效的经济治理体系和法治保障体系为基础，要求在守住不发生系统性风险底线的前提下，探索建设与国际接轨且具有中国特色的现代化自由贸易港。

生系统性风险的坚强底线。未来，能否加快建立起更高水平开放型经济新体制以及较为完善的经济安全体系、法治保障体系、风险防控体系，在很大程度上决定了海南自由贸易港战略建设的成败。

开放型经济风险防控体系是在实施更高水平对外开放中，为维护经济安全而建立的科学完备、系统高效的风险管理体系（唐珏岚，2022）。因此，构建海南自由贸易港风险防控体系的主要目的是在不断扩大开放中确保国家经济安全，其本质是"开放发展"与"经济安全"的内在统一。根据《海南自由贸易港法》的规定，海南自由贸易港目前面临的风险挑战主要集中在投资安全、金融开放、优惠税收、数据跨境流动、生态环境保护和公共卫生治理等领域，其风险防控体系建设主要具有以下特征。

第一，开放性。实施更高水平对外开放能够为海南自由贸易港深度参与国际分工与合作带来更多机遇，从而获得更多国际分工利益。但是同时，更大范围、更宽领域、更深层次的对外开放也会使海南自由贸易港经济社会发展更加深刻地受到外部因素的影响，尤其是对接国际高标准经贸规则中的规则适用冲突和安全风险问题，例如，在数据跨境流动风险防控机制尚未建立的情况下，贸然适用数据跨境自由流动规则无疑将会面临较为严峻的网络信息安全风险。因此，海南自由贸易港在推进更高水平对外开放的同时，也要提升自身防范化解重大风险的能力，加快建设与更高水平对外开放相适应的风险防控体系，统筹好开放发展和经济安全。

第二，动态性。当前，国际经济形势具有复杂多变的显著特点，既有周期性波动，也有趋势性改变（黄俊立，2022）。因此，海南自由贸易港防范国际经济风险、维护国家经济安全是一个须要不断调整适应的动态过程，究其原因，更高水平对外开放条件下影响国家经济安全的外部因素变得更加多元化，除传统经济领域外，还受到国际政治、军事安全、科技创新、自然环境等非经济领域因素的影响。对于践行更高水平对外开放理念的海南自由贸易港而言，受到复杂多变的国际政治经济形势影响，外部因素冲击的来源、发生时间、危害程度等往往难以事先做到精准预判。因此，海南自由贸易港风险防控体系建设并不存在一劳永逸的应对之策，必须持续增强自身应对外部环境变化的动态调整能力。

第三，系统性。一是更高水平对外开放的广泛性和全面性。根据 CPTPP、DEPA 等国际高标准经贸协定要求，开放型经济不仅覆盖投资、贸易、金融、海关等边境活动，同时还涉及知识产权保护、劳工保护、环境保护、公平市场竞争、营商环境、反腐败等边境后措施，更高水平对外开放正由"边境"向"边境内"转移，其领域范围更具广度和深度。二是风险的跨域性和传染性。经济全球化的不断深入增强了风险的传染性，个别的、区域的、局部的风险也可能演变为全球性、系统性风险，而海南自由贸易港作为更高水平对外开放的前沿窗口，无疑也会面临由此带来的风险压力。三是风险监管的整体性和系统性。更高水平对外开放在带来新发展机遇的同时，也会放大经济的"风险敞口"，使风险更具复杂性、多变性、不确定性，海南自由贸易港风险监管不仅要涵盖传统的经济领域，如经济主权、投资贸易、税收金融等，同时还要防范其他非经济因素的潜在威胁，如国际政治、外交政策、地区安全等方面的相互作用和影响等。总之，构建系统完备的海南自由贸易港风险防控体系应当全面贯彻总体国家安全观，须要具备前瞻性、整体性、系统性思维。

三 海南自由贸易港在更高水平对外开放中的主要风险挑战

当前，我国所处的外部环境更趋严峻复杂，各种不确定性因素相互叠加，在更高水平对外开放条件下海南自由贸易港建设发展和经济安全面临着一系列新的风险挑战，主要包括经济主权安全风险、国际投资安全风险、金融开放安全风险、数据跨境流动风险、优惠税制安全风险、生态和公共卫生安全风险等。

（一）经济主权安全风险

经济主权安全是指一个国家作为独立经济体，其经济发展不会形成对外部的危险依赖，并保证本国经济政策的独立性（欧阳俊和邱琼，2015）。为此，可以从价值和形态两个维度进行深入分析。一方面，经济主权安全是一种价值观的体现，这种价值观对于各国而言具有不同的含义。现实中，世界各国从自身实际情况出发，在经济全球化背景下对经济调控和决策采取了不同态度。例如，出于维护本国经济利益和安全的目的，依赖于某个大国或集团的依附型发展模式。或者，对本国经济的调控和决策进行全面掌控，防止和避免国际或区域性经济组织的侵蚀，也不愿其他国家对本国经济进行干预，以在最大程度上维护经济主权安全，但与此同时却形成了"孤岛型"经济体。另一方面，经济主权安全还表现为静态和动态两种基本形态。其中，动态安全是一国保障经济系统稳定和安全的能力，包括对经济体内外部的各种风险和威胁进行动态监测、实时预测、防范和控制；静态安全则是一种较为理想化的安全形态，即在本国经济运行良好的情况下经济主权安全处于较为稳定的状态。然而，目前大国博弈和地缘冲突加剧，世界经济形势严峻复杂，许多不确定性因素都会影响到一国的经济运行，国家经济主权的独立性和可控性往往难以预料，这一切因素都预示着静态的、理想的经济主权安全客观上难以实现。尤其是全球性发展课题绝非靠一国之力可以解决的，如全球气候变化、全球人口膨胀、难民和饥荒、资源短缺和粮食安全、国际金融危机、人工智能全球性危机等，要妥善解决这些关乎人类生存发展的重大问题，就必须通过加强国际合作、依靠全球力量。世界各国在必要情况下要适当弱化经济主权意识，以维护和拓展彼此的共同利益，进而携手实现共同发展。因此，国家经济主权安全通常是在动态变化中实现的。

近年来，"自然资源禀赋"在国际经济中的重要性逐渐下降，而规则、制度、技术、标准、资本等因素越来越占据支配地位。在以国际规则为基础的国际经济体系中，一国要参与国际经济竞争与合作就必须遵守国际规则与惯例，并将其转化为国内法予以实施适用，以此突破阻碍本国与世界经济接轨的制度壁垒，更好地融入经济全球化。海南自由贸易港作为制度创新的压力测试"试验田"，是我国主动对接国际高标准经贸规则的主要窗口和有利平台，然而在规则对接中须要准确把握经济主权的独立性与可控性，正确处理好经济主权的绝对性原则和让渡性问题。一方面，所谓经济主权安全的绝对性原则，是指基于国家主权神圣不可侵犯的现代国际法基本原则，在对接国际高标准经贸规则过程中，海南自由贸易港拥有自主调控和决策的权力，而不受外部因素的影响和干扰。出于对国家经济安全的考量，对于其中一些规则可以根据本国实际情况有选择性地进行对接，以避免规则适用对国家经济安全可能造成的损害。另一方面，也要看到经济主权的可让渡性，在确保国家经济安全的基础上，可以作出适当合理的经济主权让渡，以充分发挥海南自由贸易港制度创新、改革试验的功能和作用，从而在更大范围、更宽领域、更深层次上进行规则对接，为我国适应国际经济形势变化以及更加主动、全面、深度地参与全球经济竞争与合作创造有利条件。

综上所述，海南自由贸易港在实施更高水平对外开放中，如何实现深化改革开放与经济主权安全的利益平衡，在对接国际高标准经贸规则中维护好国家经济安全，有效防控由规则对接可能引发的制度风险，是当前面临的一大挑战。

（二）国际投资安全风险

2018 年至今，海南自由贸易港积极打造具有国际竞争力的投资环境，并制定出台了一系列改革和创新举措，包括采用全国最短外资准入负面清单、实施市场准入承诺即入制、制定全国首张跨境服务贸易负面清单、规划设计 2025 年放宽市场准入特别清单等。相关措施的落地实施有效促进了外商投资规模增长。据统计，2018~2022 年，海南自由贸易港累计新设立外商投资企业 4766 家，实际利用外资金额从 7.3 亿美元增加至 40.5 亿美元，规模增长达 4.5 倍（见表 1）。然而，截至目前海南自由贸易港外资监管制度还未从传统的"严准入轻监管"转变为"宽准入重监管"，尚未实行以事中事后监管为主的过程性监管新模式。虽然《海南自由贸易港法》中明确了投资监管与保护制度，强调保障投资安全和营造公平竞争的市场环境，但缺少具体的实施措施，包含"事前事中事后"的全过程投资监管制度仍待建立和完善。由此可见，海南自由贸易港尚未建立起与投资自由化便利化相适应的监管制度和安全审查制度，这使得海南自由贸易港在大幅放宽外资市场准入的情况下，面临较为严峻的外资安全风险。

表1　2018~2022年海南自贸港外商投资情况

单位：家，亿美元

年份	新设立外商投资企业	实际利用外资金额
2018	167	7.3
2019	338	15.0
2020	1005	30.3
2021	1936	35.1
2022	1320	40.5

资料来源：根据历年《海南省国民经济和社会发展统计公报》整理而得。

　　当前，海南自由贸易港面临的外资安全风险主要表现在以下几个方面。第一，扩大开放风险。外资易凭借海南自由贸易港投资贸易自由化便利化政策，通过货币市场、资本市场、外汇市场、垄断行业的扩大对外开放而直接影响经济安全的关键领域。第二，渗透扩散风险。在外资监管制度尚不完善的情况下，海南自由贸易港易遭受由大量外资流入可能引发的市场冲击、资源浪费、税收流失等风险，同时相关风险也更易形成扩散化趋势，可能发生风险外溢进而扩散渗透至国内其他地区，加剧对国家经济安全的威胁。第三，市场监管风险。目前，海南自由贸易港尚未实施穿透式外资监管，且外资监管部门职权过于分散，"重复监管""交叉监管""监管真空"等问题依然存在，外资可借此通过多种方式绕开或规避市场监管，对港区内一些重要行业企业进行并购或控制。第四，对外投资风险。近年来，在越来越多的岛内本土企业"走出去"过程中，明显存在企业对外投资顶层设计缺失、服务体系不完善、投资风险处置不当、投资争端解决能力不足等问题。因此，完善与海南自由贸易港更高水平对外开放相适应的外资安全审查机制，以及建立健全企业"走出去"鼓励支持政策和风险防控体系，是新时期海南自由贸易港促进双向投资高质量发展的重要保障。第五，产业链供应链风险。海南自由贸易港构建现代产业体系需要稳定的产业链供应链作为支撑。然而，当前全球产业链供应链面临重塑，产业链供应链不稳定性和不确定性增加。因此，应及时梳理海南主要产业的上下游关系，针对产业链供应链中的薄弱环节，鼓励本土企业加强创新研发，同时创造条件吸引境外企业到自由贸易港投资"补链"。此外，亟须完善境外投资支持保障措施，鼓励本土企业以海南自由贸易港为有利平台、共建"一带一路"倡议等为契机积极"走出去"，通过设立公司、企业并购、中方控股等方式扩大境外直接投资，加快形成由中资企业主导的国际产业分工体系，不断增强关键环节产业链供应链的韧性和风险抗压能力。

（三）金融开放安全风险

金融开放是海南自由贸易港更高水平对外开放的主要内容，包括金融服务业对外开放、货币在资本项目下的可自由兑换、跨境资本自由流动、人民币国际化、FT 自由贸易账户、合格境内有限合伙人（QDLP）和合格境外有限合伙人（QFLP）等制度创新。一方面，扩大金融开放能够加强与国际金融市场的对接和联通，构建与国际相衔接的金融制度体系和监管模式，提升海南自由贸易港金融服务业的国际市场竞争力。但另一方面，扩大金融开放也会在一定程度上加剧跨境资本的大量流入和无序流动，增加金融监管和风险防控的难度，尤其是随着海南自由贸易港对外开放的规模不断扩大，国际金融市场的风险也会加速传导至当地金融市场（张方波，2022）。如何建立起与更高水平对外开放相匹配的金融风险防控体系，保障海南自由贸易港金融市场安全稳定，是亟待解决的重要问题。目前，海南自由贸易港面临的主要金融开放风险如下。

第一，交易对方违约风险，具体是指在离岸金融业务中交易对方无法履行合约义务而给债权人造成的经济风险和利益损失（陈醇，2019）。今后，随着金融业对外开放的扩大和深入，港区内离岸金融业务种类也将更加丰富，但跨境商业信息收集难度较大，交易对方的经济实力、商业信誉、负债情况等都有可能产生潜在的信用风险，给离岸金融业务的债权人造成经济损失。特别是，离岸金融业务往往存在"两头在外"的情况，[①]金融机构通常难以准确掌握"非居民"的履约能力、经营状况、资产负债、信用

---

① "两头在外"是指注册地在境外且日常经营活动不在境内的"非居民"企业或自然人。

记录等，存在调查程序复杂、信息不对称等现实困难。因此，银行等金融机构在离岸金融业务中将面临更大的风险挑战，信用风险一旦暴露可能会导致呆账坏账，引发重大经济损失。

第二，跨境资本流动风险。随着海南自由贸易港离岸金融市场的快速发展，国际资本的大量进入成为必然，大规模境外资金的频繁进出为投机资本带来了套利空间，给海南自由贸易港金融安全带来了不确定性。一方面，短期资本流动风险。在离岸金融市场监管制度尚不完善的情况下，投机者更容易使用短期资本通过离岸金融市场进入海南自由贸易港，并利用离岸与在岸人民币市场汇差套利。同时，短期资本的涌入也会增加外汇储备和货币供应量，当资本达到过剩状态时可能引发资产泡沫和通货膨胀，而在经济下行压力下，资本的逐利性又将驱使大量资本流出，由此发生的经济动荡可能引发系统性金融风险。另一方面，长期资本流动风险。一是境外资本可能通过海南自由贸易港离岸金融市场套用资金借贷等方式大量涌入证券市场，对证券市场供求关系和价格稳定造成冲击。二是国际借贷资本的大量涌入使得港区内金融市场资金充裕，金融机构容易盲目扩张信贷规模，信贷体系风险明显上升。

第三，开放资本账户风险。海南自由贸易港现采取"一线审慎渗透，二线高效管住"的资本账户开放模式，在保证渗透资金总量可控的前提下畅通投融资渠道（沈继奔，2022）。然而，资本账户开放也可能引发"热钱"流入，影响到银行体系的稳定性。[1]投机者以资本账户开放为渠道和敞口，利用海南自由贸易港与国内其他地区的金融监管政策差异进行套利、套汇和逃汇，尤其是银行通过在岸资金补充离岸头寸冒险投机，当离岸账户资金渗透量明显超出实体经济需求量时，不仅会影响港区内金融市场的安全稳定，更可能产生金融风险溢出效应，并扩散渗透至国内其他地区。

第四，利率和汇率市场化风险。一是利率市场化风险。近年来，随着海南自由贸易港利率市场化制度的不断完善，其利率水平更加接轨国际金

---

[1] 从新加坡、中国香港、迪拜等国际著名自由贸易港的实践经验来看，管控好离岸账户向在岸账户渗透资金总量是防范资本账户开放风险的关键。

融市场且不同于国内其他地区，这在一定程度上形成了利率双轨制。然而，在海南自由贸易港利率水平高于境外利率水平的情况下，一些资本投机商为了追逐利润更大化，必然会将境外资金转移至港区内，当资金总量超过一定规模时就可能导致通货膨胀或资产泡沫化（贾宪军，2014）。因此，要避免海南自由贸易港成为境外投机资本进入国内市场的跳板，防范跨境资本大规模异常流动风险，减小利率市场化对金融安全的负面影响。二是汇率市场化风险。海南自由贸易港的汇率市场化改革使得港区内离岸市场人民币价格与国内其他地区之间形成了较为明显的利差和汇差，双轨制汇率为投机者进行非法骗汇、套汇、逃汇等活动提供了机会。一些市场主体通过海南自由贸易港离岸金融市场规避监管进行逃汇、套汇和非法买卖外汇等活动，可能会冲击人民币汇率制度，导致外汇市场供求失衡，通货膨胀、经济萧条、资产泡沫化风险也由此上升。

（四）数据跨境流动风险

近年来，海南自由贸易港将推动数据跨境流动视为数字经济高质量发展的关键，数据跨境流动现已成为海南自由贸易港更高水平对外开放的显著标志和重要环节。但是，数据跨境自由流动也面临巨大的风险挑战，一是在数据出入境风险评估机制缺失的情况下，可能会对国家信息安全或公众利益带来风险；二是一些与企业商业秘密或经营活动相关的重要数据易被窃取，给企业带来经济利益损失；三是个人信息更易被泄露，个人隐私权无法得到有效保障。究其主要原因，海南自由贸易港尚未建立起安全高效的数据跨境流动风险防控机制。

第一，监管部门职责厘定不清。根据《中华人民共和国立法法》，涉及财政、税收、海关、金融等领域的事项属于国家事权范围，需通过法律予以规范。然而，数据作为载体承载着诸多领域的信息，涵盖国家事权和地方事权诸多领域事项，在数据跨境流动规制中往往存在中央和地方之间、部门之间、地区之间事权划分不清晰或不协调等问题。此外，虽然《中华人民共和国数据安全法》对数据安全部门责任进行了规定，但对数据跨境流动并没有规定具体的监管部门和监管职责。由于我国尚未通过立法将数据跨境流动监管权限有效赋权地方，海南自由贸易港对于数据跨境流动监管缺少明确的法律依据，港区内相关监管部门职权划分仍不够明晰，数据跨境流动交叉监管、重复监管、监管缺位等现象依然存在。①

第二，立法分散化碎片化。近年来，我国针对数据安全问题加强了相关立法，但仍未形成顶层设计下的数据风险防控法律规范体系，特别是数据跨境流动法律规范体系亟待建立和完善。在国家立法层面，与数据跨境流动相关的法律法规现分散在《中华人民共和国网络安全法》《中华人民共和国数据安全法》《数据出境安全评估办法》《中华人民共和国国家安全法》《中华人民共和国电子商务法》以及部分行业条例中，整体而言立法层次感不强，仍不够规范化系统化，呈现出分散化碎片化的特征（蔡士林，2022）。从条款内容分析，立法指导性框架性较为明显，缺少具体可操作的法律规制措施。例如，《中华人民共和国网络安全法》《中华人民共和国数据安全法》《数据出境安全评估办法》对"跨境数据"均有所提及，但对于这一重要概念却没有给予明确的法律定义和执行标准。又如，在上述法律法规中，多是"统筹协调有关部门加强监管"的规定，但究竟可以统筹协调哪些并没有予以说明。

数据跨境流动立法的模糊性、不完备性、不确定性在一定程度上增加了对其风险管理和司法实践的难度。在国家立法层面关于数据跨境流动的法律缺位，使海南自由贸易港数据跨境流动监管和风险防控面临一定困难。在地方立法层面，海南自由贸易港现拥有经济特区立法权、地方性立法权等多种立法权，尤其是《海南自由贸易港法》授权海南自由贸易港可对现

---

① 海南自由贸易港扩大数据领域开放，推进实施数据跨境自由流动，前提是需要国家层面将更多领域事权下放至海南，更大改革自主权实质意义上是国家事权和管理权限的下放。不可否认，海南自由贸易港的改革试验、制度创新必定涉及诸多部门的实际利益，调整国家和地方事权也可能与现行法律法规产生一定冲突，这是海南自由贸易港在深化改革开放中面临的主要问题。总之，如果事权厘定不清晰、事权下放不充分、事权与立法权不协调，将会直接影响海南自由贸易港包括数据跨境流动在内的改革创新成效。

有立法"作变通性规定"。①另外，海南自由贸易港还具有相对独立的地理单元和"一线放开，二线管住"的风险防控政策优势。因此，海南自由贸易港具备建设数据流动试验区以及"先行先试"数据跨境流动国际规则的先天条件。但海南自由贸易港尚未制定出台关于数据安全和数据跨境流动的专门性法律，还没有充分发挥其"变通性"立法优势，在数据跨境流动领域依然存在地方立法空白。

第三，安全监管制度有待完善。一是风险评估机制缺失。《数据安全法》明确提出，"建立高效安全的数据安全风险评估机制"。但是，企业评估往往具有倾向性，难以做到客观公平公正，官方评估又须要克服评估效率问题（赵精武，2023）。目前，海南自由贸易港数据安全评估机制的缺失，不仅增加了数据跨境流动监管难度，也带来了更多数据安全风险，亟须在港区内设置相对独立、标准统一、高效便利、客观公正的数据安全风险评估机制，以有效防范数据跨境流动风险。二是监管适度问题。海南自由贸易港实施数据跨境流动监管，既要保障数据安全，也要避免影响对外投资贸易，要在数据安全与经济发展之间做好平衡。目前，我国对于数据跨境流动的监管总体相对严格，更倾向于数据安全保护，不仅影响到数据红利的国际共享以及数据价值的充分发挥，也在很大程度上制约了跨境数字贸易发展。因此，海南自由贸易港要借助自身政策创新优势，在守好数据安全底线的同时，积极推进数据跨境自由流动，探寻数据安全风险防范和投资贸易自由化便利化均衡发展的可行道路。

（五）优惠税制安全风险

《海南自由贸易港法》为海南自由贸易港实施特殊优惠税制提供了法律依据，包括"零关税、低税率、简税制"的总体税制安排，以及企业所得税和个人所得税15%的低税率优惠税制，成为吸引优质企业和高端人才入

---

① 《立法法》规定"全国人民代表大会及其常务委员会可以根据改革发展的需要，决定就特定事项授权在规定期限和范围内暂时调整或者暂时停止适用法律的部分规定"；《海南自由贸易港法》规定"海南省人民代表大会及其常务委员会可以根据本法，结合海南自由贸易港建设的具体情况和实际需要，遵循宪法规定和法律、行政法规的基本原则，就贸易、投资及相关管理活动制定法规，在海南自由贸易港范围内实施"。

驻海南的一大关键。极具竞争力的优惠税收政策，一方面增强了海南自由贸易港营商环境的竞争力和吸引力，为投资企业带来巨大收益，随着越来越多企业等市场主体的涌入，海南现已成为全球投资的"新热土"（张燕，2021）。但是另一方面，极具吸引力的优惠税收政策也在一定程度上加大了海南自由贸易港成为"避税天堂"的风险，使其面临着较为严峻的税收安全问题。例如，注册成立空壳公司以享受企业优惠税率；通过关联交易将利润向海南转移可能引发的税基侵蚀与税收流失；实际工作地在其他地方的个人通过在海南挂名发放工资以享受低税负优惠政策；将股息红利以工资形式发放或者违反合理性原则向公司高管发放高工资以少缴企业所得税；包括直播行业在内的平台经济高收入群体利用法律和市场监管漏洞进行偷逃避税；依托海南自由贸易港特殊优惠税收政策，通过隐瞒收入、虚列成本、转移利润、使用"阴阳合同"等方式进行逃税避税；利用"税收洼地"虚开发票、骗取退税或进行洗钱活动等。另外，海南自由贸易港现已通过"一负三正"零关税清单[①]，在部分行业领域实施零关税制度，但是在缺少过渡性保障措施、配套政策和法律制度不完善的情况下，实施零关税政策也有可能带来市场冲击，导致市场竞争加剧、税收风险上升。

目前，海南自由贸易港税收政策相对宽松，但也给了不法企业以可乘之机，存在一定的税收风险。海南自由贸易港主要采取包容审慎的税收监管措施，相较于其他国际自由贸易港，港区内企业的违法成本较高、风险相对较低，不过随着其对外开放规模的不断扩大，港区内企业涉税风险也势必会逐渐增加。因此，应当尽快建立起与优惠税制相适应的税收风险防控体系，以实现对税收风险的高效精准防控。

（六）生态和公共卫生安全风险

海南自由贸易港全力推进国家生态文明试验区建设取得了较为显著的成果，但随着更高水平对外开放的不断扩大，岛内生态环境风险防控形势依然较为严峻，主要表现为以下几个方面：第一，保护立法相对滞后。除

[①] "一负三正"零关税清单是指进口原辅料零关税正面清单、海南自由贸易港交通工具及游艇零关税正面清单、岛内居民消费的进境商品零关税正面清单和生产设备零关税负面清单。

了《海南自由贸易港法》对港区内生态环境保护的任务目标进行了总体性、方向性、框架性规定外，《海南省环境保护条例》并未紧随海南自由贸易港发展而进行必要的修订和完善，其一些规定已然不适应《海南自由贸易港法》中的最新要求，①无法满足海南自由贸易港更高水平对外开放的现实需要，存在较为明显的滞后性和不适应性问题。另外，有关海南自由贸易港生态环境保护的法律法规还存在过于分散化、法律层级不高、内部协调性不足、部分规定缺乏可操作性、责任追究处罚力度不够等问题。第二，监管部门权责不清。对于海南自由贸易港而言，以山水林田湖草沙一体化保护和修复工程为例，涉及森林、湿地、农田、草地等多类生态系统，生态环境保护工作职责分散在资源、环保、水利、农业等多个部门，管理职能碎片化片面化现象较为突出，生态环境保护协同治理面临现实困境，还未能形成生态环境保护监管的整体合力（郑舒哲和王明初，2021）。第三，风险防控体系亟待建立。近年来海南自由贸易港制定出台了一些生态环境风险防控措施，但是还未建立起包括风险预警机制、评估机制、救济机制等在内的生态环境风险防控体系，还没有通过立法明确防范化解生态环境风险的总体方案以及生态环境安全底线。第四，多元化纠纷解决机制缺失。对标CPTPP等国际高标准经贸规则，海南自由贸易港还未建立起包括诉讼、调解、和解、仲裁、行政裁决等方式在内的"一站式"多元化生态环境纠纷解决机制，并且在生态环境纠纷解决的程序规则和执行效率等方面存在明显不足。因此，需要加快建立起公平公正、高效便民的多元化生态环境纠纷解决机制，防范由生态环境纠纷可能引发的经济安全和社会稳定风险。

近年来，在《海南自由贸易港法》指引下，海南自由贸易港以制度创新为动力，不断加强公共卫生服务体系建设，制定出台了"健康海南计划""疾控登峰工程""智慧医院建设工程""数字医疗创新工程"等一系列改革举措，着重提升自身应对重大突发公共卫生事件的能力。但是，目前海南自由贸易港整体公共卫生服务能力依然较弱，地区公共卫生资源配置不均

---

① 《海南自由贸易港法》规定"海南自由贸易港实行最严格的生态环境保护制度，坚持生态优先、绿色发展，创新生态文明体制机制，建设国家生态文明试验区"。

衡，特别是中西部和一些少数民族贫困山区，在重大疾病预防、流行病学调查、传染病防治等方面还存在较为明显的短板弱项，尚无法适应更高水平对外开放的新形势和新要求。

第一，重大疾病和疫情防控能力有待提升。从疫情防控的实际成效和结果来看，海南自由贸易港公共卫生体系暴露出流行病学科研人才匮乏、应急储备物资制度滞后、人员防护意识薄弱、病毒实验室检测能力不足、疫情防控信息共享不及时等问题。第二，公共卫生人才相对匮乏。海南中西部地区由于缺少富有竞争力的人才政策，近年来公共卫生专业人才流失较为严重，基层医疗机构从业人员整体上呈现低学历、低职称、老龄化现象，人才队伍结构不合理，优秀人才培育后劲不足（王珊珊和邵海亚，2021）。第三，公共卫生基础设施建设滞后。海南中西部地区公共卫生基础设施建设相对落后，数字化、智能化、信息化程度较低，重大疾病预防检测能力较差，一些高致病菌的监测工作还需要海口、三亚等城市甚至国内其他地区支持，岛内一些山区、贫困地区的水常规指标监测能力还未达到国家要求，重大疾病传播风险依然较大（周长强等，2022）。第四，重大公共卫生应急防控救治体系亟待建立。相较于我国经济较发达地区，海南传染病定点救治医院的数量仍然偏少，中西部一些偏远地区甚至还没有设立传染病定点救治医院，这在一定程度上反映出传染病救治资源地区分配不均衡（陈卓等，2020）。另外，对于重大突发公共卫生事件，海南自由贸易港亟须在体制机制、法律法规、应急处置等方面深化改革，尽快建立起较为完善的重大公共卫生应急防控救治体系，防范重大突发公共卫生事件对社会公众健康带来的威胁。

四　新时期海南自由贸易港构建风险防控体系的政策建议

海南自由贸易港要实施更高水平对外开放，就必须贯彻落实总体国家安全观，厘清并正确把握发展和安全的辩证统一关系，把安全贯彻到建设发展的各方面、全过程。党的二十大以后，海南自由贸易港建立健全风险防控体系应当遵循以下基本原则：一方面，坚持深化改革开放、增强经济抗压能力是海南自由贸易港维护经济社会大局稳定的重要基础，要以更高水平对外开放促进经济社会高质量发展，夯实安全稳定的经济基础；另一方面，经济安全是海南自由贸易港实现更高水平对外开放的重要保障，要积极采取措施妥善应对可能面临的各类风险挑战，牢牢守住安全底线，保证既要"放得开"也要"管得住"，探寻更高水平对外开放和国家经济安全的利益平衡点。

（一）积极参与国际竞争与合作

追溯历史，全球经济风险的发生往往与全球经济治理制度安排的内生性和滞后性息息相关，全球经济治理体系有时无法充分适应全球经济形势变化，不能及时有效解决全球经济风险问题（薛安伟和张道根，2022）。习近平总书记指出"当今世界正经历百年未有之大变局"。该论断深刻揭示了全球经济治理体系亟须变革的内在动因：一是新兴市场和新兴发展中国家迅速崛起；二是新一轮科技革命和产业革命引发激烈的国际经济竞争；三是全球经济治理体系无法及时响应国际经济格局之变。因此，中国作为最大发展中国家和全球第二大经济体，应当展现出负责任的大国担当，通过积极参与全球经济治理体系改革，为之贡献更多中国智慧、中国方案，争取由全球经济治理的参与者、建设者向引领者、改革者转变。与之相适应，海南自由贸易港具有独特的政策制度体系和高度自由开放便利的内在属性，是我国深度参与全球经济治理的重要平台和窗口，理应承担起率先对接国际高标准经贸规则的历史重任，通过扩大制度型开放积极参与国际经济竞争与合作，既在复杂多变的国际经济形势下谋求我国正当的利益诉求、开创新的发展机遇，也为世界经济复苏作出积极贡献。

我国改革开放四十多年以来，走出了一条与本国国情相吻合的"渐进式"开放发展道路，在投资贸易、金融开放、税制改革等领域均采取了渐进有序的方式和步骤，该发展模式能够使我国经济在改革开放中有一个逐渐调整适应的过程，将改革开放所带来的潜在风险控制在可控范围以内，是以安全稳定为前提稳步扩大改革开放（叶静，2021）。"渐进式"开放发展的经验做法对于海南自由贸易港建设同样适用。在新发展阶段，海南自由贸易港不仅要扩大对外开放，同时也要把握好开放节奏和秩序，尤其是在接轨国际市场和对接国际高标准经贸规则中，全面考虑到我国经济发展的实际状况，有选择、分步骤、渐进式地进行规则对接，确保国际规则转化适用的可行性、安全性、可操作性，切不可一蹴而就全盘照搬，从而在扩大制度型开放中保持本国经济政策的独立性，减少对外部环境的危险依赖，维护好国家经济主权安全，保障社会主义基本经济制度不被侵蚀。

（二）加强防范外资安全风险

海南自由贸易港作为全面深化改革开放的前沿阵地，主动对标国际高标准经贸规则，率先实行准入前国民待遇+负面清单的外资管理制度。然而，投资贸易自由化便利化政策也会增加海南自由贸易港的外资安全风险，为此要及时完善外资风险防范化解机制，加快建设外资安全保障体系和风险防控体系。

第一，完善外资安全审查制度。在国家层面，要统筹高水平双向投资与经济安全，在吸引优质外资和本土企业"走出去"的过程中严格落实《国家安全法》中的投资安全审查规定，对涉及经济安全的投资项目、关键技术、数据信息、产品服务等事项进行安全审查。在地方层面，要结合海南自由贸易港的政策制度特点，探索建立与其自由开放属性相适应的外资安全审查制度，防范由外资可能引发的各类经济安全风险。在具体操作上，海南自由贸易港可以根据港区内经济社会发展的实际状况和"一线放开，二线管住"的风险防控政策优势，制定实施涉及特殊投资领域的安全审查正面清单，通过正面清单模式对涉及国防、领土、核心技术等关键领域的项目进行安全审查，除此以外可以对清单外其他投资项目进一步放宽市场准入，探索建立以"承诺即入+事中事后监管"为主的外资安全审查制度，以吸引更多优质外资进驻自由贸易港。

第二，确保对内对外双向投资安全。为保障本土企业境外投资的正当权益，避免境外投资过程中可能遭遇的各类风险和经济损失，让本土企业更好地借助海南自由贸易港这一有利平台"走出去"。未来一段时期内，海南自由贸易港须要通过健全境外投资监管制度、强化境外投资风险监测预警、构建境外投资服务保障体系、完善涉外投资争端解决机制等措施，逐步建立起境外投资风险防控体系，以有效防范应对各类境外投资风险，促进对内对外双向投资安全。

第三，制定关键核心技术安全清单。高新技术产业是海南自由贸易港的优势特色产业，在扩大对外开放中要重点关注关键核心技术安全问题，及时制定出台关键核心技术安全清单，列明关系国家经济安全和利益的关键核心技术，对于涉及国家经济安全、科技安全、军事安全、网络安全等领域的外商投资、对外投资、服务贸易、货物贸易进一步强化安全风险监管。

第四，加强产业链供应链风险管理。面对全球产业链供应链安全风险，海南自由贸易港应在科学分析和综合考量本国各类资源对外依存度、与本地特色产业紧密相关资源、紧缺资源来源地和主要运输渠道等信息基础上，建立健全产业链供应链风险监测预警体系，保障产业链供应链畅通安全稳定。同时，还要借助自身地理区位优势和优惠便利政策加强产业链供应链国际合作，筑牢共同抵御产业链供应链风险的国际安全防线。

第五，构建外资风险防范化解制度。构建与海南自由贸易港投资贸易自由化便利化相匹配的外资风险防范化解制度，要完善外资风险预警机制、外资风险救济机制、涉外投资争议解决机制等，尤其要加快建立起包括诉讼、仲裁、调解、和解、行政裁决、ODR 等多元方式在内的"一站式"涉外投资争议解决平台，为妥善化解涉外投资争议提供公正高效便利的法律服务，营建国际一流的营商环境。另外，海南自由贸易港还应当以《国家安全法》《反垄断法》《反不正当竞争法》等法律法规为依据，加紧完善反垄断审查机制和反不正当竞争监管机制，从而在吸引和利用外资中切实维护本地市场经济秩序安全稳定。

（三）健全金融风险防控体系

金融开放是一把"双刃剑"，扩大金融开放能够对海南自由贸易港发展及其国际经济竞争力的提升起到促进作用，但同时也对地区金融市场稳定和国家经济安全带来一定风险。因此，海南自由贸易港金融开放创新步伐应与国家经济发展的实际情况相适应，与其自身金融市场监管能力相匹配，要建立健全金融风险防控体系，守住不发生系统性金融风险的底线。

第一，防控金融扩大开放风险。一是防控离岸金融市场风险。采取"渐进式"方式开放离岸金融市场，通过"审批制—极简审批制—备案制"的方式，逐渐允许符合法定条件的各类机构经营与其能力相适应的离岸金融业务。同时，实行存款保证金制度，完善离岸金融市场退出机制，降低离岸账户溢出风险对在岸账户的冲击。二是防控利率和汇率市场风险。针对海南自由贸易港离岸金融市场与国内金融市场之间可能出现的利率和汇率双轨制，避免市场主体利用海南自由贸易港优惠便利金融政策实施套汇、逃汇等活动，以及由利率市场化改革可能引发的外资大量涌入扰乱金融市场秩序的风险，应当及时改革利率和汇率监管制度，建立健全利率和汇率风险防控机制。可以借鉴新加坡监管经验，在放宽外汇管制的同时，制定实施浮动汇率管理制度，减小离岸和在岸货币市场价格差异，减少离岸金融市场中的投机套利行为，并防止汇率短期大幅度波动对在岸金融市场造成冲击（杨超等，2011）。三是防控自由贸易账户风险。根据海南自由贸易港金融开放发展的实际情况，可以采用新加坡"分离渗透型"自由贸易账户管理模式，不仅能够区分离岸和在岸账户，同时在符合条件的情况下也允许境内资金在一定范围内渗透。一方面，通过吸引外资以解决经济发展中的资金不足问题。另一方面，维护本地金融市场的独立性、稳定性和安全性，进而实现金融市场开放与风险有效防控间的利益平衡。四是防控跨境资本流动风险。主要措施包括建立跨境资本流动风险监管体系，严格审核大额、高频率跨境资本流动交易项目，一旦发生异常情况果断采取阻断措施；对自由贸易多功能账户开立实行实名制并进行备案审查和风险监控，防范多功能自由贸易账户跨境资本流动风险；设立跨境资本流动信息监测平台，对跨境资本流动进行实时跟踪监控等。此外，在人民币尚未实现完全自由兑换的情况下，还可在海南自由贸易港和内地之间建立起资本流动的"电子围网"，加强对资本跨"二线"流动的有效管控。

第二，改革金融监管体制机制。完善海南自由贸易港金融监管体制，要根据海南自由贸易港金融市场"离岸"特点，从监管机构、监管内容、监管范围等方面协同推进改革。一是试行"大金融"监管模式。目前，在

"一行一局一会"金融监管框架下，国家外汇管理局拥有一定的离岸金融市场监管权限，但其监管领域范围和监管事项内容仍较为有限，[①]尚无法满足离岸金融业务开放发展的现实需要，我国离岸金融市场监管体制不完善对于海南自由贸易港金融更高水平对外开放而言是一大风险挑战。为此，海南自由贸易港可以参鉴香港金融管理局（HKMA）模式，秉持"高效审慎全面"原则，组建成立专门的离岸金融市场管理局，统一负责港区内离岸金融市场监管，并通过立法赋予其包括监督、检查、处罚等在内的较为宽泛的离岸金融监管权限，从而克服多头监管、重复监管、监管盲区等弊端，与"一行一局一会"宏观审慎监管相互结合，共同防范港区内离岸金融市场风险。二是采取混业监管新模式。海南自由贸易港金融机构混业经营发展，表现出分账核算、与境内账户相隔离、本外币合一、有限渗透等特点，并同时涉及银行、保险、基金、证券等金融监管机构，传统分业监管模式已难以对账户资金流向做到全面精准监管，况且多头监管成本较高。因此，海南自由贸易港须构建金融综合混业监管体系，建立金融监管综合服务信息平台，实施综合性金融监管新模式，提升金融监管的质量和效率。

第三，完善离岸金融市场立法。目前，我国离岸金融市场立法相对滞后，还未有针对离岸金融市场进行专门立法，海南自由贸易港作为离岸金融改革创新"试验田"，应在离岸金融市场立法方面"先行先试"，率先构建离岸金融市场法律制度体系，为国家开展离岸金融市场立法探索路径、积累经验。以防范化解离岸金融市场风险为核心，立法内容应包括"三反"（反洗钱、反恐怖融资、反逃税）法律制度、离岸金融市场准入法律制度、自由贸易账户监管法律制度、离岸金融业务监管法律制度、离岸金融市场退出法律制度等，从而使离岸金融市场中的每个环节均能做到有法可依。值得注意的是，虽然《海南自由贸易港法》中对海南省人大及其常委会进行了特殊立法授权，但授权立法范围至今尚不明确，哪些授权立法属于备案性质？哪些法规制定还需要中央批准？都尚未作出具体规定，这将造成

---

① 目前，我国《离岸银行业务管理办法》赋予了国家外汇管理局一定的离岸金融市场监管权限，但所涉及的监管领域和监管范围仍较为有限。

特殊授权立法实际适用困难，将会影响海南自由贸易港离岸金融立法的制定与实施①。

（四）促进数据跨境安全有序流动

海南自由贸易港构建开放安全有序的数据跨境流动机制的关键在于坚持"事权法治制度环境一体化"改革，包括完善数据跨境流动立法和监管制度，以及建立数据跨境流动风险防控体系。

第一，厘清数据跨境流动事权分配。一是开展有效赋权，深化扩权赋能。海南自由贸易港数据跨境流动事权分配不清的主要原因在于自主改革权限不足，为此需要借助特殊立法授权给予海南自由贸易港较为充分的自主改革权限，以满足其追求的数据跨境流动自由、便利、安全、风险可控的价值诉求。其中，对于涉及经济安全的重点领域数据，由于一般属于国家事权范畴，可以赋权海南自由贸易港予以调法适用，而对于其他未有涉及国家事权的数据跨境流动事项，则可允许海南自由贸易港自主进行立法以完善相关法律法规。由于数据跨境流动中存在跨领域、跨部门现象，如果每项政策都需要中央授权批准，则程序繁复、成本较高、耗时较长，因此可以考虑给予海南自由贸易港"一揽子"的数据跨境流动特殊立法授权。二是厘清政企职责，转变政府职能。对于数据跨境流动可以实施分级分类管理，从而厘清有关数据跨境流动的政企职责，推动政府职能由监管型向服务型转变。其中，对于关系经济安全和公共利益的数据，应当由主管部门健全管控措施、加强安全监测、防范数据风险，提升政府数据治理效能；而对于一般数据，可以给予企业较为充分的数据权力，承担起更多的数据管理职责，构建数据保护企业内部规则，增强企业数据管理能力。对于海南自由贸易港而言，有为政府和有效市场的平衡是数据跨境流动规制的主要价值取向，政府管控与行业自律的有效结合对于推进实现数据跨境安全有序流动具有重要意义。

第二，完善数据跨境流动立法。数据的财产权、知情权、救济权等基

---

① 由于离岸金融事项属于国家事权范畴，依照《立法法》规定需要由全国人大及其常委会制定法律，或是根据《立法法》规定由全国人大及其常委会进行特殊授权立法，但是《海南自由贸易港法》还没有对海南自由贸易港特殊授权立法范围作出明确规定。

本权利的确定是保障实现数据跨境安全有序流动的基础和前提。但是，对于海南自由贸易港而言，有关数据权利和数据跨境流动的法律法规分布在多部法典之中，呈现出较为明显的碎片化、分散化、片面化现象，而与数据跨境流动相关的财产权利、隐私保护、风险防控、损害救济等方面的规定，基本仍是处于法律缺位状态。因此，亟须以《数据安全法》《网络安全法》《个人信息保护法》等法律法规为依据，适时制定出台海南自由贸易港数据跨境流动管理条例。一方面，强化数据跨境流动法律规制，包括对跨境数据进行确权、分级分类管理、安全风险防控等；另一方面，在此基础上强化数据跨境流动制度集成创新，率先构建数据跨境流动法律规范体系，在数据跨境流动立法领域形成可复制、可推广的"海南经验"。

第三，改革数据跨境流动监管体制。一是完善数据风险评估机制。成立专业数据评估机构、制定数据安全评估程序、确立数据风险评估标准等，并根据数据分级分类管控要求和数据风险评估结果，对于涉及国家经济安全、重点领域、社会公共利益的数据进行严格管控，必要时可要求本地化储存或禁止跨境流动，而对于未涉及国家经济安全、社会公共利益的其他数据，可以采取相对宽松的监管措施，在风险可控前提下推进数据跨境自由流动。二是采取集中统一高效的监管模式。数据跨境流动具有跨域性、流动性、风险性等特点，对其监管涉及多方面、多领域、多部门，监管职能过于分散可能导致权责不清、多头监管、交叉执法等问题。因此，要加强数据跨境流动监管的整体性、协同性、系统性，适时成立海南自由贸易港数据跨境流动监管委员会，对数据跨境流动进行综合性的集中统一管理，提升对数据跨境流动的监管效率①。

第四，加强国际交流与合作。《海南自由贸易港法》规定"国家支持海南自由贸易港探索实施区域性国际数据跨境流动制度安排"。海南自由贸易

---

① 要通过立法明确数据跨境流动监管委员会的具体职责，其中主要包括：负责保护数据跨境流动中的网络安全、数据安全、信息安全，构筑数据跨境流动网络信息安全防线；统一协调各部门利益，在数据跨境流动管理中打破信息壁垒、实现资源共享，提升对数据跨境流动的监管效率；防控数据跨境流动风险，建立数据跨境流动争议解决机制，妥善处理因数据跨境流动而产生的冲突和争议，维护经济社会安全稳定等。

港应充分利用"一带一路"、上合峰会、博鳌亚洲论坛等有利平台,加强数据跨境流动国际交流与合作,积极参与数据跨境流动国际规则的制定,推动形成数据跨境流动双边或多边协定,提升我国在数据跨境流动国际规则制定中的话语权和影响力,加快形成有利于保障数据跨境流动的国际规则体系。

(五)精准全面防控税收风险

针对海南自由贸易港面临的偷逃避税、利润转移和税基侵蚀等风险,要从税收征管、国际合作、法治保障等方面优化税制设计,探索建立起较为完善的税收监管制度和风险防控体系,做到精准全面防控税收风险。

第一,深化税收征管制度改革。一是创新税收征管模式。海南自由贸易港应充分发挥制度创新"试验田"优势,优化税收征管制度,为纳税人制定"零跑动"服务事项清单,并利用数字技术和信息科技采取更加便利惠民的网上税收征管新模式,通过税款的网络征收、网络核算、网络监管,使税收征管更加安全化、网络化、信息化、智能化,从而减少税收征管风险,提升税收征管效率。二是加强离岸市场税收征管。为便于离岸业务税收征管,同时避免资金在离岸账户和影子账户之间流转而引发利润转移和税基侵蚀的情况,可以对港区内从事离岸业务的企业单独设立"税务登记证号",或者专门开立一个便于风险管控的"税收账户",以此强化对从事离岸业务企业的税收管理。三是革新税收征管体制。以税收征管权责清晰为原则,调整合并税收征管机构职能,建立集中、统一、高效的税收征管新体制,包括组建新的综合性税收征管部门、设立税收征管大数据信息资源共享平台、完善诚信纳税社会评价体系等。综合性税收征管模式不仅有利于税收信息的畅通和共享,减少偷税逃税等违法违规情况的发生,更有助于实现港区内税收征管的系统集成,加快建立起科学完备的现代税收征管体系,有效防范各类税收征管风险。

第二,加强涉外税收国际合作。海南自由贸易港作为我国对接国际市场的重要窗口,其税收监管具有较为明显的涉外性,涉外税收现已成为海南自由贸易港税收监管的主要内容。然而,涉外税收往往涉及不同国家和地区之间的管辖权冲突、法律适用冲突,进而衍生出重复征税、逃税避税、纳税人信息不透明等问题。对此，一是我国要加强涉外税收的国际交流与合作，联合其他国家和地区共同打击跨境偷逃避税等行为，同时积极加入与涉外税收相关的国际公约和国际组织，将OECD《BEPS行动计划》等国际高标准税收规则适时转化为国内立法，提高涉外税收监管的国际化水平（朱青和白雪苑，2023）。在具体操作上，可以海南自由贸易港为有利平台"先行先试"国际税收新规则和新标准，并借此加强对港区内涉外税收的安全监管和风险防控。二是主动与其他低税率国家和地区签署双边或多边涉外税收信息交换协议、反重复征税协议、反逃税避税协议等，以增强涉外税收信息透明度并减少重复征税和逃税避税。考虑到涉外税收关系各国切身利益和经济安全，以海南自由贸易港为窗口平台先行对接和适用协议规则内容。三是在海南自由贸易港执行预约定价协议（APA），目前我国签署的多为单边预约定价协议，尚无法有效避免国际重复征税（张世明，2022），考虑到涉外税收的跨国性与复杂性，可以依据《OECD税收协定范本》、《多边相互协商程序（MAP）和预约定价安排（APA）处理手册》（MoMA）中的预约定价规定，在海南自由贸易港率先试行多边预约定价安排制度，以此提高税收效率、避免重复征税。

第三，完善税收法治保障。目前，海南自由贸易港离岸金融税收监管、涉外税收监管、优惠税收监管等事项内容大多尚未规范化、法治化和制度化，这将影响港区内税收监管效率和风险防控，因此要坚持"税收法定原则"，通过完善税收立法为海南自由贸易港税收监管和风险防控提供法律依据。一是加强税收立法顶层设计。应充分利用经济特区立法权和海南自由贸易港法规立法权，制定出台与海南自由贸易港特殊优惠税制相适应的法律。可将《海南省税收保障条例》适时升级为《海南自由贸易港税收保障条例》，并将其作为海南自由贸易港税制改革创新的基础性法律，全面提升海南自由贸易港税收立法的体系性、协调性、时效性、可适用性。二是完善税收风险防控立法。加强对海南自由贸易港离岸金融税收、涉外税收、优惠税收等税收风险较高领域的立法工作，重点防范和化解国际逃税、国际避税、双重征税等现实难题，通过完善税收风险防控法律法规筑牢海南自由贸易港税收征管安全防线。三是建立税收监管法律制度。要逐步建立起"自上而下"统一协调的海南自由贸易港税收监管法律制度，集中解决税收监管职责不清、权责不一、"法律真空"、规范适用冲突等问题，以系统完备的税收监管法律制度为海南自由贸易港税制改革创新和税收风险防控提供坚实法治保障。四是设立国际税收法庭。近年来，随着海南自由贸易港一系列优惠税制的落地实施，跨境投资、跨境贸易、跨境消费日益频繁，涉外税收纠纷案件较以往明显增加，对此可在区内探索设立更具独立性、专业性、权威性的国际税收法庭，专门负责涉外税收纠纷案件，提升涉外税收案件审判效率，优化海南自由贸易港税收法治环境。

（六）维护生态与公共卫生安全

学习贯彻党的二十大精神，海南自由贸易港对于开放发展中面临的生态环境保护风险，要坚持和践行"两山"理念，探索构筑人与自然和谐共生的生态环境保护政策制度体系。第一，改革生态环境保护管理体制。针对海南自由贸易港生态环境保护管理的权力分散、部门分化、管理分割等现象，需要统筹协调各部门管理职能，建立健全"跨部门、跨职能、跨区域"的沟通协作机制，采取一体化的生态环境保护管理模式，增强生态环境保护的全面性、系统性和实效性。第二，完善生态环境保护立法。对于海南自由贸易港生态环境保护立法分散化、碎片化和相对滞后等问题，应当以《海南自由贸易港法》为法律依据[①]，紧密围绕"双碳"目标、蓝色碳汇、清洁能源、生态多样性等重点领域完善相关法律法规，尽快建立起较为完善的生态环境保护法律制度体系，全力打造生态环境保护的"法治高地"。另外，可将现行的《海南省环境保护条例》升级为更加全面、专业、高标准的《海南自由贸易港生态环境保护条例》，以适应海南自由贸易港开放发展的新形势和对生态环境保护的新要求。第三，构建生态环境风险防范和治理体系。一是建立健全生态环境保护风险预警机制、风险评估机制、风险应急处置机制等，预防和避免不合理资源开发对港区内生态环境带来的破坏，增强海南自由贸易港对生态环境保护风险的预防和处置能力。二是完善生态环境目标责任制和考核评价机制，在《海南自由贸易港生态环

---

① 《海南自由贸易港法》规定"海南自由贸易港实行最严格的生态环境保护制度，坚持生态优先、绿色发展，创新生态文明体制机制，建设国家生态文明试验区"。

境保护考核评价和责任追究规定》基础上，制定出台相关配套措施和实施办法，尤其要确立考核评价的具体标准和程序性规则，保障生态环境保护考核评价的顺利实施和评价结果的真实有效。三是设立生态环境争议解决机制。可以借鉴CPTPP中包含的磋商、调解、专家小组、国际仲裁等程序的环境争议解决机制，建设与国际高标准经贸规则相衔接的"一站式"多元化环境争议解决平台，为港区内生态环境争议提供着实有效的解决路径。第四，推进清洁能源转型。海南自由贸易港应以清洁能源岛建设为契机，加快清洁能源建设、推动经济绿色转型，为我国构建绿色低碳循环发展经济体系作出"海南示范"。一是提供政策支持。以打造国家清洁能源产业高地为目标，为港区内清洁能源产业提供优惠便利的税收政策、土地政策、补贴政策、投融资政策等支持，加快形成支持清洁能源产业创新发展的政策体系。二是提供资金保障。为有效解决清洁能源转型升级中的资金问题，拓展清洁能源产业发展的投融资渠道，如引导社会和民间资本参与清洁能源基础设施建设、产业技术创新、新产品研发等规划项目；设立清洁能源产业发展基金，加大对清洁能源产业的资金支持力度，并为清洁能源新技术研发项目提供资金保障等。

随着海南自由贸易港更高水平对外开放的不断扩大，跨境投资贸易和人员流动日益频繁，重大疾病和突发疫情的风险也随之加大，对于海南自由贸易港公共卫生体系存在的不足和问题，要通过完善立法、强化监管、增加投入等举措予以妥善应对。第一，完善公共卫生法律法规。在疫情期间，海南自由贸易港出于强化疫情防控的需要，积极开展《公共卫生风险防控管理规定》立法工作。从长远来看，疫情仅是警醒起点而非终点，应尽快建立起与海南自由贸易港开放发展态势相匹配的公共卫生法律制度。一是完善立法。应适时制定出台《海南自由贸易港公共卫生条例》，以加强公共卫生应急与安全管理，有效防范公共卫生安全风险，特别要对突发公共卫生事件中的制假售假、散布谣言、哄抬物价、妨碍管控等行为加强法律规范，切实维护市场秩序和社会安定。二是公正执法。在公共卫生行政执法中，除了创新执法、协同执法、严格执法外，还要重视公共卫生健康教育和社会弱势群体权益保护，在公共卫生行政执法中让人民群众感受到法律的公正和温度。第二，健全公共卫生管理体系。针对公共卫生安全风险的突发性、复杂性、多变性，海南自由贸易港须加快政府职能转变，完善公共卫生应急管理体制机制。一是建立公共卫生工作联席会议制度。将当前的防治重大疾病工作联席会议制度改革为公共卫生工作联席会议制度，并下设公共卫生风险防控专家委员会，强化对公共卫生应急管理的专业咨询和组织领导能力。二是完善公共卫生风险评估预警机制。可通过立法明确公共卫生风险评估预警的具体部门、程序、标准和办法等，增强对公共卫生安全的风险预测和风险管理能力，及早发现、识别和预防突发公共卫生安全风险，减少和避免由重大疾病和突发疫情可能带来的损害。第三，加大公共卫生资源投入。目前，海南自由贸易港优质公共卫生资源主要集中在岛内东部经济较发达地区，中西部地区公共卫生资源投入则相对匮乏，在一定程度上存在公共卫生资源地区分配失衡现象。并且，公共卫生资源现主要流向以治疗性为主的医疗机构，预防性公共卫生服务机构获得的资源投入相对较少。因此，海南自由贸易港须围绕建立科学完备的公共卫生医疗体系这一目标，实施有一定倾斜性的公共卫生政策，将公共卫生资源更多地投向中西部基层和经济发展相对落后地区，努力实现公共卫生资源分配的均等化和全覆盖。同时，加大对预防性公共卫生机构的资源投入，提升公共卫生服务人员专业技能并完善相关基础设施，增强海南自由贸易港防控重大突发公共卫生风险的能力。

五 结语

在2025年全岛封关运作来临之际，海南自由贸易港应以总体国家安全观为指引，以《海南自由贸易港法》为基础，构筑与更高水平对外开放相适应的风险防控体系，不断提升自身防范和化解重大风险的能力，确保经济健康可持续发展和社会大局稳定，这既是海南自由贸易港战略行稳致远的关键，也是实现更高水平对外开放与国家经济安全之间利益平衡的有效路径。2023年是党的二十大召开后的第一年，也是建设中国式现代化的开局之年，海南自由贸易港建立健全风险防控体系不仅有利于打造安全稳定的营商环境，增强自身的国际经济竞争力，同时也能够为国家安全体系和能力建设起到积极的示范作用，促进国家安全体系和能力现代化。

参考文献

[1] 迟福林、郭达、郭文芹，2022，《构建新发展格局下的海南自由贸易港》，《行政管理改革》第 1 期。

[2] 蔡士林，2022，《我国数据安全法益保护：域外经验与立法路径》，《深圳大学学报》（人文社会科学版）第 6 期。

[3] 陈醇，2019，《论金融法中的违约预防制度》，《环球法律评论》第 2 期。

[4] 陈卓、林国天、孙慧彦，2020，《海南省重点人群基本公共卫生服务知晓率与满意度调查分析》，《中国农村卫生事业管理》第 12 期。

[5] 郭若楠，2022，《自贸试验区推动制度型开放的实现路径研究》，《齐鲁学刊》第 5 期。

[6] 黄俊立，2022，《关于百年变局和世界经济形势的研究》，《经济研究参考》第 12 期。

[7] 贾宪军，2014，《人民币国际化的路径逻辑：基于双轨制视角的分析》，《人文杂志》第 8 期。

[8] 李宜钊、魏诗强，2022，《海南自由贸易港高质量发展研究》，《公共管理学报》第 4 期。

[9] 欧阳俊、邱琼，2015，《国家经济安全刍议》，《科学社会主义》第 2 期。

[10] 沈继奔，2022，《更高水平开放引领自贸港金融深化发展》，《中国金融》第 5 期。

[11] 唐珏岚，2022，《构筑与更高水平开放相匹配的安全保障体系》，《人民论坛·学术前沿》第 6 期。

[12] 王珊珊、邵海亚，2021，《新加坡公共卫生体系建设经验对海南自由贸易港建设启示》，《中国公共卫生》第 12 期。

[13] 薛安伟、张道根，2022，《全球经济治理困境的制度分析》，《世界经济研究》第 10 期。

[14] 叶静，2021，《中国共产党领导对外开放的百年历程与基本经验》，《科学社会主义》第 6 期。

[15] 杨超、乐无穹、郑辉，2011，《有管理的浮动汇率：对新加坡汇率制度的实证研究》，《国际金融研究》第 5 期。

[16] 赵晋平，2022，《科学认识海南自由贸易港压力测试的新内涵》，《中国经济报告》

第2期。

［17］赵精武，2023，《论数据出境评估、合同与认证规则的体系化》，《行政法学研究》第1期。

［18］张方波，2022，《金融开放助力海南自由贸易港建设：当前进展、面临挑战与纵深推进》，《海南大学学报》（人文社会科学版）第4期。

［19］张世明，2022，《预约定价应税事实确认制度的法理探析——基于理性商谈理论的考察》，《中国人民大学学报》第2期。

［20］张燕，2021，《强化政策支持引导和落地生效，扎实有序推进海南自由贸易港建设》，《中国发展观察》第8期。

［21］郑舒哲、王明初，2021，《海南自由贸易港建设应发挥生态优势防控生态风险——兼评"谱写美丽中国海南篇章——海南生态文明建设研究"》，《海南师范大学学报》第1期。

［22］周长强、单莹、李士雪，2022，《自由贸易港背景下海南省公共卫生机构经济运行状况分析》，《中国卫生经济》第7期。

［23］朱青、白雪苑，2023，《OECD"双支柱"国际税改方案的最新进展》，《国际税收》第1期。

（责任编辑：唐跃桓）

高铁网络规划与城际经济协同发展

——通达深度与枢纽地位的比较

罗富政　　贺小龙[*]

摘　要：协同发展是我国优化城际发展格局的重要方向，而合理进行高铁网络规划对于促进城际经济协同发展具有重要的理论与现实意义。本文分别构建度数中心度与中间中心度指标以刻画高铁网络的通达深度与枢纽地位，并基于2006~2019年中国269个地级市面板数据，实证检验高铁网络通达深度与枢纽地位对城际经济协同发展的影响效应并进行异质性分析和机制检验。研究发现：全样本下，高铁网络通达深度与枢纽地位均对城际经济协同发展的影响显著为正，其中通达深度的正向作用相对更强，在处理内生性问题和进行稳健性检验后结论依然成立；东中部地区高铁网络通达深度与枢纽地位的正向作用相较于西部地区更强，且其高铁网络规划应侧重通达深度；大城市高铁网络通达深度与枢纽地位的正向作用相较于中等城市和小城市更强，且其高铁网络规划应侧重通达深度；经济集聚效应和产业结构调整是高铁网络通达深度与枢纽地位作用于城际经济协同发展的重要机制。

关键词：高铁网络规划　通达深度　枢纽地位　城际经济协同发展

---

* 罗富政，副教授，湖南师范大学商学院，电子邮箱：luofuzheng@hunnu.edu.cn；贺小龙，经济学硕士，国家税务总局益阳市大通湖区税务局，电子邮箱：2834388865@qq.com。本文获得国家社会科学基金一般项目（23BJL107）、湖南省自然科学基金面上项目（2022JJ30403）、湖南省2021年度"芙蓉计划"——湖湘青年英才项目的资助。感谢匿名审稿专家的宝贵意见，文责自负。

一 引言

党的二十大报告提出，要"优化基础设施布局、结构、功能和系统集成，构建现代化基础设施体系"。其中交通基础设施是现代化基础设施体系的重要组成部分，而交通网络规划则是交通基础设施建设的重要内容。学者们普遍认为，交通网络是影响城际经济发展格局的重要因素之一（Duranton 和 Turner，2012；张克中和陶东杰，2016；李红昌等，2016；叶菁文和范剑勇，2023；易淑昶和孙久文，2023；徐圆和陈爱华，2023）。2022 年国务院政府工作报告和《关于加快建设全国统一大市场的意见》均提出要完善国家综合立体交通网络，其中高铁网络是重要的一环。自 2003 年第一条高铁开通以来，我国高铁网络建设加快。截至 2022 年，全国超过 244 个城市开通高铁，高铁运营里程超过 4.2 万公里，高铁已累计运输旅客超过 110 亿人次。受惠于高铁网络的不断拓展，我国的国内生产总值由 2003 年的 13.74 万亿元增长至 2022 年的 121.02 万亿元。

随着我国城市经济总量的不断攀升，学者们的关注视角开始转向解决城市发展中存在的不平衡和不充分问题。特别是，随着我国经济由传统的粗放型增长向高质量发展转变，系统论视角下的城际经济协同发展愈发受到学术界关注。城际经济协同发展是指各城市间高效有序整合、实现一体化运作的新方式。而高铁网络的合理规划，可以在市场、产业、创新和要素等路径下通过提升资源配置效率和促进区域市场整合（Hensher，1997），推动城际经济协同发展。为此，近年来我国持续加大了高铁网络建设和规划力度。然而，高铁网络建设和规划同样面临资源稀缺性问题，有效地进行资源配置是优化高铁网络规划、提升高铁网络建设效率的关键。其中，值得思考的是，高铁网络建设和规划应当侧重通达深度还是枢纽地位？这是本研究所关注的主要问题。厘清这一问题，对于我国合理规划高铁网络、优化高铁投资结构，进而推动我国城际经济结构优化具有重要的意义。

目前，基于区际发展视角的高铁网络建设研究成果较为丰富。大量学者研究了高铁开通对区际微观要素配置（马光荣等，2020；王春杨等，2020；何凌云和陶东杰，2020；冯烽等，2023）、中观产业结构调整（马红梅和郝美竹，2020；邓慧慧等，2020；夏帅等，2023）和宏观区域经济布局（董艳梅和朱英明，2016；唐宜红等，2019）的影响。进而，学者们基于微观、中观和宏观三重维度的共同作用探讨了高铁开通对区域经济增长（刘勇政和李岩，2017；张俊，2017）、区域经济差距（卞元超等，2018；Shi 和 Zhou，2013；薛婧和周绍杰，2023）、区域经济一体化（石林等，2018）和区域经济协调发展（王华星等，2019）的复合性影响。而关于对城际经济发展的影响方面，张克中和陶东杰（2016）做出了较为显著的边际贡献，将高铁开通作为一项准自然实验，探讨了交通基础设施的经济分布效应，并认为高铁开通显著降低了沿途非区域中心城市的经济增长率。事实上，在交通网络拓展与完善的过程中，其分布效应表现为：一方面，交通网络改善会加速周边城市的生产要素和相关产业向中心城市集聚，形成极化效应，从而加剧城际非均衡发展，不利于城际经济协同发展（罗富政和罗能生，2019）；另一方面，交通网络的完善可以通过提升交通可达性和降低城际"冰山"成本，加快要素市场和商品市场一体化进程，同时通过强化中心城市对周边城市的经济辐射效应，带动城际经济协同发展（王雨飞和倪鹏飞，2016）。

相较于前人的研究，本文的边际贡献在于：其一，重点关注高铁网络规划而非高铁开通，从高铁网络的通达深度与枢纽地位视角研究其对城际经济协同发展的影响，同时探讨经济集聚效应和产业结构调整的作用机制；其二，从异质性视角探讨了不同区位和规模的城市在高铁网络规划中基于通达深度和枢纽地位的策略选择；其三，基于 2006~2019 年 269 个地级市面板数据，构建高铁网络度数中心度与中间中心度指标，提供实证分析的解决方案。值得指出的是，本文利用数据包络分析（DEA）结合效率增值模型测度了城市间二维层面的城际经济协同发展水平，数据测算中涉及 2006~2019 年 40470 组两两城市，巨大的数据处理工作量为实证检验的可靠性提供了保证。

二　理论分析和研究假说

（一）高铁网络通达深度与枢纽地位对城际经济协同发展的影响

通达深度和枢纽地位是《"十四五"现代综合交通运输体系发展规划》中对高铁网络规划着重考虑的两个主要方面。通达深度反映的是城市间的交往能力，表征了城市的高铁网络布局及其与其他城市的交通可达性，通常以高铁网络度数中心度进行刻画。枢纽地位体现了中心城市的交通地位，表征了中心城市对周边城市的高铁网络辐射能力，通常以高铁网络中间中心度进行刻画。以度数中心度表征的高铁网络通达深度反映了某城市高铁所能到达（或连接）的铁路站点所处城市的数量，以中间中心度表征的高铁网络枢纽地位反映了某城市位于高铁网络中多条交往路径的数量。事实上，高铁网络通达深度与枢纽地位之间并没有显著的正向（或负向）相关关系，通过度数中心度与中间中心度之间的相关性检验也验证了这一点。但确实存在特定城市的度数中心度与中间中心度均较高的情况，如北京、上海等国家级中心城市和区域性中心城市。

1. 高铁网络通达深度对城际经济协同发展的影响

高速铁路具有高效、快速和便捷的特征，高铁网络通达深度的提升会产生高度的时空压缩效应，即压缩城市间的交通时间成本，从而逐渐改善城市间的空间格局、增强城市间的交通可达性。而城市间交通可达性的增强会直接强化城市间的经济联系，进而提升城际经济协同发展水平，具体而言，高铁网络通达深度对城际经济协同发展的影响机制体现在两个方面：一是经济集聚效应。高铁网络通达深度的提升促进了城市间劳动力、资本、信息及创新技术等要素资源的流动，形成了区域的经济集聚效应，优化了要素资源在不同城市之间的再配置，从而提升要素资源的利用效率，并推动城际经济协同发展。二是产业结构调整。传统区位理论和克鲁格曼的新经济地理理论都将运输成本纳入分析框架，认为产业区位由运输条件及成本决定。高铁网络的发展能有效改善城市间的运输条件并降低时间成本，从而促进城市内部产业结构调整升级以及城市间产业转移，进而促进城际经济协同发展。此外，区域分工贸易理论认为在一国范围内，城市间应根据比较优势贸易理论进行分工贸易，而高铁网络的发展促进了城市间商品流通，进而带动城市间产品贸易和促成城市多样化和动态的需求及需求结构，从而使得各城市在分工贸易中获益。同时，城市间在贸易中的分工协作更趋紧密，促进城际经济协同发展。

2. 高铁网络枢纽地位对城际经济协同发展的影响

城市经济集聚效应下形成的极化效应和扩散效应是高铁网络枢纽地位作用机制显现的关键。弗里德曼（1966）的中心外围理论认为中心区和外围区相互作用，一方面外围区生产要素与资源向中心区集聚，形成极化效应，拉大两地区间发展差距；另一方面中心区通过要素流动、产业转移等方式，实现其对外围区的扩散效应，缩小区域间发展差距。高铁网络拓展在中心城市与外围城市间同时形成了扩散效应和极化效应，前者对城际经济协同发展产生正向影响，而后者的影响是负向的。极化效应表现为，高铁沿线中心城市"虹吸"外围城市的高素质劳动力和资本等要素，导致中心城市因要素资源聚集而发展水平进一步提高，外围城市则因要素资源流失而发展情况不断恶化，对城际经济协同发展产生负向影响。扩散效应表现为，随着中心城市的经济发展与技术创新，其管理、知识、技术以及部分产业会通过高铁网络外溢到外围城市，从而促进外围城市的发展，对城际经济协同发展产生正向影响。缪尔达尔（1957）的因果积累理论指出区域经济能否实现协调发展关键在于极化效应和扩散效应孰强孰弱。而高铁网络对城际经济协同发展产生的影响同样取决于城际间何种效应发挥主导作用。根据工业生产生命周期阶段理论以及梯度转移理论，随着生命周期阶段的变化，生产活动逐渐从高梯度地区向低梯度地区转移。因此强化中心城市的交通枢纽地位有利于通过高铁的扩散效应带动周边城市发展，表现为生产活动由中心城市向周边城市转移。

产业结构调整带动的要素配置、产业转移和发展扩散是高铁网络枢纽地位作用机制显现的表征。高铁网络枢纽地位形成，有利于带动城际要素配置结构调整，这一过程体现在要素流动、产业转移和宏观发展多个维度，而其具象化的外化表征是城际产业转移与升级，即产业结构调整。一方面，在要素相对价格均等化的市场机制作用下，周边城市外出务工流失的劳动力逐步回流形成劳动力要素积累，同时投资也伴随着产业转移逐渐在周边城市形成资本要素积累，中心城市产生的极化效应明显弱化。另一方面，在区域经济协调发展机制作用下，中心城市的管理、信息、知识和技术通过高铁网络持续扩散到周边城市，促使周边城市的生产效率及经济发展水平不断提高，中心城市产生的扩散效应持续显现。在产业结构调整路径中，极化效应弱化和扩散效应显现推动了城际经济协同发展。

基于以上分析，本文提出如下假说：

假说1：高铁网络通达深度对城际经济协同发展的影响是正向的，经济集聚效应与产业结构调整是其重要的作用机制。

假说2：高铁网络枢纽地位对城际经济协同发展的影响是正向的，经济集聚效应与产业结构调整是其重要的作用机制。

（二）高铁网络通达深度与枢纽地位影响城际经济协同发展的异质性分析

我国幅员辽阔，城市经济发展具有高度异质性，各个城市的区位条件、规模、政策影响下的发展环境和资源要素禀赋等存在差异，这在很大程度上可能导致高铁网络的通达深度与枢纽地位对城际经济协同发展产生差异化影响。

1. 地理区位的异质性分析

经济地理学认为，地理区位不同是产生和体现区域差异性的基础之一。改革开放以来，我国实施的非均衡格局下的区域协调发展战略使得经济发展区域异质性差异较为显著，主要特征为先发地区与后发地区的并存。相较于后发地区，先发地区的高铁网络对城际经济协同发展的正向影响更为显著，究其原因主要包括：其一，先发地区市场机制更为完善，城际要素市场一体化程度较高，高铁网络度数中心度增加，通过提升交通可达性，可以更为显著地促进城际经济协同发展；其二，先发地区中心城市具有要素资源禀赋优势，市场主体和产业集聚程度更高，高铁网络中间中心度增加，通过强化经济扩散效应，可以更为显著地促进城际经济协同发展；其三，后发地区的高铁密度及其网络布局完善程度均相对较低，高铁网络的度数中心度和中间中心度正向促进城际经济协同发展的显著性相较于先发地区更弱。

由于要素市场一体化程度更高，先发地区高铁网络通过交通可达性的提升对城际资源配置效率提升的促进作用更为显著，故此高铁网络度数中心度对城际经济协同发展的正向作用相对更强。而在要素价格机制下先发地区中心城市的极化效应依然存在，其高铁网络中间中心度对城际经济协同发展的正向作用相对较弱。故此，先发地区在高铁网络的建设和规划中应侧重于通达深度。

后发地区要素市场分割程度相对较高，高铁网络交通可达性对于城际资源配置的帕累托改进作用受到约束，使得后发地区度数中心度对城际经济协同发展的正向作用相对较弱；而后发地区普遍存在的资源禀赋劣势使得中心城市的经济扩散效应在带动城际经济协同发展中发挥着重要的作用，故此后发地区中间中心度对城际经济协同发展的正向作用相对更强。故此，后发地区在高铁网络的建设和规划中应侧重于枢纽地位。

2.城市规模的异质性分析

英国古典政治经济学创始人威廉·配第最先阐述人口与财富之间的关系，从劳动价值的角度出发，强调劳动力增长对社会财富增加的促进作用。人口是城市发展的基本要素（郭庆宾和张中华，2017），人口规模是决定城市规模的重要因素。对于人口规模较大的城市而言，要素溢出效应使得其高铁网络更为显著地带动了城际经济协同发展。大城市的要素禀赋优势表现为生产要素的大规模集聚，进而使得要素使用平均成本呈下降趋势，提升要素产出效率，形成要素禀赋的规模效应。随着要素集聚程度的提升，大城市自身的产业结构调整带动了要素禀赋结构的调整，进而形成了大城市与中小城市间的要素资源再配置，表现为劳动力、资本、知识、信息和技术的跨城际流动，而高铁网络度数中心度的增加则加速了城际要素资源再配置，促进了城际经济协同发展。同时，大城市的服务业发展水平较高，第三产业的发展推动产业结构不断优化升级。在产业结构优化升级的过程中通过高铁网络将一部分产业转移到其他城市，形成城市间的产业分工合作，进一步促进城市间协同发展。而中小城市的产业结构还不尽合理，只能通过承接产业转移与其他城市形成分工合作，在城际资源配置过程中处于被动地位。因此，规模较大的城市的高铁网络对城际经济协同发展的促进作用更为显著。事实上，禀赋规模效应带来的要素产出效率的提升通过增长极效应形成了大城市对中小城市的经济扩散效应，高铁网络中间中心度的增加则增强了大城市的经济扩散效应，但相较于城际资源配置经济扩散效应的作用较小，故此高铁网络度数中心度的作用更大，在高铁网络的建设和规划中应侧重于通达深度。

基于以上分析，本文提出如下假说：

假说3：相较于后发地区，先发地区高铁网络影响城际经济协同发展的正向作用更显著。其中，在先发地区度数中心度的正向作用更大，在高铁网络的建设和规划中应侧重于通达深度；在后发地区中间中心度的正向作用更大，在高铁网络的建设和规划中应侧重于枢纽地位。

假说4：在规模较大的城市，高铁网络对城际经济协同发展的正向作用更为显著，其中度数中心度的正向作用更大，在高铁网络的建设和规划中应侧重于通达深度。

三　研究设计

（一）模型构建与方法选择

城际经济协同发展是一个动态变化的过程，当期城际经济协同发展水平会受到过去自身值的影响。据此，本文构建了一个动态面板模型，在解释变量中引入了城际经济协同发展水平的滞后一期。进一步对动态面板模型进行了豪斯曼检验，豪斯曼检验的统计量分别为311.13（P=0.00）和295.39（P=0.00），故选择固定效应。此外，加入被解释变量滞后一期可以通过控制固定效应较好地解决变量遗漏问题和反向因果问题。事实上，后文将引入城市坡度和城市降雨两项工具变量以解决可能存在的内生性问题。

因此，选择动态面板的固定效应模型，设定模型如下：

$$SYN_{it} = \alpha_0 + \alpha_1 SYN_{it-1} + \alpha_2 dc_{it} + \sum \beta_i^{\ j} X_{it}^{\ j} + \gamma_i + \varepsilon_{it} \qquad (1)$$

$$SYN_{it} = \alpha_0 + \alpha_1 SYN_{it-1} + \alpha_2 cc_{it} + \sum \beta_i^{\ j} X_{it}^{\ j} + \gamma_i + \varepsilon_{it} \qquad (2)$$

其中，i 和 t 分别表示地区和年份，SYN 表示城际经济协同发展水平，dc 表示高铁网络度数中心度，cc 表示高铁网络中间中心度，α_0 为常数项，α_1 和 α_2 分别为被解释变量滞后一期和核心解释变量的系数，X^j 表示第 j 个控制变量，β^j 为第 j 个控制变量的系数，γ_i 和 ε_{it} 分别表示与地区相关的不可观测因素和随机扰动项。

（二）高铁网络度通达深度与枢纽地位的指标测度：度数中心度与中间中心度

根据《铁路安全管理条例》，高速铁路是指设计开行时速250公里以上（含预留），并且初期运营时速200公里以上的客运列车专线铁路。本文根据高铁网公布的铁路线路数据，筛选出符合高铁标准的线路，统计其开通时间和沿线停靠城市。此外，考虑高铁线路贯通带给城市的实际效应会滞后，将6月及以前开通的高铁线路定义为当年开通，6月以后开通的高铁线路定义为下一年开通。借鉴罗能生等（2019）的研究，若两个城市间开通高铁线路，赋值1，反之赋值0，由此构建二值网络并运用ucinet软件对高铁网络进行量化分析。学术界关于社会网络中心度的量化指标有多种，本文借鉴Freeman（1979）的研究方法，分别用度数中心度（dc）和中间中心度（cc）刻画高铁网络的通达深度和枢纽地位。

度数中心度反映的是高铁网络通达深度，测度指标设计如下：

$$dc_i = \frac{1}{N-1} \sum_{i=1}^{N} K_i \tag{3}$$

其中，dc_i 表示城市 i 的度数中心度，K_i 表示城市 i 与其直接相连的节点城市个数，N 表示节点城市数量。

若高铁网络中某个城市位于多条交往路径上，称为交通枢纽城市，用中间中心度刻画城市的交通枢纽地位，测度指标设计如下：

$$cc_i = \frac{2}{(N-1)(N-2)} \sum_{i=1}^{N} \frac{\alpha_{ab}^i}{\beta_{ab}} \tag{4}$$

其中，cc_i 表示城市 i 的中间中心度，β_{ab} 表示城市 a 到城市 b 高铁线路的最短路径数，α_{ab}^i 表示城市 a 经过节点城市 i 到达城市 b 高铁线路的最短路径数，且 $a \neq i \neq b$。

自2003年我国第一条高速铁路"秦沈客运专线"建成通车，我国高铁网络迅速拓展。2006年我国开通高铁的城市仅有6个，分别是秦皇岛、葫芦岛、锦州、盘锦、鞍山、沈阳，2019年开通高铁的城市高达226个，相较于2006年新增220个高铁城市。基于式（3）和式（4），本文测度了2006~2019年全国269个地级市的高铁网络度数中心度与中间中心度，分析发现：其一，我国高铁网络的交通可达性不断提升，城市间依托高铁网络的交往能力迅速加强。2006年我国高铁网络度数中心度的均值为0.042，而2019年达到4.167，增长了约99倍。在"四横四纵"高铁网络建设的全面完成和"八横八纵"高铁网络建设的逐步开展背景下，我国高铁网络趋于完善，城市覆盖率不断提高，节点城市间联系不断加强。其二，我国不同城市在高铁网络建设方面的非均衡差异性较为显著。一方面，交通可达性的城际差异加大，度数中心度的标准差由2006年的0.276增长至2019年的4.589，增长了15.62倍。另一方面，城市间的交通枢纽地位差异显著且不断加大，高铁网络中间中心度的标准差是0.573，最小值为0，而最大值达到10.640。2010年前，中间中心度的标准差基本稳定，而2010年后中间中心度标准差增长了188.16倍。

表1　度数中心度前8名城市特征

变量	北京	上海	杭州	长沙	株洲	上饶	绍兴	宿州
度数中心度	19.030	17.537	16.791	16.791	16.791	16.418	16.045	15.299
中间中心度	3.990	2.898	1.209	1.308	1.308	2.698	1.096	4.045
经济集聚	21554.500	60173.500	9121.820	9795.190	2669.810	1104.280	6982.730	1991.150
产业结构（%）	83.520	72.730	66.170	58.540	47.410	50.170	48.460	49.570

注：经济集聚和产业结构的指标设计见后文。

此外，高铁网络度数中心度和中间中心度的相关系数为0.450，表示二者并不是显著正相关的，即度数中心度高的城市并不一定中间中心度高，当然存在二者均高的城市样本。高铁网络度数中心度和中间中心度较高的节点城市，经济集聚水平与产业结构发展水平也相对较高。高铁网络的建设会促进资源要素的跨城市流动，而资源要素是影响经济集聚水平与产业结构发展水平的重要因素，高铁网络发达的城市将会吸引其他城市的资源要素流入，从而促进经济集聚水平和产业结构发展水平提高。

（三）城际经济协同发展的指标测度

目前，学术界既有的主要协同测度模型包括复合系统协同度模型（杨珍丽等，2018）、哈肯模型（戢晓峰和谢世坤，2019）、耦合协调模型（郑玉雯和薛伟贤，2019）以及效率增值模型（刘莹等，2020）。前三种模型测度的是区域内部各个系统之间的协同情况，无法测量两两区域间的二维数据。据此，本文借鉴刘莹等（2020）的研究，采用效率增值模型，结合产出导向规模报酬不变的数据包络分析（DEA）测度我国城际经济协同发展水平。

首先，利用数据包络分析中的SBM模型，以固定资本存量为资本投入、从业人员数为劳动投入、GDP为产出指标。固定资本存量的测算借鉴张军等（2004）的永续盘存法进行计算：

$$K_{it} = K_{it-1}\left(1 - \delta_{it}\right) + I'_{it} \tag{5}$$

其中，K_{it} 为本期固定资本存量，K_{it-1} 为上一期固定资本存量，δ_{it} 为经济折旧率，I'_{it} 为本期固定资产形成总额①，基期固定资本存量计算公式为 $K_0 = I_0(1 - \delta)/(1 + g)$，$g$ 为固定资产投资年平均增长率，由于地级市层面的投资价格平价指数无法获得，用2000年为基期的居民消费价格指数对固定资产投资总额和GDP进行平减。

其次，构造 Malmquist 指数，将 Malmquist 指数分解为效率变化（Technical Efficiency Change）和技术进步（Technology Change），其中，效率变化为剔除了技术因素后的技术效率变化，可反映各决策单元（DMU）在既定技术水平下的效率变化，以此求解单个城市的效率以及两两城市间的整体效率，效率数据由MAXDEA Ultra 8计算得出。

---

① 固定资产形成总额计算公式为：$I'_{it} = (I_{it} + I_{it-1} + I_{it-2})/3$，$I_{it}$、$I_{it-1}$ 和 I_{it-2} 分别为本期及前一期、前两期的固定资产投资总额。

构建SBM模型：

$$\min \theta = \frac{1 - \dfrac{1}{m}\sum_{i=1}^{m}\dfrac{s_i^-}{x_{i0}}}{1 + \dfrac{1}{s}\sum_{r=1}^{s}\dfrac{s_i^+}{y_{r0}}} \tag{6}$$

$$\text{s.t.} \ \ x_0 = X\lambda + s^-; y_0 = Y\lambda + s^+; \lambda \geqslant 0, s_i^- \geqslant 0, s_i^+ \geqslant 0$$

其中，X 为决策单元（DMU）的投入，Y 为产出；DMU (x_0, y_0) 的 $x_0=$ $X\lambda+s^-$；$y_0=Y\lambda+s^+$，s^- 和 s^+ 表示投入过多或产出过少。

最后，由于城市协同前后的效率不可兼得，假设整体城市群与单个城市协同前后的效率差值保持不变，用各城市通过协同作用融合为整体城市群后的效率高于各单个城市的效率的增值部分来反映城际协同作用强度（SYN），即效率增值模型：

$$SYN_{ij} = \left[\left(\theta'_{ij} - \bar{\theta}'_{ij}\right) - \left(\theta'_i - \bar{\theta}'_n\right)\right] + \left[\left(\theta'_{ij} - \bar{\theta}'_{ij}\right) - \left(\theta'_j - \bar{\theta}'_n\right)\right] \tag{7}$$

$$SYN_i = \sum_{j=1}^{n} SYN_{ij} \\ j = 1, 2, \cdots, n; i \neq j \tag{8}$$

其中，θ'_{ij} 表示整体城市群协同后的效率，θ'_i 和 θ'_j 均表示单个城市协同后的效率，$\bar{\theta}'_{ij}$ 和 $\bar{\theta}'_n$ 分别表示两两城市间整体效率的均值和单个城市效率的均值。

数据显示，2006~2019年，我国城际经济协同发展水平呈现波动上升趋势，2014年后城际经济协同发展水平大于0，表明城市间表现出了较好的经济协同发展态势。我国城际经济协同发展的空间布局呈现出以下特征：一是地理区位特征，位于同一城市群或经济带的城市，其城际经济协同发展水平基本处于同一区间；二是城市规模特征，大城市的城际经济协同发展水平基本处于相同区间，而中等城市与小城市大致处于相同的两类区间。为此，后文有必要对地理区位异质性和城市规模异质性进行讨论。

（四）控制变量与数据说明

城市化水平（cl）是衡量一个城市发展的重要指标，城市化水平越高，城市间联系越密切，城市间分工越合理，社会生产效率越高，城际经济协同发展水平越高。已有研究中大多选取人口指标对城市化水平进行测度，本文借鉴王雨飞和倪鹏飞（2016）的研究，用市辖区人口与城市总人口之比衡量城市化水平。

经济发展水平（eco）会直接影响城市在区域分工格局中的地位，从而影响城际经济协同发展水平。本文选取人均GDP作为经济发展水平的代理变量。

地方保护主义（lp）：城市的经济联系和产业分工会促进城际经济协同发展，但是不同地方政府在城市发展战略设计时往往会制定地方保护主义策略。地方保护主义阻碍城市间资源配置和市场整合，从而对城际经济协同发展产生抑制作用。学术界关于地方保护主义的测度方法较为丰富，本文借鉴孙早等（2014）的研究，用地方保护指数度量地方保护主义程度，公式为：

$$LP = \frac{1}{X_{it}Y_{it}} \tag{9}$$

$$\text{s.t. } X_{it} = \left| \frac{GDP_t^2}{GDP_t} - \frac{GDP_{it}^2}{GDP_{it}} \right| \quad Y_{it} = \frac{GDP_{it}^2}{GDP_{it}} \bigg/ \frac{GDP_t^2}{GDP_t}$$

其中，GDP表示地区生产总值，上标"2"表示第二产业，i表示地区，t表示年份。

劳动力要素资源存量（em）：劳动力要素资源的集聚程度是影响城际经济协同发展水平的重要因素，特别是劳动力要素资源存量决定了城市的要素资源配置能力及城际经济格局。选取城镇单位从业人数来衡量劳动力要素资源存量。

科技创新能力（sci）：科技创新通过技术外溢对其他城市的发展产生正外部性促进作用，从而促进城际经济协同发展。科技创新能力的测度方法众多，本文借鉴罗能生等（2019）的研究，用科研、技术服务和地质勘查业从业人数与年末单位从业人员数之比测度各城市的科技创新能力。

比较优势（clp）：城市间分工合作，相互依赖，紧密联系，各城市充分利用各自具备的比较优势在互惠共赢中实现整体经济系统的资源与要素利用最优化和产出最大化，从而促进城际经济协同发展。本文借鉴李琳和刘莹（2014）的研究以城市劳动力的经济效益测度城市的比较优势，公式为：

$$CLP_i = \frac{GDP_i \big/ \sum_i GDP_i}{LABOR_i \big/ \sum_i LABOR_i} \qquad (10)$$

其中，GDP_i 表示 i 地区的地区生产总值，$LABOR_i$ 表示 i 地区的就业人数。各变量的描述性统计特征如表2所示。

表2 变量的描述性统计特征

变量	变量名	观测值	均值	标准差	最小值	最大值
城际经济协同发展	SYN	3766	0.001	20.433	−307.560	285.360
度数中心度	dc	3766	1.807	3.475	0.000	19.030
中间中心度	cc	3766	0.096	0.573	0.000	10.640
城市化水平	cl	3766	0.357	0.236	0.044	1.000
经济发展水平	eco	3766	42937.362	31942.501	2767.000	467749.000
地方保护主义	lp	3766	70.563	1387.777	1.174	83335.462
劳动力要素资源存量	em	3766	54.623	80.661	4.210	986.870
科技创新能力	sci	3766	0.016	0.012	0.002	0.121
比较优势	clp	3766	1.001	0.433	0.087	6.383
经济集聚效应	gath	3766	2633.750	6326.920	8.930	134837.300
产业结构调整	str	3766	39.139	9.544	8.580	83.520

注：机制变量经济集聚效应和产业结构调整的指标设计见后文。

鉴于更早年份的数据统计不完全以及部分地级市数据不可得，本文数据选取的时间范围为2006~2019年，样本容量为269个地级市。高铁数据从国家铁路局、中国铁路12306网站、高铁网以及各地官网上手动整理搜集并对比核实，其他数据来自《中国统计年鉴》、《中国城市统计年鉴》、各省区市统计年鉴、EPS数据平台以及各城市历年国民经济与社会发展统计公报。为了消除变量间的量纲关系，使其具有可比性，本文对所有数据都进行标准化处理。

四 基准回归与异质性分析

（一）高铁网络影响城际经济协同发展的基准回归结果

表 3 报告了动态面板的固定效应模型的回归结果，其中，列（1）～（3）为时间和城市双重固定效应的回归结果，列（4）～（6）为城市固定效应的回归结果。

在列（2）和列（5）中，dc 的系数分别为 0.100 和 0.135 且均在 1% 的水平上显著，表明高铁网络度数中心度每提升 1 个单位，城际经济协同发展水平分别提升 0.100 个和 0.135 个单位。这验证了假说 1，即高铁网络度数中心度对城际经济协同发展具有显著的正向促进作用。高铁网络度数中心度表征了城际交通可达性，度数中心度的提升强化了城际高铁网络的可达性，一方面通过经济集聚效应加速了城际要素流动并促进了城际资源优化配置，另一方面通过降低"冰山成本"实现了城际产业转移与贸易分工的帕累托改进。在列（3）和列（6）中，cc 的系数为 0.066 和 0.064 且均在 1% 的水平上显著，表明高铁网络中间中心度每提升 1 个单位，城际经济协同发展水平分别提升 0.066 个和 0.064 个单位。这验证了假说 2，即高铁网络中间中心度对城际经济协同发展具有显著的正向促进作用。而高铁网络中间中心度表征了中心城市对外围城市经济扩散效应，中间中心度的提升强化了增长极城市依托高铁网络的经济扩散能力，进而通过要素扩散、创新扩散、制度扩散发挥正外部性效应，推动城际经济协同发展。

相较于中间中心度，高铁网络度数中心度对城际经济协同发展的促进作用更强。在列（1）和列（4）中同时引入度数中心度和中间中心度的情况下，dc 的系数显著大于 cc 的系数，当然这可能存在 dc 指标和 cc 指标的共线性干扰［列（4）中 cc 的系数统计学显著性不强］。为此，单独比较列（2）和列（3）的结果、列（5）和列（6）的结果，同样发现 dc 的系数显著大于 cc 的系数。这一结果的出现，与要素价格机制下中心城市极化效应的强度以及要素市场整合程度密切相关。因此，就全体样本而言，我国在高铁网络的建设和规划中应更加侧重通达深度。事实上，后文分析进一步发现，在地理区位异质性的作用下，度数中心度与中间中心度所发挥的作用是存在差异的。

控制变量的估计结果发现，城市化水平（cl）对城际经济协同发展的影响为正但统计显著性不足，表明城市化水平的提升可以强化其经济外溢效应进而增强城际经济联系强度并促进城际经济协同发展。经济发展水平（eco）与城际经济协同发展负相关且统计显著性较强，可能的原因是，伴随着经济发展水平提升，城市对要素资源的"虹吸"能力也提升，要素资源的过度集聚加剧了城际经济非均衡发展，故不利于城际经济协同发展。地方保护主义（lp）的系数为负，说明地方保护主义加剧了城际要素市场和产品市场的分割，阻碍了城市间的资源优化配置和贸易分工，从而对城际经济协同发展产生抑制作用。劳动力要素资源存量（em）的系数显著为负，这可能是由于我国劳动力集中分布在东中部城市，全国范围内劳动力配置不合理，从而对城际经济协同发展产生负向作用。科技创新能力（sci）的系数为正，说明城市科技发展会推动知识、技术的外溢，从而促进城际经济协同发展。比较优势（clp）的回归系数倾向于负数值，这可能是由于全国范围内比较优势水平较低，不足以对城际经济协同发展产生正向影响。

表3　基准回归结果

变量	(1)	(2)	(3)	(4)	(5)	(6)
dc	0.081***	0.100***		0.123***	0.135***	
	(0.028)	(0.027)		(0.027)	(0.025)	
cc	0.046**		0.066***	0.031		0.064***
	(0.022)		(0.021)	(0.022)		(0.021)
cl	0.086	0.115	0.096	0.127	0.146*	0.171*
	(0.089)	(0.089)	(0.089)	(0.088)	(0.087)	(0.088)
eco	−0.312***	−0.311***	−0.298***	−0.148***	−0.151***	−0.084**
	(0.047)	(0.047)	(0.047)	(0.037)	(0.037)	(0.035)
lp	−0.015	−0.016	−0.016	−0.015	−0.016	−0.016
	(0.016)	(0.016)	(0.016)	(0.016)	(0.016)	(0.016)
em	−0.534***	−0.521***	−0.520***	−0.514***	−0.507***	−0.491***
	(0.053)	(0.053)	(0.053)	(0.052)	(0.052)	(0.052)
sci	0.013	0.023	0.011	0.023	0.030	0.022
	(0.046)	(0.046)	(0.046)	(0.046)	(0.046)	(0.046)
clp	−0.027	−0.023	−0.024	−0.007	−0.006	0.000
	(0.029)	(0.029)	(0.029)	(0.029)	(0.029)	(0.029)

续表

变量	（1）	（2）	（3）	（4）	（5）	（6）
syn_{t-1}	−0.108***	−0.108***	−0.107***	−0.108***	−0.108***	−0.107***
	(0.016)	(0.017)	(0.016)	(0.016)	(0.016)	(0.016)
常数项	−0.257***	−0.250***	−0.282***	0.010	0.010	0.010
	(0.065)	(0.065)	(0.065)	(0.016)	(0.016)	(0.016)
时间固定效应	是	是	是	否	否	否
城市固定效应	是	是	是	是	是	是
样本量	3497	3497	3497	3497	3497	3497
R^2值	0.069	0.068	0.066	0.058	0.058	0.052

注：*、**、***分别表示在10%、5%、1%的水平上显著；括号内是稳健标准误，使用稳健标准误的原因是：在传统的标准误计算方法中，如样本标准差和t检验，数据中的异常值会对结果产生较大影响，导致结果失真；而稳健标准误的优点在于，其对于数据中存在的异常值和偏差具有较强的鲁棒性。当然，稳健标准误对于小样本的适用性较差，显然本文的样本量并不需要考虑这方面。

（二）内生性问题与稳健性检验

1.内生性问题处理

高铁网络会促进城际经济协同发展，而城际经济协同发展反过来又会对高铁网络产生影响，产生反向因果的内生性问题，导致估计结果产生偏误。同时，若不控制高铁网络与城际经济协同发展的遗漏变量，将无法准确识别解释变量与被解释变量之间的关系。因此，使用与高铁网络相关而与遗漏变量不相关的工具变量，可以较好地识别高铁网络对城际经济协同发展的影响。基于这一思路，本文将采用合理的工具变量控制内生性，以期得到更可靠的估计结果。合理的工具变量既要与内生变量高度相关，又要确保外生性，即工具变量只通过内生变量对被解释变量产生影响。为此，选取两个工具变量来解决可能存在的内生性问题。其一，城市坡度，借鉴吉赟和杨青（2020）对高铁网络工具变量的选取，将城市坡度作为工具变量，通过数字高程模型计算而得。城市坡度会影响高铁网络建设的难易程度和造价成本。因此，高铁网络受到城市坡度的直接影响，符合工具变量与内生变量高度相关的要求。同时，城市坡度是体现城市地形特征的重要变量之一，具有天然的外生性特征，满足工具变量外生性的要求。坡度是截面数据，不具备时间特征，本文利用其与解释变量滞后项的交互项体现时间趋势，而被解释变量的一阶滞后项在模型中作为控制变量，为避免因工具变量与控制变量相关而产生偏误，将坡度与解释变量滞后二阶项的交互项作为工具变量。其二，城市降水，借鉴李兰冰等（2019）对高速公路工具变量的选取策略，将城市降水作为工具变量，用城市年均降水量表示，通过中国地面气候资料日值数据处理生成。城市降水会影响高铁网络建设进度，并会因降水而产生额外成本。因此，高铁网络受到城市降水的直接影响，符合工具变量与内生变量高度相关的要求。同时，降水作为气候特征也满足工具变量外生性的要求。此外，为保证一致性，工具变量回归模型中选取的样本和控制变量与基准回归保持一致。表4报告了引入两项工具变量后的两阶段最小二乘估计（2SLS）回归结果。其中，列（1）和列（3）为时间和城市双重固定效应的回归结果，列（2）和列（4）为城市固定效应的回归结果。

本文采用Durbin Wu-Hausman（DWH）进行变量内生性检验，检验表明拒绝"变量是外生的"原假设，表明选取的工具变量是有效的。同时，LM统计量均在1%水平上显著，强烈拒绝"不可识别"的原假设；Wald F统计值远大于所有临界值，说明模型拒绝"弱工具变量"的原假设，即方程不存在弱工具变量。

列（1）和列（2）结果表明，高铁网络度数中心度的估计系数分别为0.153和0.152且均在1%的水平上显著。系数相对接近，时间固定效应的干扰并不大。这表明，高铁网络度数中心度对城际经济协同发展的正向影响依然显著，与表3的估计结果保持一致，验证了基准估计结果的稳健性。列（3）和列（4）结果表明，高铁网络中间中心度的估计系数分别为0.144和0.145且均在1%的水平上显著。这表明，高铁网络中间中心度对城际经济协同发展的正向影响依然显著，与表3的估计结果保持一致，验证了基准估计结果的稳健性。表3和表4估计结果的一致性也说明内生性问题的处理是合理的。值得注意的是，表4中 dc 和 cc 的系数分别大于表3中 dc 和 cc 的系数，表明潜在的内生性问题会导致在一定程度上低估高铁网络度数中心度和中间中心度对城际经济协同发展的促进作用。

表4　工具变量（2SLS）回归结果

变量	（1）	（2）	（3）	（4）
dc	0.153***	0.152***		
	(0.049)	(0.047)		
cc			0.144***	0.145***
			(0.055)	(0.055)
控制变量	是	是	是	是
常数项	0.030	0.011	0.060	0.015
	(0.080)	(0.017)	(0.080)	(0.017)
时间固定效应	是	否	是	否
城市固定效应	是	是	是	是
Wald F	47.720***	41.520***	47.660***	41.920***
Durbin	4.149**	4.113**	3.763*	3.574*
Wu-Hausman	4.343**	4.335**	5.307**	5.114**
样本量	3228	3228	3228	3228
R^2值	0.034	0.033	0.026	0.024

注：同表3。

2.稳健性检验

为了确保机制分析和实证检验结果的稳健性，本文从以下四方面进行稳健性检验：一是基于高铁开通城市样本的回归，二是基于核心解释变量测度指标替换的回归，三是剔除政策影响的回归，四是剔除特定样本异常值的回归。

基于高铁开通城市样本的稳健性检验。既有样本是高铁开通城市与高铁未开通城市的集合，高铁网络对城际经济协同发展的影响会在高铁开通和未开通城市间起作用。那么，仅考察高铁开通城市样本，会不会影响基准估计结果的稳健性呢？为此，本文基于高铁开通城市样本进行稳健性检验，回归结果如表5所示。

表5　高铁开通城市样本的回归结果

变量	（1）	（2）	（3）	（4）
dc	0.199***		0.366***	
	(0.071)		(0.059)	
cc		0.034		0.075***
		(0.028)		(0.027)
控制变量	是	是	是	是
常数项	−0.257***	−0.250***	−0.282***	0.010
	(0.065)	(0.065)	(0.065)	(0.016)
时间固定效应	是	是	否	否
城市固定效应	是	是	是	是
样本量	1257	1257	1257	1257
R^2值	0.203	0.199	0.184	0.160

注：同表3。

在高铁开通城市的样本估计中，高铁网络度数中心度和中间中心度均为正，且在仅城市固定效应情况下 dc 和 cc 的系数均在1%的水平上显著为正。这验证了表3中基准估计结果的稳健性。而且表5中 dc 和 cc 的系数分别大于表3中全样本下的估计系数。究其原因，就未开通高铁的城市而言，其城际经济协同发展水平的提升受到高铁网络度数中心度与中间中心度提升的间接作用，显著性相对较弱。该类样本的存在使得全样本的估计系数小于开通高铁城市样本的估计系数。这也进一步说明，高铁网络可以有效促进城际经济协同发展。值得注意的是，度数中心度的作用在高铁开通城市样本中系数提升幅度更大，这是因为高铁开通对于优化城际资源配置具有更为显著的积极作用。

基于核心解释变量测度指标替换的稳健性检验。在高铁网络的测量方面，本文重点关注的是度数中心度与中间中心度。事实上，达到中心度也是刻画高铁网络的重点指标，是指连接某节点与其他节点间边的数量，在高铁网络中意味着到达和离开某城市节点的路线数量。达到中心度的测度指标设计如下：

$$dd_i = \sum_{j=1}^{N} k_{ij} \tag{11}$$

其中，dd_i 表示城市 i 的到达中心度，k_{ij} 表示城市 i 到城市 j 的高铁线路数，$i \neq j$。为避免可能出现的核心解释变量测量误差带来的估计结果偏误，用到达中心度（dd）替换度数中心度（dc）和中间中心度（cc）作为高铁网络的代理变量，以检验基准估计结果的稳健性。表 6 报告了替换核心解释变量测度指标的回归结果，样本和控制变量与前文一致。

列（1）~（3）中，dd 的系数分别为 0.073、0.108 和 0.060 且在 1% 水平上显著，表明高铁网络到达中心度每提升 1 个单位，城际经济协同发展水平分别提升 0.073 个、0.108 个和 0.060 个单位。这一估计结果与表 3 的估计结果保持一致，验证了基准估计结果的稳健性。相较于度数中心度和中间中心度，到达中心度的估计系数相对较低，到达中心度对城际经济协同发展的正向作用相对较弱，故布局高铁网络建设应优先提高度数中心度和中间中心度即增加高铁城市数量（提升交通可达性）和强化中心城市的枢纽地位（强化经济扩散效应）。在高铁网络度数中心度和中间中心度达到一定水平后，通过增加高铁运行频次和网络条线数，增强到达中心度对城际经济协同发展的正向作用。

表 6　核心解释变量测度指标替换的回归结果

变量	（1）	（2）	（3）
dd	0.073***	0.108***	0.060***
	(0.028)	(0.023)	(0.017)
控制变量	是	是	是
常数项	−0.249***	0.010	0.006
	(0.066)	(0.016)	(0.016)
时间固定效应	是	否	否
城市固定效应	是	是	否
样本量	3497	3497	3497
R^2 值	0.066	0.056	——

注：同表 3。

剔除政策影响的稳健性检验。国家相关部门颁布的政策会对高铁网络的建设与规划产生一定的影响，《中长期铁路网规划》（2016 年调整）提出到2020年高铁里程达3万公里，覆盖80%以上的大城市。为控制政策颁布带来的影响，本文剔除2016年以后样本，选取2006~2016年数据进行回归，以验证估计结果的稳健性，回归结果如表7所示。

列（1）和列（3）回归结果显示度数中心度均在1%的水平上显著为正，表明在剔除政策影响后，高铁网络度数中心度依然正向影响城际经济协同发展，进一步验证了基准估计结果的稳健性。列（2）和列（4）回归结果显示中间中心度均在5%的水平上显著为正，表明在剔除政策影响后，高铁网络中间中心度依然正向影响城际经济协同发展，进一步验证了基准估计结果的稳健性。

表7 剔除政策影响的回归结果

变量	（1）	（2）	（3）	（4）
dc	0.088***		0.154***	
	(0.034)		(0.032)	
cc		0.090**		0.081**
		(0.035)		(0.035)
控制变量	是	是	是	是
常数项	（1）	−0.442***	−0.004	−0.011
	(0.069)	(0.068)	(0.019)	(0.019)
时间固定效应	是	是	否	否
城市固定效应	是	是	是	是
样本量	2690	2690	2690	2690
R^2值	0.122	0.122	0.097	0.090

注：同表3。

剔除特定样本异常值的稳健性检验。为排除特定样本异常值导致的估计偏误，特别是需要剔除高铁网络度数中心度与中间中心度高且城际经济协同发展水平高的样本。为此，表8中进行了如下稳健性检验：列（1）和列（3）为度数中心度和城际经济协同发展同时小于95%分位数；列（2）和列（4）为中间中心度和城际经济协同发展同时小于95%分位数。

列（1）和列（3）回归结果显示度数中心度均在1%的水平上显著为正，表明在剔除特定样本异常值后，高铁网络度数中心度依然正向影响城际经济协同发展，进一步验证了基准估计结果的稳健性。列（2）和列（4）回归结果显示中间中心度至少在5%的水平上显著为正，表明在剔除特定样本异常值后，高铁网络中间中心度依然正向影响城际经济协同发展，进一步验证了基准估计结果的稳健性。

表8　剔除特定样本异常值的回归结果

变量	（1）	（2）	（3）	（4）
dc	0.078***		0.132***	
	(0.021)		(0.020)	
cc		0.733**		1.285***
		(0.308)		(0.315)
控制变量	是	是	是	是
常数项	−0.299***	−0.321***	−0.087***	0.081
	(0.050)	(0.072)	(0.013)	(0.051)
时间固定效应	是	是	否	否
城市固定效应	是	是	是	是
样本量	3349	3169	3349	3169
R^2值	0.123	0.144	0.069	0.079

注：同表3。

（三）异质性分析

城市的异质性主要体现在两个方面，一是城市所在地理区位的异质性，二是城市自身规模的异质性。在异质性视角下探讨高铁网络对城际经济协同发展的影响，对于优化高铁网络具有重要的参考意义。

1.地理区位异质性分析

前文提出，先发地区与后发地区的高铁网络对城际经济协同发展有差异化影响。对先发地区样本范围的合理界定是进行地理区位异质性检验的前提。本文的先发地区是相对于后发地区而言的，指的是优惠政策引导下形成的具备区位比较优势的先发地区。罗富政和何广航（2021）在程名望等（2019）的研究基础上，结合中国三大经济区域的划分以及区域经济发展阶段的调整，将先发地区的覆盖范围界定为4个直辖市、9个东部地区省份、6个中部地区省份，包括辽宁、河北、天津、北京、山东、江苏、上海、浙江、福建、广东、广西、海南、重庆、山西、河南、安徽、湖北、江西、湖南；其余12个西部地区省份则被界定为后发地区。中部地区省份之所以被界定为先发省份，主要考虑到中部崛起战略实施引致中部地区省份经济快速发展。表9报告了地理区位异质性的检验结果。

表9　地理区位异质性的回归结果

变量	（1）	（2）	（3）	（4）
样本控制	东中部地区	西部地区	东中部地区	西部地区
dc	0.071**	0.044	0.124***	0.027
	(0.028)	(0.112)	(0.026)	(0.107)
控制变量	是	是	是	是
常数项	−0.281***	−0.118	0.019	−0.300***
	(0.067)	(0.211)	(0.019)	(0.074)
时间固定效应	是	是	否	否
城市固定效应	是	是	是	是
样本量	2769	728	2769	728
系数差异P值	0.560		1.010	
变量	（5）	（6）	（7）	（8）
样本控制	东中部地区	西部地区	东中部地区	西部地区
cc	0.043**	0.137	0.044**	0.121
	(0.021)	(0.087)	(0.021)	(0.085)
控制变量	是	是	是	是
常数项	−0.306***	−0.159	0.021	−0.304***
	(0.067)	(0.209)	(0.019)	(0.068)
时间固定效应	是	是	否	否
城市固定效应	是	是	是	是
样本量	2769	728	2769	728
系数差异P值	−1.370		−0.990	

注：系数差异P值根据交互项模型的Chow检验的估计结果计算得到，基于似无相关模型的检验与费舍尔组合检验的结果也基本类似。其余同表3。

在度数中心度的影响效应中，东中部地区 dc 的系数分别为 0.0709 和 0.1243 且至少在 5% 水平上显著；而西部地区 dc 的系数分别为 0.0441 和 0.0274 且统计不显著。虽然基于交互项模型的 Chow 检验的估计结果表明两组的系数大小无法进行横向比较，但统计显著性差异可以说明东中部地区度数中心度的作用要强于西部地区，究其原因，主要包括三个方面：一是东中部地区市场机制更为完善，城际要素市场一体化程度较高；二是东中部地区中心城市具有要素资源禀赋优势，市场主体和产业集聚程度更高；三是西部地区的高铁密度及其网络布局完善程度均相对较低。

在中间中心度的影响效应中，东中部地区 cc 的系数分别为 0.043 和 0.044 且均在 5% 水平上显著；而西部地区 cc 的系数分别为 0.137 和 0.121 且统计不显著。虽然基于交互项模型的 Chow 检验的估计结果表明两组的系数大小无法进行横向比较，但统计显著性差异可以说明东中部地区中间中心度的作用要强于西部地区。东中部地区城市自身发展水平较高，在高铁网络发挥自身所具备的扩散效应以及通过经济集聚和产业结构发展的作用机制影响城际经济协同发展的过程中占据主动地位，而西部地区城市发展相对滞后，在城际经济联系与分工合作中处于被动地位，高铁网络的发展并不能改善城际经济联系与分工合作，甚至通过高铁网络产生极化效应，造成西部城市的资源流失和低速发展，迫使该区域内的城市出现地方保护主义行为，对城际经济协同发展的作用相对较弱。

东中部城市高铁网络度数中心度和中间中心度对城际经济协同发展具有显著的正向作用；西部城市高铁网络度数中心度和中间中心度对城际经济协同发展的影响并不显著。这验证了假说 3，先发地区高铁网络影响城际经济协同发展的正向作用相较于后发地区更为显著。比较而言，东中部地区的 dc 系数相应高于 cc 系数，故此在东中部地区进行高铁网络建设和规划时应当更加侧重于通达深度。虽然，西部地区的 dc 系数和 cc 系数均存在统计不显著问题，但就系数值而言，西部地区在进行高铁网络建设和规划时应当更加侧重于枢纽地位。究其原因，东中部地区要素市场一体化程度更高但要素价格机制下极化效应强度依然存在，而西部地区要素市场分割程度相对较高但资源禀赋劣势使得中心城市经济扩散效应的带动作用明显。

2.城市规模异质性分析

根据国务院印发的《关于调整城市规模划分标准的通知》，常住人口50万以下的为小城市，常住人口50万以上100万以下的为中等城市，常住人口100万以上的为大城市，其中常住人口500万以上1000万以下的为特大城市；常住人口1000万以上的为超大城市。由于特大城市和超大城市的样本容量较小，将城市规模分为大、中、小进行检验。表10报告了城市规模异质性的估计结果。

表10 城市规模异质性的回归结果

变量	（1）	（2）	（3）	（4）
样本控制	大城市	中小城市	大城市	中小城市
dc	0.081**	0.050	0.154***	0.044
	(0.038)	(0.039)	(0.035)	(0.036)
控制变量	是	是	是	是
常数项	−0.159	−0.518***	0.029	−0.224*
	(0.010)	(0.166)	(0.050)	(0.120)
时间固定效应	是	是	否	否
城市固定效应	是	是	是	是
样本量	1716	1781	1716	1781
系数差异P值	−1.920*		−2.140**	
变量	（5）	（6）	（7）	（8）
样本控制	大城市	中小城市	大城市	中小城市
cc	0.054*	0.006	0.061**	0.006
	(0.027)	(0.036)	(0.027)	(0.036)
控制变量	是	是	是	是
常数项	−0.184*	−0.511***	0.000	−0.203*
	(0.098)	(0.166)	(0.051)	(0.119)
时间固定效应	是	是	否	否
城市固定效应	是	是	是	是
样本量	1716	1781	1716	1781
系数差异P值	−1.320		−1.180	

注：同表9。

　　大城市样本中 dc 系数分别为 0.081 和 0.154 且至少在 5% 水平上显著，中小城市样本中 dc 系数分别为 0.050 和 0.044 但均存在统计不显著。基于交互项模型的 Chow 检验的估计结果表明，大城市样本和中小城市样本两组的系数大小没有显著差异。大城市样本中 cc 系数分别为 0.054 和 0.061 且至少在 10% 水平上显著，中小城市样本中 cc 系数分别为 0.006 和 0.006 但均存在统计不显著。虽然基于交互项模型的 Chow 检验的估计结果表明两组的系数大小无法进行横向比较，但统计显著性差异可以说明两类样本的作用差异。上述结果表明，大城市的高铁网络度数中心度和中间中心度显著正向促进城际经济协同发展，而中小城市高铁网络度数中心度和中间中心度对城际经济协同发展的影响并不显著。这验证了假说4：规模较大城市的高铁网络影响城际经济协同发展的正向作用更为显著，究其原因主要包括：一是高铁网络加速了大城市要素集聚并形成要素溢出效应进而促进城际经济协同发展；二是在大城市禀赋规模效应的作用下高铁网络通过产业转移优化城际资源配置进而促进城际经济协同发展；三是中小城市的规模效应较小，城际产业和要素配置处于被动地位，对城际经济协同发展的作用较弱。此外，大城市人口流动性强，高铁网络进行要素资源流动、信息流动与创新知识转移的效率更高，加快了城市间的资源优化配置、产业转移和贸易分工，从而促进城际经济协同发展。尽管如此，在发挥大城市高铁网络对城际经济协同发展正向影响的同时，依然应注重中小城市高铁网络的完善，提高我国整体城际经济协同发展水平。

　　在大城市样本中，度数中心度的估计系数显著大于中间中心度的估计系数，表明大城市高铁网络的度数中心度对城际经济协同发展的正向作用强于中间中心度，在高铁网络建设和规划中应侧重于通达深度。禀赋规模效应带来的要素产出效率提升并通过增长极效应形成了大城市对中小城市的经济扩散效应，且高铁网络中间中心度强化了大城市的经济扩散效应，但相较于城际资源配置，其经济扩散效应相对较小。

五 机制检验：经济集聚效应与产业结构调整的视角

在推动城际经济协同发展的进程中，高铁网络的分布效应得以显现，其作用表现为，高铁网络通过提升城市经济集聚水平和加速城市产业结构调整进而促进城际经济协同发展。为检验经济集聚效应和产业结构调整所发挥的作用，本文参考刘斌等（2022）设计的方法进行机制检验。机制检验模型构建如下：

$$MV_{it} = \alpha_0 + \alpha_1 c_{it} + \sum \alpha_i X_{it} + \gamma_i + \varepsilon_{it} \qquad (12)$$

$$SYN_{it} = \beta_0 + \beta_1 c_{it} + \beta_2 MV_{it} + \sum \beta_i X_{it} + \gamma_i + \varepsilon_{it} \qquad (13)$$

其中，c 表示度数中心度（dc）或中间中心度（cc）；MV 表示机制变量，指经济集聚或产业结构，变量设计见后文。式（12）检验度数中心度或中间中心度对机制变量的影响，式（13）同时引入机制变量与主要解释变量检验其对城际经济协同发展的影响。本文的机制变量包括经济集聚效应和产业结构调整两项：其一，经济集聚效应（$gath$）的测度。学界关于经济集聚效应的定义和测度方法较为丰富。新经济地理学认为经济集聚效应的来源可以划分为3个层面：企业层面、产业层面和区域层面（师博和沈坤荣，2013）。测度方面，李红昌等（2016）用第三产业区位熵、经济密度、就业密度以及市场潜能四个指标描述城市的经济集聚水平。本文借鉴何天祥和黄琳雅（2020）的研究，选取经济密度作为经济集聚的衡量指标，即以GDP与行政区划面积之比来测度城市经济集聚水平。其二，产业结构调整（str）的测度。产业经济学理论认为产业结构是指各产业之间和各产业内部的经济技术联系和比例关系。关于产业结构调整的衡量指标主要是产值占比和产业就业人数占比。钱海章等（2020）以第三产业产值与第二产业产值之比衡量产业结构，王军等（2013）以第三产业就业人数比重衡量产业结构。本文借鉴刘瑞明等（2015）的研究，采用第三产业产值与GDP之比测度产业结构调整。

经济集聚效应的机制检验。表 11 报告了以经济集聚为机制变量的回归结果，其中，列（1）~（4）以度数中心度为主要解释变量，列（5）~（8）以中间中心度为主要解释变量。

就度数中心度而言，列（1）和列（3）中 dc 的系数分别为 0.082 和 0.075 且均在 1% 水平上显著，表明高铁网络度数中心度显著提升城市经济集聚水平。列（2）和列（4）中 $gath$ 的系数分别为 0.448 和 0.418 且均在 1% 水平上显著，表明城市经济集聚水平的提升显著正向促进城际经济协同发展。将表 11 回归结果与基准回归结果对比，在引入经济集聚水平后，dc 系数明显下降，表明提升城市经济集聚水平是高铁网络度数中心度促进城际经济协同发展的重要机制，即假说 1 得到验证。

就中间中心度而言，列（5）和列（7）中 cc 的系数分别为 0.056 和 0.061 且均在 1% 水平上显著，表明高铁网络中间中心度显著提升城市经济集聚水平。列（6）和列（8）中 $gath$ 的系数分别为 0.453 和 0.435 且均在 1% 水平上显著，表明城市经济集聚水平的提升显著正向促进城际经济协同发展。将表 11 回归结果与基准回归结果对比，在引入经济集聚水平后，cc 系数明显下降，表明提升城市经济集聚水平是高铁网络中间中心度促进城际经济协同发展的重要机制，即假说 1 得到验证。

表 11 基于经济集聚效应的机制检验结果

变量	(1)	(2)	(3)	(4)
	$gath$	SYN	$gath$	SYN
dc	0.082***	0.063**	0.075***	0.104***
	(0.009)	(0.027)	(0.009)	(0.025)
$gath$		0.448***		0.418***
		(0.050)		(0.050)
控制变量	是	是	是	是
常数项	0.049**	−0.271***	−0.001	0.011
	(0.023)	(0.064)	(0.006)	(0.016)
时间固定效应	是	是	否	否
城市固定效应	是	是	是	是
样本量	3497	3497	3497	3497
R^2值	0.376	0.090	0.367	0.078

变量	(5)	(6)	(7)	(8)
	gath	SYN	gath	SYN
cc	0.056***	0.041*	0.061***	0.038*
	(0.008)	(0.021)	(0.007)	(0.021)
gath		0.453***		0.435***
		(0.050)		(0.050)
控制变量	是	是	是	是
常数项	0.022	−0.292***	−0.001	0.011
	(0.023)	(0.064)	(0.006)	(0.016)
时间固定效应	是	是	否	否
城市固定效应	是	是	是	是
样本量	3497	3497	3497	3497
R²值	0.372	0.090	0.366	0.074

注：同表3。

产业结构调整的机制检验。表12报告了以产业结构调整为机制变量的回归结果，其中，列（1）～（4）以度数中心度为主要解释变量，列（5）～（8）以中间中心度为主要解释变量。

就度数中心度而言，列（1）和列（3）中dc系数分别为0.030和0.222且均在1%水平上显著，表明高铁网络度数中心度显著促进城市产业结构调整。列（4）中str的系数为0.067且在5%水平上显著，表明城市产业结构调整显著正向促进城际经济协同发展。需要说明的是，由于产业结构调整与年份间可能存在共线性问题进而导致列（2）、列（5）和列（6）中估计系数不显著。将表12回归结果与基准回归结果对比，在引入产业结构调整后，列（5）中cc系数下降，表明城市产业结构调整是高铁网络度数中心度促进城际经济协同发展的重要机制，即假说1得到验证。

就中间中心度而言，列（7）中cc系数为0.044且在1%水平上显著，表明高铁网络中间中心度显著促进城市产业结构调整。列（8）中str系数为0.104且在1%水平上显著，表明城市产业结构调整显著正向促进城际经济协同发展。将列（8）回归结果与基准回归结果对比，在引入产业结构调整后，cc 系数下降，表明产业结构调整是高铁网络中间中心度促进城际经济协同发展的重要机制，即假说 2 得到验证。

表12 基于产业结构调整的机制检验结果

变量	(1)	(2)	(3)	(4)
	str	SYN	str	SYN
dc	0.030***	0.100***	0.222***	0.120***
	(0.010)	(0.027)	(0.013)	(0.026)
str		−0.013		0.067**
		(0.050)		(0.033)
控制变量	是	是	是	是
常数项	−0.441***	−0.255***	−0.004	0.010
	(0.023)	(0.069)	(0.009)	(0.016)
时间固定效应	是	是	否	否
城市固定效应	是	是	是	是
样本量	3497	3497	3497	3497
R^2 值	0.705	0.068	0.330	0.059
变量	(5)	(6)	(7)	(8)
	str	SYN	str	SYN
cc	−0.001	0.066***	0.044***	0.060***
	(0.008)	(0.021)	(0.012)	(0.021)
str		−0.002		0.104***
		(0.050)		(0.032)
控制变量	是	是	是	是
常数项	−0.450***	−0.283***	−0.004	0.011
	(0.023)	(0.068)	(0.009)	(0.016)
时间固定效应	是	是	否	否
城市固定效应	是	是	是	是
样本量	3497	3497	3497	3497
R^2 值	0.704	0.066	0.276	0.055

注：同表3。

六　结论与政策建议

高铁网络的合理规划，可以通过提升资源配置效率和促进区域市场整合，助推城际经济协同发展。然而，高铁网络的建设和规划同样面临资源稀缺性问题，有效地进行资源配置是优化高铁网络规划、提升高铁网络建设效率的关键。其中，值得思考的是，在高铁网络建设和规划中应当侧重于通达深度还是枢纽地位？在理论分析的基础上，本文基于2006~2019年269个地级市面板数据，构建高铁网络度数中心度与中间中心度两项指标，检验了高铁网络通达深度与枢纽地位对城际经济协同发展的影响效应及其作用机制，并在地理区位和城市规模异质性视角下比较了二者差异化的作用。

研究结果表明，全样本中，高铁网络通达深度（度数中心度）与枢纽地位（中间中心度）对城际经济协同发展的影响均显著为正，其中通达深度的正向作用相对更强，在处理内生性问题和进行稳健性检验后结论依然成立；东中部地区高铁网络通达深度与枢纽地位的正向作用相较于西部地区更强，在高铁网络建设和规划中应侧重于通达深度；大城市高铁网络通达深度与枢纽地位的正向作用相较于中等城市和小城市更强，在高铁网络建设和规划中应侧重于通达深度；经济集聚效应和产业结构调整是高铁网络通达深度与枢纽地位作用于城际经济协同发展的重要机制。基于上述研究结论，本文提供以下政策建议。

建设现代化高质量综合立体高铁网络。高铁网络是实现城际资源优化配置的重要渠道，增强交通网络的可达性可以有效提升城际要素资源流动和配置效率。为此，需要以国家发展规划为依据，以多中心、网络化为主形态，完善多层次高铁网络布局，优化存量资源配置，扩大优质增量供给，实现立体互联，增强系统弹性，形成以综合交通枢纽为支点，以快速网、干线网、基础网多层次网络为依托的综合高铁网络。特别是，需要强化西部地区"补短板"，推进东北地区"提质改造"，推动中部地区"大通道大枢纽"建设，加速东部地区优化升级，形成区域高铁网络协调发展新格局。

构建便捷顺畅的城市（群）高铁网络。建设城市群一体化高铁网络，推进干线高铁与城际高铁交通融合发展，强化城市群高铁网络与其他交通网络的有效衔接。遵循城市发展规律，立足提升城市的整体性、系统性、生长性，统筹安排城市功能和用地布局，科学制定城市高铁网络规划。同时，推进城市公共交通设施建设，强化城市轨道交通与高铁网络的衔接，畅通高铁网络的微循环，提高高铁网络的通达性。特别是，依托京津冀、长三角、粤港澳大湾区等世界级城市群，建设一批全国性、区域性高铁交通枢纽，推进高铁交通枢纽一体化建设，提高换乘换装水平，完善集疏运体系，大力发展枢纽经济。

依托高铁网络增强中心城市扩散效应。高铁网络本身并不能形成扩散效应，其仅是中心城市发挥扩散效应的"脉络线"，完善的高铁网络可以强化中心城市的扩散效应。因此，在高铁网络规划中应根据中心城市的扩散效应空间最优阈值和最优路径进行合理设计，特别是在中间中心度作用更大的西部地区，应当合理发挥中心城市的交通枢纽作用，以增强扩散效应推动城际经济协同发展。同时，高铁网络规划应注重区位异质性，度数中心度和中间中心度在不同区位所发挥的作用是有差异的，故此先发地区在高铁网络规划中应注重交通网络的可达性，而后发地区则应注重交通枢纽的经济扩散效应。

利用高铁网络推动要素和商品市场一体化。在我国不断推进商品市场和要素市场一体化的进程中，不断完善高铁网络，增强高铁的交通可达性，利用度数中心度的积极作用，让更多城市融入统一大市场，促进城际经济协同发展。对于大城市而言，应当利用高铁网络的通勤作用，缓解自身存在的由"高房价、高房租"引致的劳动力居住和生活成本攀升问题，进而发挥"无形之手"的资源再配置作用，实现本地区的要素结构优化和周边城市的要素合理承接，促进城际经济协同发展。

增强高铁网络的分布效应推进城际协同发展。分布效应是指生产力诸因素客观地向着某些地域空间聚集所引起的相应变化现象或反应。因此，需要合理利用高铁网络的分布效应，在推进城市经济集聚的同时，保证不同层次要素资源在不同类型城市的配置，并加快城市间的产业转移与产业承接，促进城际经济协同发展。此外，政府部门在推动高铁建设的同时，应结合自身实际，注意极化效应对中小城市以及西部城市产生的负向影响，完善人才引进政策和产业承接政策，增强自身的承接能力，进而促进城际经济协同发展。

参考文献

［1］卞元超、吴利华、白俊红，2018，《高铁开通、要素流动与区域经济差距》，《财贸经济》第6期。

［2］程名望、贾晓佳、仇焕广，2019，《中国经济增长（1978—2015）：灵感还是汗水?》，《经济研究》第7期。

［3］邓慧慧、杨露鑫、潘雪婷，2020，《高铁开通能否助力产业结构升级：事实与机制》，《财经研究》第6期。

［4］董艳梅、朱英明，2016，《高铁建设的就业效应研究——基于中国285个城市倾向匹配倍差法的证据》，《经济管理》第11期。

［5］冯烽、崔琳昊、程果，2023，《高铁开通、信息获取和企业投资效率》，《经济纵横》第3期。

［6］郭庆宾、张中华，2017，《长江中游城市群要素集聚能力的时空演变》，《地理学报》第10期。

［7］何凌云、陶东杰，2020，《高铁开通对知识溢出与城市创新水平的影响测度》，《数量经济技术经济研究》第2期。

［8］何天祥、黄琳雅，2020，《高铁网络对湖南区域经济协同发展影响》，《地理科学》第9期。

［9］戢晓峰、谢世坤，2019，《基于SEM的云南省URTT复合系统耦合协调机制研究》，《经济地理》第6期。

［10］吉赟、杨青，2020，《高铁开通能否促进企业创新：基于准自然实验的研究》，《世界经济》第2期。

［11］李琳、刘莹，2014，《中国区域经济协同发展的驱动因素——基于哈肯模型的分阶段实证研究》，《地理研究》第9期。

［12］李兰冰、阎丽、黄玖立，2019，《交通基础设施通达性与非中心城市制造业成长：市场势力、生产率及其配置效率》，《经济研究》第12期。

[13] 李红昌、Linda Tjia、胡顺香，2016，《中国高速铁路对沿线城市经济集聚与均等化的影响》，《数量经济技术经济研究》第11期。

[14] 刘斌、李秋静、李川川，2022，《跨境铁路运输是否加快了中国向西开放？——基于城市—产品层面的经验证据》，《管理世界》第8期。

[15] 刘瑞明、赵仁杰，2015，《西部大开发：增长驱动还是政策陷阱——基于PSM-DID方法的研究》，《中国工业经济》第6期。

[16] 刘勇政、李岩，2017，《中国的高速铁路建设与城市经济增长》，《金融研究》第11期。

[17] 刘莹、李琳、张喜艳，2020，《中国区域经济协同网络演变及成因分析——以2003—2017年中国40470组两两城市对为样本》，《地理研究》第12期。

[18] 罗富政、何广航，2021，《政府干预、市场内生型经济扭曲与区域经济协调发展》，《财贸研究》第2期。

[19] 罗富政、罗能生，2019，《政府竞争、市场集聚与区域经济协调发展》，《中国软科学》第9期。

[20] 罗能生、田梦迪、杨钧、李建明、王玉泽，2019，《高铁网络对城市生态效率的影响——基于中国277个地级市的空间计量研究》，《中国人口·资源与环境》第11期。

[21] 马光荣、程小萌、杨恩艳，2020，《交通基础设施如何促进资本流动——基于高铁开通和上市公司异地投资的研究》，《中国工业经济》第6期。

[22] 马红梅、郝美竹，2020，《中国高铁建设与沿线城市生产性服务业集聚：影响机制与实证检验》，《产业经济研究》第1期。

[23] 钱海章、陶云清、曹松威、曹雨阳，2020，《中国数字金融发展与经济增长的理论与实证》，《数量经济技术经济研究》第6期。

[24] 师博、沈坤荣，2013，《政府干预、经济集聚与能源效率》，《管理世界》第10期。

[25] 石林、傅鹏、李柳勇，2018，《高铁促进区域经济一体化效应研究》，《上海经济研究》第1期。

[26] 孙早、刘李华、孙亚政，2014，《市场化程度、地方保护主义与R&D的溢出效应——来自中国工业的经验证据》，《管理世界》第8期。

[27] 唐宜红、俞峰、林发勤、张梦婷，2019，《中国高铁、贸易成本与企业出口研究》，《经济研究》第7期。

[28] 王春杨、兰宗敏、张超、侯新烁，2020，《高铁建设、人力资本迁移与区域创新》，《中国工业经济》第12期。

[29] 王华星、石大千、余红伟，2019，《高铁开通能够促进区域经济协调发展吗?》，《上海经济研究》第11期。

［30］王军、邹广平、石先进，2013，《制度变迁对中国经济增长的影响——基于VAR模型的实证研究》，《中国工业经济》第6期。

［31］王雨飞、倪鹏飞，2016，《高速铁路影响下的经济增长溢出与区域空间优化》，《中国工业经济》第2期。

［32］温忠麟、张雷、侯杰泰、刘红云，2004，《中介效应检验程序及其应用》，《心理学报》第5期。

［33］夏帅、谭黎阳、笪远瑶，2023，《高铁开通对城市三重产业集聚的影响研究——基于中国286个地级及以上城市平衡面板的准自然实验分析》，《云南财经大学学报》第4期。

［34］徐圆、陈爱华，2023，《高铁网络、区位优势与城市经济韧性》，《财经科学》第6期。

［35］徐志伟、宋佳，2019，《扩散还是回流：中国高铁的经济空间分布重塑效应》，《华东经济管理》第2期。

［36］薛婧、周绍杰，2023，《交通与通信基础设施：发展、地区差距与经济效应》，《管理评论》第6期。

［37］杨珍丽、唐承丽、周国华、吴佳敏、陈伟杨，2018，《城市群—开发区—产业集群协同发展研究——以长株潭城市群为例》，《经济地理》第1期。

［38］叶菁文、范剑勇，2023，《交通基础设施、区际贸易与地区经济发展——以公路为例》，《数量经济技术经济研究》第6期。

［39］易淑昶、孙久文，2023，《高铁开通与城市内部制造业工资不平等：事实、机制与政策含义》，《兰州大学学报（社会科学版）》第4期。

［40］张军、吴桂英、张吉鹏，2004，《中国省际物质资本存量估算：1952—2000》，《经济研究》第10期。

［41］张俊，2017，《高铁建设与县域经济发展——基于卫星灯光数据的研究》，《经济学（季刊）》第4期。

［42］张克中、陶东杰，2016，《交通基础设施的经济分布效应——来自高铁开通的证据》，《经济学动态》第6期。

［43］张志强、席强敏，2019，《新时代中国区域经济理论与实践研究的新进展》，《经济研究》第4期。

［44］郑玉雯、薛伟贤，2019，《丝绸之路经济带沿线国家协同发展的驱动因素：基于哈肯模型的分阶段研究》，《中国软科学》第2期。

［45］周扬明，1998，《试论时空经济的效应与对策》，《学术月刊》第2期。

［46］Baron R. M., Kenny D. A. 1986. "The Moderator-mediator Variable Distinction in Social Psychological Research: Conceptual, Strategic, and Statistical Considerations." *Journal of Personality and Social Psychology*, 51(6): 1173–1182

[47] Chen X. 2013. "Assessing the Impacts of High Speed Rail Development in China's Yangtze River Delta Megaregion." *Journal of Transportation Technologies*, 3 (2): 113–122.

[48] Duranton G., Turner M. A. 2012. "Urban Growth and Transportation." *The Review of Economic Studies*, 79(4):1407–1440.

[49] Freeman L. C. 1979. "Centrality in Social Networks: Conceptual Clarification." *Social Network*, 1:215–239.

[50] Friedman J. 1966. *Regional Policy: A Case Study of Venezuela*. Cambridge: Mass. I. T. Press.

[51] Gao Y., Song S., Sun J., Zang L. 2018. "Does High-speed Rail Really Promote Economic Growth? Evidence from China's Yangtze River Delta Region." *Journal of Transport Geography*, 64: 174–183.

[52] Hensher D. A. 1997. "A Practical Approach to Identifying the Market Potential for High Speed Rail: A Case Study in the Sydney-canberra Corridor." *Transportation Research Part A: Policy and Practice*, 31(6):431–446.

[53] Kuznets S. 1941. *National Income and Its Composition, 1919–1938*. New York: National Bureau of Economic Analysis.

[54] Myrdal G. 1957. *Economic Theory and Underdeveloped Regions*. London: Duckworth.

[55] Shi J., Zhou N. 2013. "How Cities Influenced by High Speed Rail Development: A Case Study in China." *Journal of Transportation Technologies*, 3(2A):7–16.

（责任编辑：李兆辰）

Table of Contents & Summaries

Research on the Emerging Trends of Global Value Chain Restructuring from the Dual Perspectives of Geopolitics and Trade Conflict

HONG Jie[1] ZHONG Xiaohuan[2]

(1.School of Business, China University of Political Science and Law; 2.School of Business, Beijing Normal University)

Summary: The current global value chain (GVC) restructuring process has been accelerated by the overlapping factors of the COVID-19 pandemic, the U. S. - China trade dispute, and the Russia-Ukraine conflict. This further highlights the global and urgent nature of trade conflicts and great power rivalry in GVC restructuring. However, there is a lack of literature that examines the global value chain from an external dynamics perspective. In this regard, this study deeply analyzes the intrinsic linkages among geopolitics, trade conflicts, and GVC restructuring. It examines the underlying logic and evolutionary direction of GVC restructuring from the dual perspectives of geopolitics and trade conflicts, leading to the following conclusions.

Firstly, institutional conflicts have deeply embedded themselves within the GVC, where multilateral coordination and power games shape the process and direction of GVC restructuring. GVC restructuring magnifies the negative impacts of trade conflicts and great power rivalry through input-output linkages. Secondly, imbalanced distribution of interests exacerbates the selective "decoupling" and "reshoring" of GVC, driving the reorganization of trade and investment rules and the transition of trade dynamics. Geopolitical risks, national security objectives, normalization of technology-related trade frictions, and prevailing concerns about fair trade and values serve as catalysts for accelerating GVC restructuring. Looking ahead, proactive demand coordination and reactive responses will further promote the generalized nature of GVC restructuring, highlighting the trend of sovereign-oriented transformations in the non-market aspects of global value chains. Independent innovation will become a major driving force for GVC advancement. In conclusion, China should implement the strategy of innovation-driven development, accelerate the promotion of indigenous core technological innovation through the vast domestic market scale, adopt a market-oriented approach to attract "reverse innovation," strengthen the top-level design of the security system for value chains, industrial chains, and supply chains, make good use of the dual-sided market of imports and exports, and enhance communication with mainstream countries. In particular, it should strengthen imports from East Asian countries to prevent the construction of East Asian supply chains that exclude China. Furthermore, it should deepen market-oriented economic reforms, utilize existing regional agreements effectively, and actively participate in and establish high-standard regional agreements.This study expands the research connotation of GVC restructuring from an external dynamic perspective and provides policy insights for achieving high-quality trade development and overcoming the "low-end lock-in" dilemma.

Keywords: GVC Reconfiguration; Great Power Game; Trade Conflict; "Low End Lock-in"

JEL Classification: F150; F18; F41

The Spillover Effect of Housing Industry Financing Restriction Policy on the Real Economy: On the Basis of Corporate Financing Needs and Credit Spreads

REN Ting CHENG Yuwei ZHANG Qianwen

(HSBC Business School, Peking University)

Summary: Using the data of non-housing-industry companies from 2011 to 2020, we study the influence of housing industry financing restriction policy on the changes in financing needs and bond credit spreads of non-housing-industry companies, as well as the impact mechanisms. The empirical results show that: First, the housing industry financing restriction policy has increased investors' investment in non-housing-industry corporate bonds. Compared with companies with low financing needs, the scale of investment in companies with high financing needs has increased, and their credit condition has been improved after receiving investment. More evidently, the credit spreads of non-housing-industry companies with high financing needs have decreased to a greater extent. Second, the housing industry financing restriction policy has sizable heterogeneous effects: bond spreads of listed companies, high-rated companies, companies operated in a more favorable financial environment, tend to narrow to a greater degree, but bond spreads of less favorable companies have also narrowed significantly. Overall, the results suggest that the restriction policy has inclusive benefits. Therefore, more attention should be paid to the spillover effect of the housing industry financing restriction policy on the financing of non-housing-industry companies, and to guide the capital flow into the specific enterprise with focused policy design.

Keywords: Housing Industry Financing Restriction Policy; Financing Needs; Bond Credit Spreads

JEL Classification: F822; F832; F275

Digital Transformation of Commercial Banks and Corporate Cost of Debt: Evidence from Perspective of Financial Geography

WU Xinhong[1]　WU Xinmei[2]

(1. School of Economics, Peking University; 2. School of Business, University of International Business and Economics)

Summary: In recent years, digital technologies, such as artificial intelligence, block chain, cloud computing, and big data, are increasingly deeply integrated with the financial industry and promoting the repaid development of digital finance in China. This trend also provides a good opportunity to alleviate the credit resource misallocation and corporate financing distress in China. Digital finance mainly makes a difference through two main bodies of Internet companies and traditional financial institutions, such as banks. Previous work mostly focuses on the the former one and related literature on the regional- and firm-level inclusive spillover of Internet financing has been well-established. However, the research on digital transformation of traditional financial institutions is still underexamined. Additionally, although most research recognize multiple benefits brought by the Internet financing, its drawbacks of high-risk, high rates, and limited size still exist. Therefore, only relying on Internet financing is definitely not the sustainable way to alleviate corporate financing distress. Under the Chinese setting with bank-led financial system, banks, another main body of digital finance, act as the main source of corporate external financing. Based on this, it is of vital importance to highlight the key role of digital transformation of commercial banks.

From perspective of financial geography, this paper incorporates the digital transformation of commercial banks, lending distance, and corporate cost of debt into one research framework, and propose the hypothesis between the digital transformation of commercial banks and corporate cost of debt. To provide empirical evidence, we use lending distance to weight digital transformation to capture the proxy for the average influence of digital transformation of commercial banks on corporate cost of debt using data of Chinese A-share listed companies from 2010 to 2020. Our findings show that the digital transformation of commercial banks can effectively alleviate corporate cost of debt. This finding still holds after considering a set of endogeneity and robustness issues. Heterogeneity analysis finds that the the spillover effect of commercial banks' digital transformation is widely-inclusive, risk-controlled, and precisely-matched, and tend to be more pronounced in regions with better business environment and higher digital technology level. Finally, despite certain substitution effect in alleviating corporate cost of debt by other financing channels, none of them can achieve complete substitution, which further highlights the key role of commercial banks in alleviating corporate cost of debt.

This paper mainly contributes to the literature in the following three ways. Firstly, we incorporate bank-firm lending distance into the research framework for digital transformation of commercial banks and corporate cost of debt. We also construct the firm-level indictor of commercial bank's digital transformation to capture the average influence of commercial bank's digital transformation on corporate cost of debt, which considers the fact of underimproved bank digitalization and unbalanced credit supply in Chinese setting. Secondly, this paper enriches the discussion on economic consequences of commercial banks' digital transformation from the micro perspective. Compared with the existing digital finance literature on macro level, our work empirically examines the influence of digital transformation of commercial banks on corporate cost of debt and reveals the novel evidence of digital transformation of commercial banks on promoting financial resource allocation and improving the order of financial market. Finally, this paper also provides some policy implications for banks, firms, and policy makers. Few research has conducted a systematic discussion on the digital transformation of commercial banks on micro level as well as its driving conditions. Based on this, our work conducts the heterogenous test of the effect of commercial bank digital transformation on corporate cost of debt, and find that this effect is widely-inclusive, risk-controlled, and accurately-matching. This finding can further provide related policy implications for guiding traditional financial institutions to serve the real economy.

Keywords: Commercial Banks; Digital Transformation; Corporate Cost of

Debt；Widely-inclusive；Risk-controlled；Precisely-matched
JEL Classification: G21, G30, M20

Establishment of Smart City and Attraction of Investments

YANG Bo[1] LI Xue[2] CHEN Junyu[1]

(1.School of Economics, Yunnan University ;2.The Audit Office of Yunnan Province)

Summary: Whether the driving effect of smart cities on investment promotion exists, whether they promote the effective allocation of spatial resources, and whether they meet the requirements of high-quality development, has been the key issue of local economic development under the incentive of "competitive championships" for a long time. This paper applies the data of smart city pilot projects and regional innovation and entrepreneurship in China from 2009 to 2020 to explore the casual effect of smart city establishment on the investment attraction using the multi-period difference-in-differences method (DID). The study find that the establishment of smart cities has improved the regional investment promotion, manifested in increasing the actual amount of direct investment by every enterprise. This conclusion remains valid after a series of robustness tests such as common trends. Compared to non-resource-relied regions, the improvement of quality and efficiency in attracting investment is more pronounced on resource-relied regions; meanwhile, it is more inclined towards the investment promotion on the west in terms of geographical location. Mechanism testing shows that the establishment of smart cities improves the quality of regional investment attraction by promoting both physical and virtual agglomeration of factors, but physical factor agglomeration plays a greater role than the virtual one during the sample period. This paper provides new insights for exploring the paths for China's economic transformation, upgrading, and high-quality development in the context of the digital economy.

Keywords: Smart City; Attract Investment; Factor Aggregation

JEL Classification: O18, R11

Impact of Targeted Poverty Alleviation on Population Migration: Evidence from the National Census

Qiu Tongwei[1] Zhang Danru[2] Luo Biliang[2]

(1.College of Economics and Management, Nanjing Agricultural University;

2.College of Economics and Management, South China Agricultural University)

Summary: One of the keys to achieving effective integration between consolidating and expanding poverty alleviation achievements and rural revitalization is to match industrial development with population size. Otherwise, in the post poverty alleviation era, poverty-stricken areas need to adjust their development concepts and models in a timely manner. Using the statistical data of the national census from 2000 to 2020, this paper empirically analyzes the impact of poverty alleviation on county-level population mobility. The results show that targeted poverty alleviation has exacerbated the population loss in poor counties. The mechanism analysis indicates that although targeted poverty alleviation has promoted the economic growth of poor counties, economic improvement has accelerated population loss. Moreover, the improvement of traffic conditions in poor counties is also one of the important causes of population loss. In addition, for poor counties in urban agglomerations. Further evidence shows that compared with poor counties in non-urban agglomeration, poor counties in urban agglomeration are more likely to have increased population outflow due to targeted poverty alleviation. The fiscal expenditure in the stage of targeted poverty alleviation not only did not curb the population loss in poor counties, but also increased the rate of population loss. This paper implies that in the context of targeted poverty alleviation accompanied by large-scale population outflows from poor counties, we can consider transforming financial input to regions into financial input to people, reasonably positioning the role of poverty relief areas, and avoiding excessive and inefficient fixed assets investment and financial input.

Keywords: Population Flow; Targeted Poverty Alleviation; Poor Counties; Census

JEL Classification: J61; P16; P35

New Urbanization, Urban-Rural Breakdown and Agricultural Growth

WANG Yuyu[1] ZHAO Zengli[1] Yao Wanjun[2]

(1.School of Economics, Tianjin Normal University; 2.School of Economics, Nankai University)

Summary: The large size of the population is a great advantage in realizing China's socialist modernization, but it also brings new challenges to China's food security and aging population. China feeds about 18% of the world's population with about 9% of the world's arable land area, and China has become a major agricultural power in terms of agricultural output, but agricultural output efficiency in China is still significantly lower than the world's major developed countries. It is of great significance for China to further improve China's labor average agricultural production efficiency, promote agricultural scale, mechanized production and planting methods to ensure China's food security and to transform China from a large agricultural country to a strong agricultural country.

The low efficiency of agricultural production and the high tension between human and land are the constraints to the agricultural development in China. With the rapid industrialization and the emergence of a large number of non-agricultural employment opportunities in urban areas, the surplus rural labor force exits agricultural production and flows to non-agricultural industries, and the proportion of labor force in agricultural production begins to decline continuously. Although a large amount of rural labor has moved to the cities, the labor productivity between the two sectors has not converged naturally in the process of marketization. The decline in the share of agricultural output is faster than the decline in the share of agricultural employment, and the existence of various institutional barriers and other non-market factors in the economic reality are important reasons for the low productivity of agricultural labor and the failure of labor productivity convergence between industries.

Influenced by the differences in factor prices and potential rewards, factors tend to flow between urban and rural areas. The policy of new type urbanization is an important driving force for breaking down the barriers between urban and rural systems, driving factor mobility and high-quality economic development.

The implementation of the new type urbanization policy has promoted cross-regional labor mobility and created conditions for mechanized and large-scale agricultural production to improve agricultural productivity, but it also cause shocks to agricultural production due to the hollowing out of rural industries and the aging of the labor force population as a result of population outflow from the agricultural sector and the decline in the average quality of agricultural production personnel. The increase in agricultural productivity due to land transfer does not necessarily cover the decrease in agricultural productivity due to the agricultural workers outflow, the decrease in the average productivity of agricultural production due to agricultural population loss partially offsets the improvement in agricultural productivity more efficient land allocation. Population outflow caused by regional and urban-rural development differences may have negative effects on the production sector of the agricultural, while there may also be adverse effects on agricultural production due to the phenomenon of farm household abandonment and abandonment of farming. It has been suggested that the aging of farm households will reduce agricultural output and labor productivity, while the development of new agricultural production and management agents will improve agricultural production efficiency. The reason for that new agricultural production and management agents absorb more young farmers to participate in large-scale production, while increasing the level of farm machinery inputs and significantly improving labor productivity. Although the above-mentioned literature has made many useful studies around rural labor mobility and agricultural productivity, the existing studies not only lack the evaluation of policy effects on the impact of new urbanization policies on agricultural labor productivity, but also neglect the relevant analysis with county agricultural growth as the research object.

This study attempts to do the tests from the following aspects. First, counties are the important focus of the new urbanization strategy in the new development stage. This study provides a theoretical and empirical basis for accelerating the development of urban-rural integration in counties and accelerating the formation of a common prosperous urban-rural relationship. Second, a heterogeneous model of farm households is constructed to explain that the new urbanization promotes agricultural growth through the mechanism of replacing labor outflow with farm machinery input. The theoretical framework incorporates labor mobility factors to examine the differences regarding the impact of rural labor outflow on agricultural production under different scenarios of labor outflow with or without land transfer, and proposes research hypotheses based on the theoretical model and tests them empirically. Third, the section of heterogeneity analysis considers different regions, as well as transportation costs such as transportation distance, and by distinguishing the differences in the impact of institutional barriers and transportation distance barriers on agricultural efficiency. It is argued that the effective implementation of the policy system cannot be separated from the improvement of local infrastructure, and the improvement of transportation efficiency in rural areas cannot directly improve the efficiency of agricultural production, while it can play a policy effect of promoting agricultural growth in combination with the implementation of new urbanization policies.

Keywords: New Urbanization; Agricultural Productivity; Labor Mobility; Urban-rural Integration

JEL Classification: R11; R23; J24

Can Rural E-commerce Construction Promote Farmers' Consumption?

YANG Xinyu ZHU Yuchun

(School of Economics and Management, Northwest A&F University)

Summary: Under the triple pressure of shrinking demand, supply shock and expected weakening, further promoting the incremental upgrading of domestic consumption is the ballast stone to ensure economic stability in China. However, under the background of long-term urban-rural dual structure, although the population in rural areas of China is relatively large, the consumption level of rural residents is lower, and the consumption gap between urban and rural areas continues to widen. China municipal government solves the rural consumption problem by increasing the investment in e-commerce construction in rural areas. For example, in 2014, the Ministry of Finance, the Ministry of Commerce and the former Office of the Leading Group for Poverty Alleviation and Development of the State Council formulated the comprehensive demonstration policy of e-commerce in rural areas to solve the "last mile" problem of rural e-commerce development and promote e-commerce poverty alleviation.

Since 2014, to realize the modernization of rural circulation and promote rural e-commerce to become a new engine of rural economic development, the Ministry of Commerce, the Ministry of Finance and the former the State Council Poverty Alleviation Office have jointly promoted the implementation of the comprehensive demonstration policy of e-commerce in rural areas. According to the policy, each county listed on the list can not only get the support funds from the central government, but also get the matching funds from the local government. The main tasks and financial support of the policy focus on the following three points: improving the rural e-commerce support service system, expanding the application fields of rural e-commerce, and improving farmers' e-commerce application ability. In addition, the comprehensive demonstration policy focuses on poverty-stricken areas such as national poverty-stricken counties, concentrated contiguous counties with special difficulties, and old revolutionary areas.

The comprehensive demonstration policy provides an opportunity for us to test the influence of rural e-commerce construction on farmers' consumption. Based on the panel data of 1010 counties in China from 2011 to 2019, with the help of the quasi-experiment of comprehensive demonstration policy of e-commerce in rural areas, this paper investigates the influence of government-led rural e-commerce construction on farmers' consumption and related mechanisms by using the multi-period double difference method. The results show that: (1) the comprehensive demonstration policy of e-commerce in rural areas can increase the consumption of rural residents by about 2.4%; (2) Mechanism analysis shows that the comprehensive demonstration policy of e-commerce in rural areas mainly promotes rural residents' consumption by increasing farmers' income, bridging the digital divide and reducing trade costs; (3) Heterogeneity analysis shows that the policy treatment effect is higher in counties with underdeveloped economy and e-commerce, which shows that the policy has an inclusive impact on rural consumption welfare.

The marginal contributions of this article include the following aspects: Firstly, from the perspective of the comprehensive demonstration policy of e-commerce in rural areas, this article accurately evaluates the impact of rural e-commerce construction on rural residents' consumption using multi-period double difference method using county level macro data, providing new evidence for the economic benefits of China's rural e-commerce construction. Secondly, starting from the specific implementation tasks of comprehensive demonstration policies, this article examines the impact of three channels of increasing farmers' income, breaking down barriers to digital technology use, and reducing trade costs on promoting consumption among rural residents in the context of rural e-commerce construction. Finally, previous studies have found that e-commerce leads to greater digital inequality between urban and rural areas, as well as within rural areas. This study found that government led rural electronic construction has a greater policy effect in economically underdeveloped and rural e-commerce underdeveloped counties. This result has certain practical significance for promoting inclusive development in rural areas and narrowing the urban-rural consumption gap.

Keywords: E-commerce; Rural Residents' Consumption; Quasi-experiments; Digital Divide; Trade Costs

JEL Classification: D12; L81; D23; R12

Research on the Construction of Risk Prevention and Control System for Hainan Free Trade Port in China: From the Perspective of Balancing the Interests of Higher Level Opening up to the Outside World and National Economic Security

Li Meng[1] Zhao Ruojin[2]

(1.School of Grammar and Law, Shandong University of Science and Technology; 2.Chinese Academy of International Trade and Economic Cooperation)

Summary: The report of the 20th National Congress of the Communist Party of China clearly proposes to accelerate the construction of Hainan Free Trade Port and implement the strategy of upgrading the free trade pilot zone in a higher level of opening up to the outside world. The Hainan Free Trade Port, as a new highland of reform and opening up in the new era, is characterized by the implementation of a higher level of opening up to the outside world, which is its distinctive feature and contemporary value. By the end of 2025, the island wide closure operation will provide a great opportunity for the Hainan Free Trade Port to benchmark against the world's highest level of openness and steadily expand institutional openness in terms of rules, regulations, management, standards, and other aspects. However, risks and opportunities coexist, and while Hainan Free Trade Port is implementing a higher level of opening up to the outside world, it will also face greater risks and challenges. At present, the international political and economic situation is turbulent and ever-changing, and China's external environment is becoming more severe and complex. Various uncertain factors overlap with each other. Under the conditions of higher level opening up to the outside world, the construction, development, and economic security of Hainan Free Trade Port face a series of new risks and challenges, this mainly includes economic sovereignty security risks, international investment security risks, financial openness security risks, cross-border data flow risks, preferential tax security risks, ecological and public health security risks, etc. Therefore, in the process of opening up and developing, Hainan Free Trade Port should be guided by the overall national security concept, accelerate the establishment of a risk prevention and control system that is suitable for a higher level of opening up to the outside world, so as to take the lead in building a new open economy system under the premise of controllable security risks, promote the formation of a new pattern of comprehensive opening up, and create a practical example of China's higher level of opening up to the outside world.

As a new highland of reform and opening up in the new era, Hainan Free Trade Port integrates institutional innovation into various fields and links of its own construction and development. With institutional and mechanism innovation as the core, it promotes comprehensive deepening of reform and opening up, with the goal of building a free trade port with Chinese characteristics with global influence. However, with the continuous deepening of the construction and development of Hainan Free Trade Port, while achieving significant reform and innovation achievements, it is also facing a series of risks and challenges. Therefore, it is necessary to adhere to the bottom line thinking to coordinate the relationship between development and security, strengthen the identification and prevention of major risks, and explore the establishment of a risk prevention and control system that is suitable for its freedom and openness attributes. The Hainan Free Trade Port Law, promulgated and implemented in June 2021, identifies the main risks and challenges faced by Hainan Free Trade Port in its higher level of opening up to the outside world, and establishes a basic institutional framework for the construction of a risk prevention and control system for Hainan Free Trade Port. In the Hainan Free Trade Port Law, a higher level of opening up to the outside world, economic security, legal protection, and risk prevention and control are set and elaborated together. They are interrelated, interconnected, and have a high degree of correlation, highlighting the core concept of integrating higher level of opening up to the outside world, economic security, legal protection, and risk prevention and control. In summary, a higher level of opening up to the outside world is a key task in the construction of Hainan Free Trade Port, economic security is a necessary prerequisite for the stable development of Hainan Free Trade Port, legal protection is the basic condition for the stable and long-term development of Hainan Free Trade Port, and risk prevention and control is a strong bottom line for Hainan Free Trade Port to guard against systemic risks. In the future, whether we can accelerate the establishment of a new system of higher level open economy, as well as a relatively complete economic security system, legal guarantee system, and risk prevention and control system, will largely determine the success or failure of the strategic construction of Hainan Free Trade Port.

As the operation of the island wide closure approaches in 2025, Hainan Free Trade Port should be guided by the overall national security concept, based on the Hainan Free Trade Port Law, and build a risk prevention and control system that is suitable for a higher level of opening up to the outside world, continuously improving its ability to prevent and resolve major risks.

Firstly, steadily expanding institutional opening up to the outside world. In aligning with the international market and international high standard economic and trade rules, it is necessary to fully consider the actual situation of China's economic and social development, selectively, step by step, and gradually carry out rule docking, ensuring the rationality, feasibility, safety, and operability of the transformation and application of international rules. Thus, in the process of expanding institutional openness, maintaining the independence of domestic economic policies, reducing dangerous dependence on the external environment, maintaining national economic sovereignty and security, and ensuring that the socialist basic economic system is not eroded.

Secondly, strengthening the prevention of foreign investment security risks. Based on the policy and institutional characteristics of Hainan Free Trade Port, explore the establishment of a foreign investment security review system that is compatible with its inherent attributes of freedom and openness, and prevent various economic security risks that may arise from expanding foreign investment market access.

Thirdly, improving the financial risk prevention and control system. One is to pilot the "big finance" regulatory model, establish a dedicated offshore financial market management bureau, and unify the supervision of offshore financial markets within the port area; The second is to adopt a new model of mixed industry supervision, establish a comprehensive financial supervision system and mechanism, and improve the quality and efficiency of financial supervision; The third is to "take the lead and try" to build a legal system for the offshore financial market, exploring paths and accumulating experience for the country to carry out offshore financial legislation.

Fourthly, promoting the secure and orderly flow of data across borders. One is to implement hierarchical classification management for cross-border data flow, in order to achieve a balance between a promising government and an effective market; Secondly, based on laws and regulations such as the Data Security Law and the Hainan Free Trade Port Law, we can take the lead in constructing a legal regulatory system for cross-border data flow; The third is to establish the Hainan Free Trade Port Cross-border Data Flow Supervision Committee to comprehensively centralize and unify the management of data cross-border flow, and improve the regulatory efficiency of data cross-border flow.

Fifth, precise and comprehensive prevention and control of tax risks. One is to establish a centralized, unified, and efficient new tax collection and management system, including the establishment of new comprehensive tax collection and management departments, the establishment of a tax collection and management big data information resource sharing platform, and the improvement of a social evaluation system for honest and trustworthy taxation; Secondly, we should strengthen international cooperation in foreign-related taxation, work together with other countries and regions to combat cross-border tax evasion and avoidance, and use the Hainan Free Trade Port as a favorable platform to "pilot" new international tax rules and standards; The third is to improve the legal protection of tax supervision, timely formulate and issue the "Hainan Free Trade Port Tax Protection Regulations" as the fundamental law for tax protection, and enhance the systematic, professional, timely, and applicable nature of tax legislation.

Sixth, maintaining ecological and public health security. On the one hand,

Hainan Free Trade Port needs to adhere to and practice the "Two Mountains Concept", explore the construction of an ecological environment protection policy and institutional system for harmonious coexistence between humans and nature; On the other hand, in response to the shortcomings and problems in the current public health system construction of Hainan Free Trade Port, it is necessary to take measures such as improving legislation, strengthening supervision, and increasing investment to properly respond and enhance the ability of Hainan Free Trade Port to prevent and control major sudden public health risks.

Keywords: Hainan Free Trade Port; Higher Level of Opening Up to The Outside World; International High Standard Economic and Trade Rules; National Economic Security; Risk Prevention and Control

JEL Classification: K1; O1; P11

High-Speed Railway Network Planning and Inter-City Economic Coordinated Development: Comparison of Access Depth and Hub Status

LUO Fuzheng[1] HE Xiaolong[2]

(1.Business School, Hunan Normal University; 2. Yiyang Datonghu District Taxation Bureau, State Taxation Administration of The People's Republic of China)

Summary: The report of the 20th National Congress of the Communist Party of China proposed to "optimize the layout, structure, function, and system integration of infrastructure, and build a modern infrastructure system.". Transportation infrastructure is an important component of the modern infrastructure system, and transportation network planning is an important part of transportation infrastructure construction. The 2022 Government Work Report of the State Council and the Opinions on Accelerating the Construction of a National Unified Market both propose to improve the national comprehensive three-dimensional transportation network, of which the high-speed rail network is an important part. Since the opening of the first high-speed rail in 2003, China's high-speed rail network construction has achieved rapid development. As of 2022, over 244 cities in China have opened high-speed railways, with a total operating mileage of over 42000 kilometers. The high-speed railways have transported over 11 billion passengers. Thanks to the continuous expansion of the high-speed rail network, China's gross domestic product has increased from 13.74 trillion yuan in 2003 to 121.02 trillion yuan in 2022. With the continuous increase of the total urban economy in our country, scholars have shifted their focus to solving the problems of imbalance and inadequacy in urban development. Especially, as China's economic development transitions from traditional extensive growth to high-quality development, the coordinated development of intercity economy from a systems theory perspective has received increasing attention from the academic community. The coordinated development of intercity economy refers to a new mode of economic development that efficiently and orderly integrates and achieves integrated operation among cities. The reasonable planning of the high-speed rail network can promote the coordinated development of intercity economy by improving resource allocation efficiency and promoting regional market integration through market, industry, innovation, and factor paths. Therefore, in recent years, China has continuously increased its efforts in the construction and planning of high-speed rail networks. However, the construction and planning of high-speed rail networks also face resource scarcity issues. Effective resource allocation is the key to optimizing high-speed rail network planning and improving the efficiency of high-speed rail network construction. Among them, it is worth focusing on whether to focus on accessibility depth or hub status in the construction and planning of high-speed rail networks? This is the main issue that this article focuses on. Clarifying this issue has important guiding significance for China's rational planning of high-speed rail network construction, optimization of high-speed rail investment structure and distribution, and further promoting the optimization of China's intercity economic structure.

On the basis of theoretical analysis, this article uses panel data from 269 prefecture level cities from 2006 to 2019 to construct two indicators of high-speed rail network degree centrality and intermediate centrality, to test the impact and mechanism of high-speed rail network accessibility depth and hub status on intercity economic coordinated development. The differences in their roles are compared from the perspective of geographical location and urban size heterogeneity. Research has found that, across the entire sample, both the accessibility depth (degree centrality) and hub position (intermediate centrality) of high-speed rail networks have a significant positive impact on the coordinated development of intercity economy. Among them, the positive effect of accessibility depth is relatively stronger, and the conclusion still holds after dealing with endogeneity issues and conducting robustness tests; The positive effect of the accessibility depth and hub status of the high-speed rail network in the eastern and central regions is stronger than that in the western regions, and its high-speed rail network planning should focus on accessibility depth; The positive effect of the accessibility depth and hub status of high-speed rail networks in large cities is stronger than that in medium-sized and small cities, and their high-speed rail network planning should focus on accessibility depth; The economic agglomeration effect and industrial structure adjustment are important mechanisms for the deep accessibility and hub status of high-speed rail networks to affect the coordinated development of intercity economy.

Keywords: High-Speed Railway Network; Access Depth; Hub Status; Inter-City Economic Coordinated Development

JEL Classification: R11; C33; P25

《中国经济学》稿约

《中国经济学》（Journal of China Economics， JCE）是中国社会科学院主管、中国社会科学院数量经济与技术经济研究所主办的经济学综合性学术季刊，2022年1月创刊，初期为集刊。《中国经济学》被评为社会科学文献出版社"优秀新创集刊"（2022），以及中国人文社会科学学术集刊AMI综合评价期刊报告（2022）"入库"集刊。

本刊以习近平新时代中国特色社会主义思想为指导，以研究我国改革发展稳定重大理论和实践问题为主攻方向，繁荣中国学术、发展中国理论、传播中国思想，努力办成一本具有"中国底蕴、中国元素、中国气派"的经济学综合性学术刊物。立足中国历史长河、本土土壤和重大经济社会问题，挖掘中国规律性经济现象和经济学故事，发表具有原创性的经济学论文，推动中国现象、中国问题、中国理论的本土化和科学化，为加快构建中国特色哲学社会科学"三大体系"贡献力量。

《中国经济学》以"国之大者，经世济民"为崇高使命，提倡发表重大问题的实证研究论文（但不提倡内卷式、思想重叠式的论文），注重战略性、全局性、前瞻性、思想性的纯文字论文，特别关注开辟新领域、提出新范式、运用新方法、使用新数据、总结新实践的开创性论文。本刊主要发稿方向包括习近平经济思想、国家重大发展战略、中国道路、国民经济、应用经济、改革开放创新重大政策评估、交叉融合问题、经典书评等。来稿注意事项如下。

1. 来稿篇幅一般不少于1.8万字。摘要一般不超过600字，包含3~5个关键词。请提供中英文摘要、3~5个英文关键词和JEL Classification。

2. 稿件体例详见中国经济学网站（http：//www.jcejournal.com.cn）下载

栏中的"中国经济学模板"。不需邮寄纸质稿。

3. 投稿作者请登录中国经济学网站作者投稿查稿系统填写相关信息并上传稿件。投稿系统网址：http：//www.jcejournal.com.cn。

4. 作者上传的电子稿件应为word（*.doc或者*.docx）格式，必须上传匿名稿（务必去掉作者姓名、单位、基金等个性化信息）和投稿首页，首页须注明中英文标题、摘要、作者姓名、工作单位、职称、通讯地址（含邮编）、电话和电子邮箱等。欢迎作者提供个人学术简介，注明资助基金项目类别和编号，欢迎添加致谢辞。

5. 稿件将实行快速规范的双向匿名审稿流程：初审不超过3周，盲审流程一般不超过2个月，编辑部电话：（010）85195717，邮箱：jce@cass.org.cn。

6.《中国经济学》定期举办审稿快线，每届审稿快线评出1篇《中国经济学》审稿快线"最佳论文"和2~4篇"优秀论文"。

7. 本刊不向作者以任何名义收取版面费，录用稿件会按照稿件质量从优支付稿酬，每年将评出3~5篇"《中国经济学》优秀论文"。

《中国经济学》杂志诚邀广大经济学专家、学者和青年才俊惠赐佳作。

2023年度《中国经济学》致谢审稿专家名单

自《中国经济学》创刊以来，本刊得到各位审稿专家的大力支持。编辑部特向为本刊发展付出辛勤工作的各位审稿专家表示最诚挚的感谢！期待广大专家学者继续关心支持本刊发展！2023年度致谢审稿专家名单如下。

郭　峰	余泳泽	李宏兵	李万利	刘和旺
蒋灵多	梁平汉	陈强远	韩　超	胡　枫
刘瑞明	刘生龙	万海远	张子尧	汪德华
傅十和	毛海涛	秦　雨	王岳龙	安博文
陈　林	戴　翔	郭楚晗	倪婷婷	彭　羽
汪　勇	左鹏飞	陈　楠	程名望	程云洁
范庆泉	方明月	方玉霞	江建伟	郭海红
韩　峰	韩　君	何二龙	何祚宇	华　岳
姬志恒	江飞涛	蒋　为	李春顶	李　佳
李连伟	李晓华	林　晨	林　僖	刘　斌
刘　冲	刘贯春	刘志洋	马文涛	聂辉华
彭　飞	任　颋	申志轩	斯丽娟	宋　泽
孙　豪	佟家栋	佟孟华	王　辉	王守坤
王　涛	王星媛	王修华	王振国	王志刚
谢泽宇	徐　圆	闫强明	杨何灿	杨梦俊
杨　沫	袁冬梅	詹　鹏	张果果	张品一
赵仁杰	周　浩	周玲玲	周　勇	祝仲坤
邹　瑾				

图书在版编目(CIP)数据

中国经济学. 2024年. 第1辑：总第9辑 / 李雪松主编. -- 北京：社会科学文献出版社，2024.3
ISBN 978-7-5228-3182-4

Ⅰ. ①中… Ⅱ. ①李… Ⅲ. ①中国经济-文集 Ⅳ. ①F12-53

中国国家版本馆CIP数据核字（2024）第024385号

中国经济学 2024年第1辑（总第9辑）

主　　管 / 中国社会科学院
主　　办 / 中国社会科学院数量经济与技术经济研究所
主　　编 / 李雪松

出 版 人 / 冀祥德
责任编辑 / 吴　敏　陈　青
责任印制 / 王京美

出　　版 / 社会科学文献出版社
　　　　　地址：北京市北三环中路甲29号院华龙大厦　邮编：100029
　　　　　网址：www.ssap.com.cn
发　　行 / 社会科学文献出版社（010）59367028
印　　装 / 三河市龙林印务有限公司

规　　格 / 开　本：787mm×1092mm　1/16
　　　　　印　张：19.25　字　数：293千字
版　　次 / 2024年3月第1版　2024年3月第1次印刷
书　　号 / ISBN 978-7-5228-3182-4
定　　价 / 128.00元

读者服务电话：4008918866